INTRODUCTION TO

SPECIAL EDUCATION

특수교육학개론

박선희 서석진 공저

양성원

머리말

교육(教育)이란 무엇인가를 배우고 가르침을 근간으로 하여 시작한다.

교육은 인간이 삶을 영위하는데 필요한 모든 행위를 가르치고 배우는 과정으로 정의하고 있다. 가르침을 위해서는 스스로 학습하고 배움을 가져야 하는 과정 역시 포함한다.

특수교육은 단순히 장애를 학습하고 교육하는 것의 차원을 넘어 우리사회가 다양성과 포용성을 이해하고 실천하는 융합학문이라고 할 수 있다. 그러므로 특수교육이 단지 장애아동만을 대상으로 하는 영역의 학문이 아니라 장애의 이해, 장애의 예방, 장애아동교육, 장애 인식 개선, 삶의 질 향상 등을 아우르는 종합학문임은 분명하다.

이 책은 장애아동 및 장애학생이 보이는 다양한 특성을 정확하게 이해하고 이들을 위한 교육 전략 및 지원에 대한 적용 방법까지 구체적으로 정리함으로써 특수교육에 대한 이해에 중점을 두었다. 특수교육학개론은 다양한 전공 학습자들이 학습하기 위한 개론서이므로 특수교육 학문에 대하여 쉽게 접근하고 이해할 수 있도록 정리하고자 하였다. 특수교육 전공 학생뿐만 아니라 교직을 이수하는 학생들에게는 필수적인 교과목이고, 더불어 교양수업이나 평생교육을 전공하는 학생들에게도 특수교육에 대한 입문 교과목이므로 다양한 전공 학생들을 위한 특수교육 이해 가이드북이 될 수 있으리라 생각한다.

이 책을 통하여 특수교육에 대한 이론적 기초를 다지고 실제 교육 현장에서 적용할 수 있는 다양한 교육적 전략을 학습할 수 있기를 기대한다. 또한 장애아동에 대한 깊이 있는 이해를 기반으로 한 교육자로서 성장하는 밑거름으로 이 책이 활용되기를 기대한다.

교육과 특수교육의 접근에 전공자로서 혹은 입문자로서 큰 한 걸음을 내디딜 수 있는 데 도움이 되는 마음으로 집필하였다. 이 책을 집필하면서 계절의 변화를 보면서 집필의 시작과 마무리에서 느낀 계절의 새로움을 이 책에 담고 싶었다.

아이들은 가르치는 만큼 성장한다고 한다. 장애아동 역시 교육을 통하여 성장하고 발전하게 된다. 교육자로서 이들의 삶의 질을 향상시키는데 끊임없이 노력하고 배우고 익히는 데 노력하여야 한다. 전문가로서는 그 영역에서의 전문적인 지식을 다루며 미래사회를 이끌어야 한다. 마지막으로 학습자 우리는 교육전문가가 되기 위하여 성장과 발전을 위하여 노력하기를 기대한다.

2024년 12월

저자 대표 박 선 희

차 례

01 Chapter

특수교육의 개요

우리나라 교육기본법에서는 능력과 적성에 따라 교육 받을 학습권을 보장하고 있다. 또한 성별, 종교, 신념, 인종, 사회적 신분, 경제적 지위 또는 신체적 조건 등을 이유로 교육에서 차별을 받지 아니한다는 교육의 기회 균등을 확보하고 있다. 이러한 맥락이라면 장애가 있다는 이유로 교육에서 배제되지 말아야 하는 것이다. 그렇다면 특수교육이란 특별한 교육임을 의미한다. 이는 특별한 아이들에게, 특별한 방법으로, 특별하게 학습권을 보장해주도록 하는 것으로 해석할 수 있다. 이 장에서는 장애의 이해, 특수교육에 대한 정의와 목적, 특수아동의 이해에 대하여 살펴보고자 한다.

1. 장애의 이해

특수교육을 이해하기 위하여 장애에 대한 이해가 우선되어야 한다.

세계보건기구(WHO)는 1980년 ICIDH(International Classification of Impairments, Disabilities, and Handicaps)라는 장애에 관한 개념적 틀을 발표하여 신체손상(impairments), 기능장애(disabilities), 사회적 장애(handicap)라는 용어를 제시하였다.

신체손상(impairments)은 심리적, 생리학적 또는 해부학적 구조나 기능의 상실 또는 비정상성을 의미한다. 손상은 질병, 상해 등으로 인해 만성적 또는 영구적으로 나타나는 심리적, 생리적 또는 해부학적 구조나 손실 등의 기본적인 기능을 수행하는데 따르는 불능을 손상으로 설명한다. 이러한 손상은 장기(organ) 수준에서 평가한다.

기능장애(disabilities)는 능력장애로 명명되기도 하는데, 인간에게 정상적인 것으로 간주되는 범위 내에서 또는 그러한 방식으로써 활동을 수행하는 능력의 제약이나 결여를 의미한다. 이러한 기능장애는 장기간 지속되는 신체적 또는 정신적 기능장애로 손상의 결과로 인하여 정상적인 사람이 일상생활 속에서 활동을 수행하는 능력의 제한이나 결여를 갖게 되는 것이다. 일상생활동작 장애, 운동장애, 가사활동 장애 등 개인(person) 전체의 기능 수준에 대한 장애로 설명된다. 그러므로 기능장애는 일상적으로 기대되는 활동 수행 및 행동의 과다 또는 결핍이 특징이다.

사회적 장애(handicap)는 장애가 있는 개인이 정상적인 삶의 역할을 수행할 수 없는 결과로서, 구체적으로는 연령, 성별, 사회문화적 요인에 따른 정상적인 역할의 수행을 제약 또는 방해하는 개인에 대한 불이익을 의미한다. 손상이나 기능장애로 인하여 사회적 역할 수행이 제한되거나 불가능해지는 상태로, 환경적 및 사회적 수준의 장애로 설명된다. 그러므로 사회적 장애는 가치가 규범에서 분리될 때 한 개인의 상황 또는 경험에 부여된 가치와 연관된 것이다.

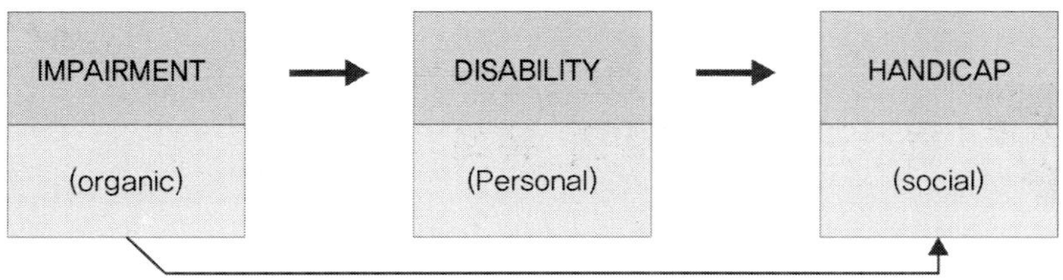

[그림 1-1] 장애의 개념과 분류

출처: 나은우, 정한영(2009). 장애의 개념과 분류

이러한 WHO의 개념은 장애인이 비장애인과 동일한 수준으로 지역사회 생활에 참여할 수 있는 기회를 상실하거나 제한받는 경우 발생하는 것으로 간주함으로써 비장애인의 능력을 기준으로 장애인이 열등하다는 입장에서 접근하고 있다는 한계

를 보였다.

이후 ICF(International Classification of Functioning, Disability, and Health)는 장애를 "손상을 가진 개인과 그 개인을 둘러싼 태도 · 환경적 장벽들 사이의 상호작용의 결과"로 규정하고 있다. ICF에서 장애라는 용어는 "손상(impairment), 활동 제한(activity limitation), 참여 제약(participation restriction)을 포괄하는 용어"로 사용되었다. 여기에서 장애는 "(건강 이상을 가진) 개인과 그 개인의 정황적 요인(환경적 · 개인적 요인) 사이에서의 상호작용의 부정적 측면"을 의미한다(WHO, 2001). 즉 손상은 신체에 영향을 미치는 상호작용이고, 활동 제한은 개인의 행위나 행동에 영향을 미치는 상호작용이며, 참여 제약은 개인의 생활 경험에 영향을 미치는 상호작용인 것이다. 장애를 한 사람의 건강상태나 손상에 초점을 맞춰 이해하기보다는 한 사람의 건강상태와 다양한 환경적인 요소, 개인적인 요소로 인한 상호작용 의 결과로 보는 ICF 개념에 근거하고 있다(박경수, 2010).

2. 특수교육의 정의와 목적

특수교육에 대하여 Heward(2009)는 '개별적으로 계획하고, 특별히 고안하고, 집중적으로 제공하고, 목표지향적인 성격을 지는 교수이다.'라고 정의하였고, Rosenberg, Westling, & McLeskey(2011)는 '특별한 요구를 지닌 학생의 좀 더 나은 삶의 성과를 위해서 개별화된 교수와 지원을 제공하는 것이다'라고 정의하였다(조홍중 외, 2014).

특수교육(special education)의 정의는 법적 근거를 기반으로 하고 있다. 우리나라는 1977년 「특수교육진흥법」, 1994년 「개정 특수교육진흥법」, 이후 2008년 「장애인 등에 대한 특수교육법」의 변천과 함께 정의 역시 변화하였다. 「장애인 등에 대한 특수교육법」 제2조 제1호에서는 다음과 같이 정의하고 있다.

'특수교육'이라 특수교육대상자의 교육적 요구를 충족시키기 위하여 특성에 적합한 교육과정 및 관련 서비스 제공을 통하여 이루어지는 교육활동을 말한다.

첫째, '특수교육대상자'는 특수교육을 필요로 하는 사람으로 선정된 사람에 해당한다. 「장애인 등에 대한 특수교육법 시행령」 특수교육대상자 선정기준에 따라 시각장애, 청각장애, 지적장애, 지체장애, 정서 · 행동장애, 자폐성장애, 의사소통장애, 학습장애, 건강장애, 발달지체로 구분하고 있다. 과거 「특수교육진흥법」에서는 시각장애, 청각장애, 정신지체, 지체부자유, 정서장애, 언어장애, 학습장애, 건강장애로 구분한 것과 비교한다면 장애영역이 세분화되고 명칭이 일부 변경되었음을 알 수 있다. 이러한 특수교육대상자는 또한 특수교육대상자는 장애유아는 물론 학령기, 고등교육과정을 포함하고 있어서 25세까지를 주요 대상으로 하고 있다(조홍중 외, 2014).

둘째, '특성에 적합한 교육과정'이란 특수교육대상자의 특성에 맞춘 교육내용을 의미한다. 일반적으로 교육과정이란 학생들에게 제공되는 교육내용으로, 학교교육에서 학생들에게 어떠한 교육목표를 가지고 어떠한 교육내용과 방법으로 가르치고 평가를 통하여 성취시킬 것인가를 정해 놓은 기준이라고 할 수 있다(이미숙 외, 2014). 학생 개개인의 목표와 수준을 고려하여 개별적으로 접근해야하고, 제시되는 자료 역시 특성을 고려하여 적절해야 한다.

셋재, '관련 서비스'는 「장애인 등에 대한 특수교육법」에서 특수교육대상자의 교육을 효율적으로 실시하기 위하여 필요한 인적 · 물적 자원을 제공하는 서비스로서 상담지원 · 가족지원 · 치료지원 · 보조인력지원 · 보조공학기기지원 · 학습보조기기 지원 · 통학지원 및 정보접근지원 등을 말한다. 다시 말해, 특수교육대상자와 그 가족에 대하여 가족상담 등 가족지원, 특수교육대상자가 필요로 하는 경우에는 물리치료, 작업치료 등 치료지원을 제공하여야 한다. 또한 특수교육대상자를 위한 보조인력과 교육을 위하여 필요한 장애인용 각종 교구, 각종 학습보조기, 보조공학기기 등의 설비 및 취학 편의를 위하여 통학차량 지원, 통학비 지원, 통학 보조인력의 지원 등 통학지원을 지원하도록 하고 있다.

미국의 「장애인교육진흥법(The Individuals with Disabilities Education Improvement Act: IDEIA)」에서는 다음과 같은 여섯 가지의 원리를 제시하고 있다(김진호 외, 2013; 이미숙 외, 2014). 첫째, 배재금지(zero reject). 학교는 장애를 가진 모든 아동들을 교육해야 한다. 즉 학교에서는 장애아동을 포함한 모든 아동과 청소년의 입학을 허락하고 교육해야 한다. 둘째, 비차별적 판별 및 평가(nondiscriminatory evaluation). 학교는 아동의 장애유무를 확인하고, 장애가 있다면 아동에게 필요한 특별한 교수법을 결정할 때 편견 없이 복합적인 진단평가 방법을 사용하여야 한다. 진단과 평가과정은 인종, 문화 또는 모국어와 관련된 편견이 없어야 한다. 셋째, 적절한 공교육(appropriate public education). 모든 장애 아동은 장애의 유형과 정도에 상관없이 무상의 적절한 공교육을 받아야 한다. 장애 아동의 독특한 요구에 맞는 개별화 교육계획(IEP)을 반드시 수립하고 실행하여야 한다. 넷째, 최소제한환경(least restrictive environment). 장애 아동은 가능한 비장애 아동들과 함께 일반 교육환경에서 가능한 최대한으로 교육을 받도록 하고, 학생의 장애 특성 또는 심각성으로 일반 교육환경에서 보조도구와 서비스에도 성공적인 성취를 할 수 없는 경우가 아니라면 학생을 일반 교육환경에서 배제하지 않는 것 다섯째, 적법 절차(procedural due process). 학교는 장애 아동과 부모들의 권리를 보호하기 위해서 특수교육에 관련된 진단과 배치 이전에 부모의 동의를 받아야 하며, 아동의 장애에 대한 모든 정보는 비밀로 하되 부모에게는 모두 공개하도록 하고 있다. 여섯째, 부모 참여(parent participation). 학교는 특수교육과 관련 서비스를 계획하고 실행하는 것에 있어서 장애 아동의 부모와 반드시 협력하여야 한다.

특수교육의 목적은 「장애인 등에 대한 특수교육법」에서 '국가 및 지방자치단체가 장애인 및 특별한 교육적 요구가 있는 사람에게 통합된 교육환경을 제공하고 생애주기에 따라 장애 유형 · 장애 정도의 특성을 고려한 교육을 실시하여 이들이 자아실현과 사회통합을 하는데 기여함'에 두고 있다. 장애인의 생애주기에 따라 장애 유형과 장애 정도의 특성을 고려한 교육 실시를 명시함으로써 학령기 중심에서 전 생애로 확대되고 개별적인 접근을 통한 교육의 질적 향상을 추구하고 있다(김원경 외, 2009; 조홍중 외, 2013). 이에 따라 「장애인 등에 대한 특수교육법」에서는 장애인의 계속교육을 위한 장애인 평생교육과정을 설치 운영할 수 있도록 명기화하고 있다.

3. 특수아동의 이해

1) 특수아동의 정의 및 분류

특수아동은 인간으로서의 자신의 온전한 잠재력을 실현하기 위하여 특수교육 및 그와 관련된 서비스를 필요로 하는 아동(Kauffman & Hallahan, 2005)으로 설명된다. Kirk(1962)에 의하면 특수아동은 정신적 특성, 감각 능력, 신경 근육이나 신체적 특성, 사회 및 정서적 특성, 의사소통 능력, 복합적인 장애 등에서 평균 또는 전형성에서 벗어나기 때문에 자신의 잠재력을 개발하기 위하여 학교에서의 교수방법을 수정하거나 특수교육서비스를 필요로 하는 아동으로 정의하였다(이소현 · 박은혜, 2011). 이러한 특수아동을 교육적 관점에서 분류하자면, 첫째, 지적 능력이 우수하거나 지체되는 경우로 지적장애, 학습장애, 영재 등이 포함된다. 둘째, 의사소통 능력이 저하되는 경우로 의사소통장애가 포함되고, 셋째, 감각 능력의 차이를 가진 경우로 시각장애, 청각장애가 포함된다. 넷째, 행동 이상을 보이는 경우로 정서 · 행동장애, 자폐성장애 등이 포함된다. 다섯째, 신체 능력의 차이를 가진 경우로 지체장애, 건강장애 등이 포함된다. 여섯째, 장애 정도가 심하거나 하나 이상의 장애를 지닌 경우를 중도 · 중복장애가 포함된다(한국특수교육연구회, 2009).

결론적으로 특수교육대상자는 특수교육을 필요로 하는, 신체적 특성이나 지적 특성 혹은 적응 능력이 일반아동과 다름으로 인하여 개별화된 특수교육을 필요로 하는 아동들을 의미한다(조홍중 외, 2013). 「장애인 등에 대한 특수교육법」에서는 특수교육대상자에 대하여 '특수교육 대상자 선정 기준'에 따라 정의되는 경우로 설명한다. 2016년 개정에서는 이전 '정신지체'를 '지적장애'로 개정하였다. 이를 〈표 1-1〉에서 제시하였다.

〈표 1-1〉 특수교육대상자 선정기준

구분	선정 기준
시각장애	시각계의 손상이 심하여 시각기능을 전혀 이용하지 못하거나 보조공학기기의 지원을 받아야 시각적 과제를 수행할 수 있는 사람으로서, 시각에 의한 학습이 곤란하여 특정의 광학기구 · 학습매체 등을 통하여 학습하거나 촉각 또는 청각을 학습의 주요 수단으로 사용하는 사람
청각장애	청력 손실이 심하여 보청기를 착용해도 청각을 통한 의사소통이 불가능 또는 곤란한 상태이거나, 청력이 남아 있어도 보청기를 착용해야 청각을 통한 의사소통이 가능하여 청각에 의한 교육적 성취가 어려운 사람
지적장애	지적 기능과 적응행동상의 어려움이 함께 존재하여 교육적 성취에 어려움이 있는 사람

구분	선정 기준
지체장애	기능 · 형태상 장애를 가지고 있거나 몸통을 지탱하거나 팔다리의 움직임 등에 어려움을 겪는 신체적 조건이나 상태로 인해 교육적 성취에 어려움이 있는 사람
정서 · 행동장애	장기간에 걸쳐 다음 각 목의 어느 하나에 해당하여, 특별한 교육적 조치가 필요한 사람 가. 지적 · 감각적 · 건강상의 이유로 설명할 수 없는 학습상의 어려움을 지닌 사람 나. 또래나 교사와의 대인관계에 어려움이 있어 학습에 어려움을 겪는 사람 다. 일반적인 상황에서 부적절한 행동이나 감정을 나타내어 학습에 어려움이 있는 사람 라. 전반적인 불행감이나 우울증을 나타내어 학습에 어려움이 있는 사람 마. 학교나 개인 문제에 관련된 신체적인 통증이나 공포를 나타내어 학습에 어려움이 있는 사람
자폐성 장애	사회적 상호작용과 의사소통에 결함이 있고, 제한적이고 반복적인 관심과 활동을 보임으로써 교육적 성취 및 일상생활 적응에 도움이 필요한 사람
의사소통 장애	다음 각 목의 어느 하나에 해당하여 특별한 교육적 조치가 필요한 사람 가. 언어의 수용 및 표현능력이 인지능력에 비하여 현저하게 부족한 사람 나. 조음능력이 현저히 부족하여 의사소통이 어려운 사람 다. 말 유창성이 현저히 부족하여 의사소통이 어려운 사람 라. 기능적 음성장애가 있어 의사소통이 어려운 사람
학습장애	개인의 내적 요인으로 인하여 듣기, 말하기, 주의집중, 지각(知覺), 기억, 문제해결 등의 학습기능이나 읽기, 쓰기, 수학 등 학업 성취 영역에서 현저하게 어려움이 있는 사람
건강장애	만성질환으로 인하여 3개월 이상의 장기입원 또는 통원치료 등 계속적인 의료적 지원이 필요하여 학교생활 및 학업 수행에 어려움이 있는 사람
발달지체	신체, 인지, 의사소통, 사회 · 정서, 정서, 적응행동 중 하나 이상의 발달이 또래에 비하여 현저하게 지체되어 특별 교육적 조치가 필요한 영아 및 9세 미만의 아동
중복장애	다음 각 목의 구분에 따른 장애를 지닌 사람으로서 제1호부터 제6호까지의 규정에 따른 특수교육대상자에 대한 각각의 교육지원만으로 교육적 성취가 어려워 특별한 교육적 조치가 필요한 사람 가. 중도중복(重度重複)장애: 다음의 구분에 따른 장애를 각각 하나 이상씩 지니면서 각각의 장애의 정도가 심한 경우. 이 경우 장애의 정도는 법 제14조제1항에 따른 선별검사의 결과, 제9조제4항에 따라 제출한 진단서 및 「장애인복지법 시행령」 제2조제2항에 따른 장애의 정도 등을 고려하여 정한다. 1) 지적장애 또는 자폐성장애 2) 시각장애, 청각장애, 지체장애 또는 정서 · 행동장애 나. 시청각장애: 시각장애 및 청각장애를 모두 지니면서 시각과 청각에 의한 학습이 곤란하고 의사소통 및 정보 접근에 심각한 제한이 있는 경우

출처: 「장애인 등에 대한 특수교육법 시행령」 (2023.4.18. 일부개정)

특수교육대상자의 선정 기준은 「장애인 등에 대한 특수교육법」에서 다루지만, 장애인 등록과 복지 혜택에 관한 것은 「장애인복지법」에서 다루고 있어서 <표 1-2>에서는 「장애인 등에 대한 특수교육법」, 「장애인복지법」과 미국장애인교육진흥법(IDEIA)에서의 장애 영역 명칭에 대하여 소개하였다.

<표 1-2> 특수교육관련 법의 장애 영역 명칭 비교

장애인 등에 대한 특수교육법 (2023)	장애인복지법 (2021)	미국 장애인교육진흥법(IDEIA) (2004)
시각장애	시각장애	시각장애(visual impairment)
청각장애	청각장애	청각장애(hearing impairment)
		농(deafness)
지적장애	지적장애	정신지체(mental retardation)
지체장애	지체장애	정형외과적장애(orthopedic impairment)
	뇌병변장애	외상성뇌손상(traumatic brain injury)
정서 · 행동장애	–	정서장애(emotional disturbance)
자폐성장애	자폐성장애	자폐(autism)
의사소통장애	언어장애	말/언어장애 (speech or language impairment)
학습장애	–	특정학습장애(specific learning disability)
건강장애	신장장애 심장장애 호흡기장애 간장애 안면장애 장루 · 요루장애 뇌전증장애	기타 건강장애 (other health impairment)
발달지체	–	–
중복장애	–	–
–	정신장애	–
–	–	농–맹(deaf–blindness)

출처: 강대옥 외(2012), 이미숙 외(2014, 재인용).

2) 장애 명칭에 대한 개념

일반적으로 특수교육대상자는 시각장애, 청각장애, 자폐성장애 등 장애 영역별로 명칭화하여 선정한다. 이러한 장애 명칭은 대상자를 선정하고 아동들을 연구, 중재하는데 효과적인 부분이 있다. 그럼에도 불구하고 해당 명칭이 가지는 이미지로 인하여 아동이 보이는 행동에 대하여 적절한 이해가 되지 않는 부분도 있다. 장애 명칭 사용에 가지는 부정적 측면과 긍정적 측면에 대하여 설명하고자 한다.

장애 명칭 사용에 대한 부정적 측면에는 첫째, 장애 명칭 사용은 주로 장애, 손상 및 수행 결함에 초점을 두기 때문에 장애아동이 할 수 있는 것보다 할 수 없는 것에 초점을 맞추게 된다. 둘째, 명칭 사용은 장애 아동에게 낙인을 찍음으로써 또래들로부터 놀림을 받게 할 가능성을 높인다. 셋째, 교사는 장애 명칭이 부여된 학생에게 낮은 기대감을 가질 수 있고, 다른 아동들과 다르게 대하게 된다. 넷째, 장애 명칭의 사용은 아동의 자존감에 부정적인 영향을 준다. 다섯째, 장애 명칭은 종종 아동의 모든 행동특성을 설명하기 위한 근거로 남용되어질 수 있다. 여섯째, 명칭 사용은 특정 장애범주에 속하는 모든 아동들이 모든 면에서 동일하다고 간주하게 함으로써 각 아동의 특성을 간과하게 될 수 있다. 일곱째, 명칭 사용은 교사들의 비효과적 교수에 대하여 핑계를 제공할 수 있다. 장애 명칭 사용에 대한 긍정적 측면에는 첫째, 장애 명칭 사용은 학습이나 행동에 있어서 장애 영역별로 의미 있는 차이를 인식할 수 있다. 둘째, 일반아동들이 장애 아동이 보이는 비전형적인 행동을 보다 긍정적으로 수용할 수 있게 한다. 셋째, 일반인들은 장애 명칭을 사용함으로써 특수아동의 요구를 쉽게 이해할 수 있다(김진호 외, 2013; 조홍중 외, 2014).

이상의 서술에서 보면 긍정적 측면보다는 부정적 측면이 더 많이 나열되어 자칫 장애의 명칭을 사용하는 것이 부정적인 것처럼 보여질수도 있으나, 장애의 명칭에 대하여 부정적으로 혹은 긍정적으로 논의하는 것에 대하여 결론을 쉽게 서술할 수는 없을 것이다. 다만 특수교육대상자의 진단과 효과적인 중재에 대한 고민과 함께 이러한 장애 명칭의 사용에 대한 개인적인 철학이 뒷받침되어야 함은 분명하다.

학습문제

1. 특수교육의 정의에 대하여 설명할 수 있다.
2. 장애 영역의 명칭에 대하여 설명할 수 있다.
3. 장애 명칭 사용의 긍정적 측면과 부정적 측면에 비교하여 설명할 수 있다.

참고문헌

강대옥, 강병일, 김기주, 김남진, 김창평(2012). **특수교육개론**. 서울: 학지사.

나은우, 정한영(2009). 장애의 개념과 분류. **대한의사협회지, 52**(6), 537-544.

김진호, 박재국, 방명애, 안성우, 유은정, 윤치연, 이효신(2013). **최신특수교육**(10판). 서울: 시그마프레스.

박경수(2010). 장애학의 다중패러다임에 근거한 사회복지사의 장애개념 인식척도 개발을 위한 기초연구. **한국장애인복지학, 12**, 109-125.

이미숙, 구신실, 노진아, 박경옥, 서선진(2014). **예비교사를 위한 특수교육학 개론**. 서울: 학지사.

이소현, 박은혜(2011). **특수아동교육(3판)**. 서울: 학지사.

장애인 등에 대한 특수교육법 시행규칙.(시행 2022. 7. 21, 교육부령 제269호, 2022. 6. 29, 일부개정).

장애인 등에 대한 특수교육법 시행령.(시행 2023. 4. 19, 대통령령 제33406호, 2023. 4. 18, 일부개정).

조홍중, 조주희, 박선희, 김경열, 김정화, 정광조(2014). **특수아동의 이해(제2판)**. 서울: 일문사.

한국특수교육연구회(2009). **최신 특수아동의 이해**. 서울: 양서원.

Heward, W. L. (2009). *Exceptional children: An introduction to special education*(9th ed.). Upper Saddle River, NJ: Merill/Prentice-Hall.

Kauffman, J. M., & Hallahan, D. P. (2005). *Special education: What it is and why we need it.* Boston: Allyn & Bacon.

Kirk, S. A. (1962). *Educating exceptional children.* Boston: Houghton Miffilin.

Roseberg, M. S., Westling, D. L., & McLeskey, J. (2011). *Special education for today's teachers: An introduction.* Boston: Pearson.

WHO(2001). International classification of functioning, disability and health: ICF. Geneva, Switzerland: Author.

02
Chapter

지적장애

지적장애를 지닌 특수교육대상자의 숫자가 가장 많은 비율을 나타내는 만큼 교육 현장에서 지적장애 아동을 만날 가능성이 높다. 지적장애를 표현하는 용어는 시대에 따라 다양하게 불려졌다. 과거에 백치, 치우, 우둔, 박약 등의 용어로 지칭되었다. 1950년대까지는 정신박약(Feeble-minded), 정신결함(Mental Deficiency)이라는 용어로 불려졌고, 1977년「특수교육진흥법」이 제정되면서 정신박약아로 불리다가, 1994년「특수교육진흥법」개정 시에 정신지체(Mental Retardation)로 불리게 되었다. 그러다가 2007년「장애인복지법」에서 지적장애라는 용어를 사용하게 되었으며, 2016년부터는「장애인 등에 대한 특수교육법 시행령」에서도 정신지체 대신 지적장애라는 용어를 채택하여 사용하고 있다.

1. 지적장애의 정의

지적장애의 정의는 여러 법률과 학회 등에서 다양하게 제시될 수 있다. 지적장애의 정의에서 공통적으로 포함되는 세 가지 요소는 지적기능, 적응행동, 발달기, 이 세 가지 요소이다. 즉 지적기능과 적응행동 상의 결함이 함께 나타나야 하고, 그 결함이 발달기에 시작되어야 한다. 지적기능의 결함은 표준화된 지능검사를 통해서 확인할 수 있다. 지능검사 점수가 평균점이 100으로부터 −2 표준편차가 되는 지점인 IQ 70 이하일 때, 지적장애에 해당된다.

적응행동이란 개인이 가정이나 학교생활 같은 일상생활에 필요한 총체적인 능력을 의미한다. 즉 개인이 그들의 자연스러운 환경적 요구에 얼마자 잘 대처할 수 있는가를 의미하는 능력으로, 적응행동의 결함은 지적기능처럼 표준화된 검사도구와 관찰 등을 통해 확인할 수 있다.

발달기는 태아기로부터 18세 이전까지 해당하는 시기이다. 발달기인 18세 이전에 지적기능과 적응행동 상의 결함이 나타나야 지적장애로 진단하게 된다. 다시 말해서 발달기 이후인 18세 이후에 지적기능과 적응행동 상의 결함이 나타나면 지적장애로 진단하지 않는다.

1) Grossman의 정의

Grossman(1983)은 지적장애를 정신지체로 표현하면서 정의하기를 '정신지체란 일반적으로 지적기능이 현저하게 평균 이하이고, 이에 수반해서 적응행동에 장애가 있고 그것이 발달기에 시작된다'라고 하였다.

2) 미국지적장애협회(AAMR,)의 정의

미국지적장애협회(AAMR)에서는 1921년에 처음으로 지적장애에 대한 정의를 제시하고 나서 10년 주기로 새로운 편람을 개정 및 출판하고 있다. 1992년에 미국지적장애협회에서는 지적장애의 새로운 정의 체계를 제시하였는데, 2002년에 수정되어 제시되었다. 2002년에 미국지적장애협회에서 제시한 지적장애를 정의는 '지적기능과 개념적, 사회적, 실질적 적응행동에서 유의미한 제한을 보이는 장애이며, 이러한 장애는 18세 이전에 발생한다'고 하였다. 이 정의에서 제시된 세 가지 적응행동은 〈표 2-1〉과 같다.

〈표 2-1〉 개념적, 사회적, 실제적 적응행동

구분	내용	
개념적 적응기술	• 수용/표현언어 • 금전 개념	• 읽기/쓰기 • 자기지시
사회적 적응기술	• 대인관계 • 자아존중 • 규칙준수 • 순수함	• 책임감 • 준법준수 • 속기 쉬움 • 희생 모면
실제적 적응기술	• 일상생활활동 • 직업기술	• 도구적 일상생활활동 • 안전한 환경유지

3) 미국지적장애 및 발달장애협회(AAIDD)

2010년에 미국지적장애 및 발달장애협회(AAIDD)에서 '지적장애는 지적기능과 개념적, 사회적, 실제적 적응기술로 표현되는 적응행동에 있어서 심각한 제한을 가지는 것으로 특징지워지며, 18세 이전에 나타난다'고 정의하였다.

이 정의는 과거 지적장애를 정신지체로 부르면서 장애가 개인 안에 내재된 결함으로 인식하던 관점에서 벗어나 지적장애 아동의 현재 기능과 그 기능을 향상시키기 위한 환경적 맥락에서의 지원을 강조하고 있다. 다시 말해서 지적장애는 '인간기능성의 제한'이며, 인간기능성은 주어진 환경에서 지원에 의해 변화될 수 있는 것으로 간주한다.

AAIDD에서 제시한 지적장애 정의는 '인간기능성에 대한 개념적 틀'인 [그림 2-1]을 통해 보다 구체적으로 설명할 수 있다. [그림 2-1]을 보면 왼쪽에 다섯 가지 요소가 제시되어 있다. 이 다섯 가지 요소에 대한 설명은 〈표 2-2〉에 제시하였다. 개인이 가진 지적능력, 적응행동, 건강, 참여, 맥락의 다섯 가지 요소들이 개인의 기능성에 영향을 끼친다. 하지만 이러한 영향은 개별화된 지원을 통해서 변화될 뿐 아니라, 기능성의 향상이 이루어질 수 있다.

〈표 2-2〉 AAIDD 지적장애 정의 다차원적 모델의 구성 요소

요소	내용
지적능력	• 지적능력(지능)은 인간이 가진 일반적 정신 능력을 의미하며, 단순히 학업기술을 배우거나 시험을 치르는 능력만 해당되는 것이 아니라 주변을 이해하는데 필요한 광범위한 능력으로 추론, 계획, 문제해결, 추상적 사고, 복잡한 생각 이해, 신속한 배움, 경험으로부터 배움 등을 포함한다.
적응행동	• 적응행동은 일상생활에서 학습하고 수행하는 개념적, 사회적, 실제적 기술의 총합을 의미하며, 자기관리, 가사, 직업, 여가, 사회관계 등의 영역에 해당한다.
건강	• 신체적 건강, 정신적 건강, 감정적 건강, 사회적 건강의 네 가지 영역으로 제시할 수 있으며, 건강은 다른 요인에 직간접적으로 영향을 끼침으로 인간기능성까지 영향을 줄 수 있다.
참여	• 참여는 가정생활, 직업, 교육, 여가, 종교, 문화적 활동 등의 영역에서 자신의 역할과 책임을 수행하는 것을 의미한다.
맥락	• 맥락은 개인이 속한 모든 문화와 배경을 의미하며, 환경적 요소(물리적, 사회적, 태도적 환경)와 개인적 요소(성별, 인종, 연령, 동기, 생활양식, 습관, 문제해결방식, 개인의 심리적 상태 등 개인이 가진 모든 특성)로 분류할 수 있다.

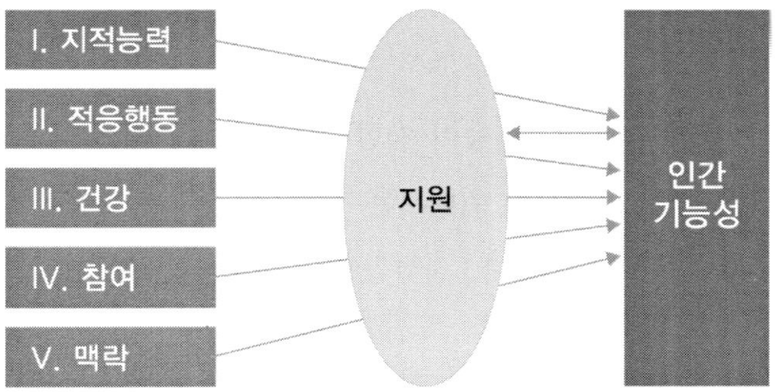

[그림 2-1] 인간기능성의 개념적 틀

4) 한국의 장애인 등에 대한 특수교육법과 장애인복지법

한국의 장애인 등에 대한 특수교육법 시행령(2016.2.3. 일부 개정)에서 지적장애를 지닌 특수교육대상자를 '지적기능과 적응행동상의 어려움이 함께 존재하여 교육적 성취에 어려움이 있는 사람'으로 정의하고 있다.

또한 한국의 장애인복지법에서는 지적장애인을 '정신발육이 항구적으로 지체되어 지적능력의 발달이 불충분하거나 불완전하고 자신의 일을 처리하는 것과 사회생활에 적응하는 것이 상당히 곤란한 사람'으로 정의하고 있다. 장애인복지법에서 제시하는 장애등급제는 2019년 7월부로 폐지되었으며, 장애의 정도가 심한 장애인과 심하지 않은 장애인으로만 분류된다. 지적장애인은 장애의 정도가 심한 장애인에 해당한다.

2. 지적장애 판별

지적장애는 지적기능과 적응행동이 제한 혹은 결함이 함께 나타나야 한다. 그래서 지적장애를 진단 및 판별하기 위해서는 지적기능과 적응행동을 중심으로 다양한 영역에서 평가가 이루어져야 한다. 지적장애를 판별하는 과정은 [그림 2-2]와 같다.

[그림 2-2] 지적장애 판별 과정

1) 대상자 발견

부모나 교사가 볼 때, 아동의 언어 사용 및 행동 등의 발달이 또래 아동에 비해 지체되거나 주변 환경에 적응하는 것에 여러 문제점이나 비정상적인 행동을 보이는 경우에 지적장애를 비롯한 여러 장애가 의심될 수 있다. 발달영역별 발달이정표를 참고하여 장애의 위험이 있는 아동을 발견할 수 있다.

2) 선별

선별(screening)은 정상 발달의 범주에서 벗어난 아동을 대상으로 실시하는 것으로, 장애와 관련된 전문적인 진단이 필요한지 밝혀내는 과정이다. 선별은 간단한 선별검사를 통해 이루어질 수 있으며, 결과에 따라 장애 판별을 위한 진단에 의뢰할 것인지 등의 여부를 결정한다.

3) 진단

진단(diagnosing)은 특정한 목적을 위해 정보를 수집하는 총체적 과정을 의미한다. 지적장애가 의심되는 아동 중 선별검사에서 정상 발달 기준을 넘어선 아동을 대상으로 진단을 실시한다. 진단은 관찰, 면담, 검사 등의 다양한 방법으로 이루어질 수 있다.

장애 판별에는 객관성이 요구되므로 표준화된 검사의 실시와 해석이 중요하다. 지적장애 판별을 위해 지적기능의 제한을 파악하는 검사에는 대표적인 지능검사인

한국웩슬러유아지능검사, 한국웩슬러아동지능검사 등이 있다. 적응행동상의 결함은 일상에서 의사소통, 자기관리, 사회성 기술 등의 결함을 파악함으로 확인할 수 있는데, 대표적인 검사에는 사회성숙도검사와 적응행동검사 등이 있다.

4) 교육 진단

아동이 지적장애 판별 및 특수교육대상자가 된 후에 교육진단을 실시한다. 교육진단은 아동의 구체적인 수준을 파악하고, 필요한 교육 프로그램 설계를 위해 실시하는데 장애 진단처럼 관찰, 면담, 검사 등을 실시한다. 검사는 표준화검사도 실시하지만, 비표준화검사를 실시하는 경우가 더 많다.

5) 교육 실행

아동이 지적장애를 가진 특수교육대상자로 판별이 되면, 개별화교육 프로그램을 작성하여 아동에게 적합한 교육을 실행한다. 개별화교육 프로그램 작성을 위해서는 특수교사를 포함한 여러 전문가들이 협의회를 통해 장기 및 단기목표를 설정한다.

6) 평가

아동에게 교육을 실행한 후, 정기적인 평가를 통해 아동이 진보를 확인하고 교육목표 달성 여부를 확인한다. 아동에 대한 평가를 포함하여 부모나 교사를 대상으로 교육에 대한 만족도 조사도 함께 실시한다.

3. 지적장애의 분류

지적장애의 분류는 크게 두 가지 관점에서 제시할 수 있다. 첫째는 지능지수에 따른 분류이고 둘째는 지적장애 아동이 필요한 지원의 강도에 따른 분류이다.

1) 지능지수에 따른 분류

지적장애 아동을 지능지수에 따라 경도(mild), 중등도(moderate), 중도(severe), 최중도(profound)로 분류할 수 있다. 이에 대한 구체적인 내용은 〈표 2-3〉과 같다.

〈표 2-3〉 지능지수에 따른 지적장애 분류

분류	지능지수	표준편차	적응행동 제한 범위
경도	55~70	−2SD	두 개 또는 그 이상
중등도	35~54	−3SD	두 개 또는 그 이상
중도	20~34	−4SD	모든 영역
최중도	20미만	−5SD	모든 영역

출처: 김문섭, 김진숙, 박선희(2016). 특수교육학개론. p.107

2) 지원 강도에 따른 분류

최근 AAIDD에서 제시한 지적장애 정의와 관련하여 지적장애 아동에 대한 지원이 강조됨에 따라 지능지수에 따른 분류보다 지원 강도에 따른 분류가 강조되고 있는 추세이다(송준만 외, 2022). 〈표 2-4〉에 지원 강도에 따른 지적장애의 분류를 제시하였다.

〈표 2-4〉 **지원 강도에 따른 지적장애의 분류**

지원 유형	특성
간헐적 지원	• 지적장애 아동이 필요할 때에만 제공되는 일회적 지원으로 주로 인생의 전환기에 단기간의 지원이 필요한 경우에 해당(예. 실직, 심각한 의료적 위기 등)
제한적 지원	• 일정한 시간 동안 일관성 있게 지원이 필요하며, 지원시간은 제한적임(예. 시간제한적인 고용 훈련, 성인기로서의 전환 지원 등)
확장적 지원	• 적어도 일부 환경(예. 직장 또는 가정)에서 정기적으로(예. 매일) 지원을 제공하며 시간에 제한적이지 않은 지원에 해당함(예. 장기간의 가정 생활 지원 등)
전반적 지원	• 항구적이며 지속적인 고강도의 지원으로 지적장애 아동에게 전반적인 모든 환경에서 이루어지는 지원에 해당하며 지원 제공을 위한 많은 인원이 필요함

4. 지적장애의 원인

지적장애의 원인은 아동의 출생을 기점으로 출생 전, 출생 중, 출생 후로 나누어 생물의학적, 사회적, 행동적, 교육적 관점에서 살펴볼 수 있다. 주요 내용은 〈표 2-5〉와 같다.

〈표 2-5〉 지적장애의 원인

시기	생물의학적	사회적	행동적	교육적
출생 전	• 염색체 이상 • 단일 유전자장애 • 증후군 • 대사장애 • 뇌발육 부진 • 산모 질환 • 부모의 연령	• 가난(빈곤) • 산모의 영양실조 • 가정폭력 • 출생 전 관리 부족	• 부모의약물사용 • 부모의 음주 • 부모의 흡연 • 부모의 미성숙	• 부모의 인지적 장애 • 부모가 될 준비의 부족
출생 중	• 조산(미숙) • 출산 시 손상 • 신생아 장애	• 출생 전 관리 결여	• 부모의양육거부 • 부모의 자식 포기	• 중재 서비스를 위한 의료적 의뢰 부족
출생 후	• 외상성 뇌손상 • 영양실조 • 뇌막염 • 발작장애 • 퇴행성장애	• 장애를 가진 부모에 의한 양육 • 적절한 자극 부족 • 가정의 빈곤 • 가족의 만성질환 • 시설수용	• 아동학대 및 방임 • 가정폭력 • 적절한 안전조치 부족 • 사회적 박탈 • 아동의문제행동	• 양육기능 문제 • 장애진단 지체 • 부적절한 조기중재 서비스 • 부적절한 특수교육 서비스 • 부적절한 가족지원 서비스

1) 출생 전

출생 전 생물의학적 원인으로 주로 염색체 이상 및 유전자장애, 증후군, 대사장애 등을 제시할 수 있다.

(1) 염색체 이상

염색체 이상으로 인한 주요 원인과 특성은 〈표 2-6〉에 제시되어 있다.

〈표 2-6〉 염색체 이상으로 인한 원인과 특성

증후군	원인	특성
다운증후군 (Down's Syndrome)	21번 염색체 이상 (21번 염색체가 1개 더 많은 3개로 전체 염색체가 47개)	• 코가 전체적으로 낮고 두개골이 작고 납작하며 혀가 커서 튀어나와 보이고 키가 작음 • 발달지연, 지적장애 동반
취약X증후군 (FragileX Syndrome)	23번 X염색체의 하단 부분이 약해져 접혀 있거나 좁은 모양, 끊어진 형태로 되어 있음	• 유전에 의해 발생 • 큰 귀, 돌출된 턱 • 지적장애, ADHD 관련 특성을 나타냄
프라더–윌리증후군 (Prader–Willi Syndrome)	15번 염색체 이상	• 좁은 이마, 아몬드형 눈, 사시, 멍한 표정, 작은 턱, 얇은 윗입술 • 과도한 식탐과 비만 증상 • 지적장애 포함하여 당뇨, 고혈압, 수면장애 등 동반 • 운동발달 지연
윌리엄스 증후군 (Williams Syndrome)	7번 염색체 소실	• 경도 혹은 중등도 지적장애 동반 • 긴 인중, 큰 입, 두툼한 입술(요정 같은 외모) • 소리에 매우 민감

(2) 신진대사 이상

신진대사 이상으로 인한 지적장애 발생과 관련된 주요 원인은 페닐케톤뇨증(Phenylketonuria: PKU)과 갈락토스혈증(Galactosemia)이 있다. 주요 내용은 다음과 같다.

① 페닐케톤뇨증(Phenylketonuria: PKU)

단백질 대사 이상으로 페닐알라닌이 도파민으로 변하지 않고 혈액 속에서 축적되며 이로 인한 두뇌 발달이 비정상적으로 나타난다. 지적장애 및 발작, 과다행동, 공격행동 등 다양한 증상이 동반될 수 있다.

② 갈락토스혈증(Galactosemia)

모유와 일반 우유에 포함되어 있는 당분인 갈락토스를 포도당으로 전환시키는 능력이 손상되어 나타나는 열성 유전질환에 해당하는 탄수화물 대상 장애로 지적장애, 백내장, 행동문제 등이 발생할 가능성이 높다.

(3) 모체의 감염 이상으로 인한 원인

모체의 감염 이상으로 인한 대표적인 원인은 풍진과 태아알코올증후군 등이 있다. 산모의 풍진 감염으로 인해 태어난 태아의 경우, 지적장애와 뇌성마비, 청각장애, 심장질환 등이 발생할 수 있다.

태아알코올증후군(Fetal Alcohol Syndrome: FAS)은 산모의 알코올 남용 혹은 중독에 의해 발생하며, 지적장애 및 저체중, 얼굴기형, 소두증 등이 나타날 수 있다. 이 외에도 산모의 약물문제 및 흡연, 산모의 질병 감염 등이 지적장애를 발생시키는 원인이 될 수 있다.

2) 출생 중

출생 중 지적장애의 원인이 될 수 있는 생물의학적 요인에는 조산(미숙), 출생 중 발생할 수 있는 태아의 산소공급 이상(무산소증, 질식 등)이나 손상(탯줄 사고, 뇌의 외상 등), 저체중 등이 있다.

3) 출생 후

출생 후 지적장애의 원인이 될 수 있는 생물의학적 요인으로는 아동의 질병 및 감염, 중독, 외상성 뇌손상, 영양결핍 등이 있다.

5. 지적장애의 특성

지적장애 아동에 대한 교육이 제대로 되려면, 먼저 지적장애 아동에 대한 특성을 이해하여야 한다. 지적장애 아동의 발달 영역별 특성을 파악하고 그에 따른 교육과 지원을 모색하도록 해야 한다.

1) 인지적 특성

지적장애 아동의 인지적 특성은 다양하지만 대표적으로 다음과 같이 제시할 수 있다.

첫째, 지적장애 아동의 인지발달 관련하여 발달론과 차이론 두 가지 관점에서 인지발달의 특성을 설명할 수 있다. 발달론은 지적장애 아동이 인지발달 속도는 느려도 정상 발달과 같은 순서와 단계로 발달한다는 것이며, 차이론은 지적장애 아동의 인지발달이 일반 아동과 질적으로 차이가 있다는 입장으로 인지과정과 정보처리 방식에서 어려움이 있음을 의미한다.

둘째, 지적기능의 제한으로 인해 정보처리 과정에서 낮은 학습 속도 및 낮은 기억력의 특성을 나타낸다. 특히 단기기억의 어려움이 많이 나타나는데, 단기기억(short-term memory)은 정보처리 과정에서 단기간에 걸쳐 정보를 저장하는 능력을 의미하며, 의도적으로 기억하려고 노력하지 않으면 잠시동안 머물다가 사라지게 된다. 지적장애 아동은 낮은 단기기억으로 인해 투입된 정보를 제대로 처리하지 못해 정보의 회상과 인출에도 어려움이 올 수 있다. 하지만 지적장애 아동도 단기기억을 거쳐 장기기억(long-term memory)까지 도달한 정보는 일반 아동과 동일하게 사용할 수 있으므로, 단기기억을 강화시키는 전략이 요구된다.

셋째, 지적장애 아동은 모델을 관찰하거나 모방을 통해 학습하는 능력 및 참여하는 것으로도 학습할 수 있는 우발학습(우연학습) 관련 능력의 부족을 나타낸다(송준만 외, 2022). 우발학습은 다른 기능이나 개념 및 상황으로 전이하거나 일반화하는 것과 관련되는데, 지적장애 아동은 우발학습의 어려움으로 인해 전이와 일반화의 어려움이 함께 나타날 수 있다. 전이와 일반화는 교실에서 학습한 것을 확장하여 다른 상황에서도 적용하는 것과 관련된다. 결국 지적장애 아동은 모방학습의 곤란과 관련하여 우발학습의 어려움과 전이와 일반화의 어려움까지 나타나는 것을 알 수 있다.

넷째, 지적장애 아동은 잦은 실패와 계속되는 학업적 어려움으로 인해 학업을 포함한 다양한 일상에서 낮은 동기와 열등감 및 학습된 무기력이 나타날 수 있다. 이러한 학습된 무기력 때문에 주변의 부모나 교사 같은 성인을 과도하게 의존하려는 경향을 보일 수 있다. 그러므로 지적장애 아동을 지도할 때, 아동의 수준에 맞는 과제부터 제시하여 성취감을 키워줄 필요가 있다.

다섯째, 지적장애 아동은 상위인지(metacognition)의 어려움을 보인다. 상위인지는 주어진 문제를 해결하기 위해 계획을 세우고 그 계획을 점검하며 어떤 전략이 효과적인지를 평가하고 점검하는 기능이다. 지적장애 아동은 상위인지의 어려움으로 새로운 상황에서 어려움이 닥칠 때, 어떤 전략이 필요한지 잘 모를 뿐 아니라, 문제해결이나 학습을 위한 효과적인 기억전략을 제대로 사용하지 못할 수 있다. 또한 자신의 행동을 조절하고 관리하는 것에도 어려움이 있다. 따라서 지적장애 아동을 대상으로 낮은 상위인지 기능을 향상시키기 위한 다양한 전략이 요구된다.

2) 학습적 특성

학습에서 중요한 것은 주의집중이다. 제시되는 자극의 중요한 부분에 집중할 수 있어야 한다. 즉 중요한 자극과 중요하지 않는 자극을 구분하여 중요한 자극에 집중하는 선택적 주의집중이 필요하다. 지적장애 아동은 이러한 선택적 주의집중의 어려움을 겪는다. 지적장애 아동은 선택적 주의집중의 어려움으로 인해 제시되는 과제의 중요한 부분에 집중하지 않고 중요하지 않는 부분에 집중하는 경향이 있다. 지적장애 아동은 주의집중 시간이 매우 짧고, 주의집중의 범위도 매우 좁을 뿐 아니라, 주의집중 시, 한 과제에서 다른 과제로 주의집중을 이동시키는 능력에도 어려움이 나타난다.

지적장애 아동은 기본적인 학습능력에 어려움이 따르며, 학습속도가 느리고 문제해결능력에 어려움을 가지고 있다. 특히 앞에서 살펴본 상위인지 기능의 어려움으로 인해 문제해결을 위한 학습전략 사용이 일반 아동에 비해 제한된다.

지적장애 아동은 교과학습에서 낮은 성취도를 보이는데, 이는 기초학습기술인 읽기, 쓰기, 셈하기의 어려움과 관련이 된다. 읽기, 쓰기, 셈하기를 제대로 익히고 구사하지 못하면 다른 교과의 지식을 습득하거나 기능을 익히는 것에도 어려움이 따르게 된다.

3) 사회 · 정서적 특성

지적장애 아동은 학업을 포함한 여러 영역에서 경험하게 된 잦은 실패로 인하여 새로운 학습내용 및 과제 등이 제시될 때, 지나치게 주변의 교사와 부모 등에게 의존하는 경향을 보이곤 한다. 이는 외부지향성(outer-directendness)으로, 지적장애 아동이 문제를 해결할 때, 자신의 인지능력을 사용하지 않고 교사나 부모 같은 성인의 도움을 받아 해결하려는 경향을 나타낸다.

지적장애 아동은 자신의 낮은 인지기능으로 인해 학업을 포함한 일상활동에서 지나치게 낮은 목표를 잡거나 도전 자체를 회피하는 모습을 보일 수 있다. 그래서 교사는 지적장애 아동의 참여를 위해 다양한 강화물을 활용한 강화를 실시할 수 있다. 지적장애 아동은 무형의 강화물 보다 유형의 강화물에 의존하려는 경향이 높다. 즉 내적인 성취감이나 만족도 보다 사탕, 과자, 스티커 같은 유형의 강화물이 제공될 때, 주어진 과제에 참여하려고 한다. 또한 지적장애 아동의 다수는 계속되는 실패로 인해 열등감이 지속되면서 낮은 자아존중감을 보인다.

지적장애 아동은 사회적 기술에도 어려움을 보인다. 그래서 또래와의 상호작용하는 방법을 잘 모를 뿐 아니라, 사회적 단서의 이해와 사용 역시 부족하다. 이 외에도 규칙준수, 갈등 해결, 행동 조절 등의 어려움도 자주 나타난다.

4) 언어적 특성

지적장애 아동의 언어적 특성을 살펴보기 전에, 인지발달과 언어발달 사이의 상관에 대해 살펴볼 필요가 있다. 언어발달이 먼저인지 인지발달이 먼저인지 논란은 계속되고 있다. Piagt는 인지발달이 언어발달에 선행된다고 하였고, Whorf는 언어

발달이 인지발달에 선행된다고 하였다. Vygotsky는 언어발달과 인지발달 사이에 순서가 있는 것은 아니지만, 아동이 성정하는 과정에서 발달의 어느 시기가 왔을 때, 서로가 상호작용을 통해 영향을 주고 받는다고 하였다(송준만 외, 2022). 결국 언어발달과 인지발달은 서로 영향을 끼치므로 인지발달에 어려움이 있는 지적장애 아동에게 언어발달 및 언어 사용의 문제가 있음을 예측할 수 있다.

지적장애 아동 중에서 중도와 최종도급을 제외한 지적장애 아동은 일반아동과 유사한 언어발달 패턴을 보이기는 하지만, 언어발달지체가 나타나며, 10세 이후에는 언어발달 형태가 일반 아동에 비해 양적 및 질적으로 다르게 진행될 수 있다(Owens, 2002). 특히 경도지적장애 아동의 경우도 일반 아동에 비해 문장의 길이가 짧고, 단순한 문장을 구사하는 경우가 많다.

지적장애 아동은 의사소통장애의 주요 유형인 조음장애, 음성장애, 유창성장애를 나타내며, 자신이 있는 상황이나 주어진 맥락과 관련이 없는 말을 구사하기도 한다. 또한 이미 언급된 주제를 반복해서 언급하거나 자신의 의사를 분명하게 표현하지 못하는 어려움을 보일 수 있다.

지적장애 아동이 나타내는 언어적 어려움은 의사소통의 문제로 이어질 뿐 아니라, 사회성 발달과 학습에도 어려움을 나타낼 수 있다. 그러므로 지적장애 아동 개개인의 언어 및 의사소통 특성을 정확하게 진단하여 중재 프로그램을 제공해야 한다.

6. 지적장애의 학습전략

1) 교육적 배치

지적장애 아동의 실제적인 지도를 위한 학습전략을 제시하기 전, 먼저 교육적 배치에 대해 살펴보기로 한다. 교육적 배치는 지적장애 아동의 교육실행을 위한 물리적 환경을 의미한다. 최소제한환경의 원칙에 따라 가능한 통합교육이 최대화될 수 있는 교육적 배치가 이루어져야 하지만, 지적장애 아동 개개인의 수준과 특성을 파악하여 아동의 요구에 맞는 환경으로 배치하는 것도 중요하다.

지적장애 아동의 교육적 배치는 학령전기와 학령기로 나누어 제시한다.

(1) 학령전기

학령전기는 초등학교 입학 전 시기로 영유아기에 해당한다. 장애인 등에 대한 특수교육법에서는 학령전기에 해당하는 영유아 중에서 영아는 무상교육으로 유아는 의무교육으로 규정하고 있다. 학령전기의 영유아는 주로 유치원이나 어린이집의 특수학급, 특수학교 유치부에 배치될 수 있다.

그런데 다수의 지적장애 유아들이 초등학교 입학 전에 지적장애로 판별되지 않을 가능성이 크기 때문에 취학전 단계에서 지적장애 판별 비율은 높지 않을 수 있다. 또한 아동이 어떤 교육적 환경에서 교육받느냐에 따라 초등학교 입학 이후 성장과 발달에 중요한 영향을 끼칠 수 있음도 기억해야 한다.

(2) 학령기

학령기는 일반적으로 초등학교 입학 이후 6년 동안의 시기를 의미한다. 지적장애 아동 중 학령기에 속하는 아동을 위한 교육적 배치는 다양하게 제시할 수 있다. 일반학급 배치, 학습도움실(resource room), 시간제 특수학급, 전일제 특수학급, 병원 및 가정지도 프로그램 순으로 제시한다. 그리고 학령기 지적장애 아동을 위해 특수교육 관련 서비스도 제공될 수 있다. 관련 서비스에는 언어치료, 작업치료, 물리치료, 감각 · 운동 · 지각 · 심리 · 운동 · 통합 등의 서비스를 받을 수 있다.

현재 지적장애 아동의 교육적 배치과 관련된 추세는 가능한 통합교육 환경에 배치하여 특수교육 관련 서비스를 제공하고 통합교육 관련 수업을 진행하는 것이다.

(3) 전환기

전환(transition)은 신분의 변화나 장소나 조건의 이동을 의미한다. 전환기는 청소년기에 해당하는 중고등학교 시기로, 성인기로의 전환을 준비하는 것을 주요 과업으로 한다. 전환기에 해당하는 지적장애 아동은 장애의 정도와 수준에 따라 차이가 있는데, 경도 지적장애 아동의 경우는 주로 일반학급, 학습도움실, 특수학급에 배치되며, 중등도 및 중도 지적장애 아동의 경우에는 학습도움실, 특수학급, 특수학교에 배치된다. 최중도 지적장애 아동은 병원 및 가정에서 순회교육을 받는 경우가 많다.

전환기 지적장애 아동은 교과학습 자체만을 강조하지 않고 진로 및 직업준비를 위한 다양한 프로그램과 교육을 실천하는 것을 강조한다. 졸업 이후 성인기가 되면, 지역사회에 통합되어 생산적인 활동을 통해 경제적 소득을 얻어야 하므로 아동 개개인의 수준과 강점 및 선호도 등을 고려하여 체계적인 직업교육이 이루어져야 한다.

2) 교육적 지원

지적장애 아동을 위한 교육적 지원으로는 기능적 교육과정, 교실에서의 지원, 중도 지적장애 아동을 위한 교육적 지원, 사회적 기술 지원, 자기결정기술 지원, 자조기술 지원 등으로 제시할 수 있다.

(1) 기능적 교육과정

기능적 교육과정은 지적장애 아동 개개인의 생활에 적합하고 유용한 기능적인 생활기술들로 교육과정을 구성하는 것에 해당한다. 기능적 교육과정을 통한 교육적 지원을 실시하는 목적은 지적장애 아동으로 하여금 지역사회로의 통합과 자립생활을 위한 능력을 습득하는 것에 있다. 그러므로 기능적 교육과정에서 지적장애 아동이 학습할 내용에는 성공적인 지역사회 생활과 활동에 필요한 지식과 전략을 역동적으로 사용할 수 있도록 구성해야 한다. 또한 지적장애 아동에게 교육적 맥락이 의미 있게 구성될 필요가 있는데 이를 위해서 지적장애 아동 개개인의 독특한 학습 특성과 능력 및 정신연령과 생활연령을 고려한 지역사회 중심의 기능적 교육과정 구성이 이루어져야 한다.

지적장애 아동을 위한 기능적 교육과정 영역과 예시 활동을 〈표 2-7〉에 제시하였다.

〈표 2-7〉 기능적 교육과정 영역 및 예시 활동

영역	예시 활동
의사소통	• 전화 사용하기(약속이나 서비스를 위한 전화, 친구 및 친지에게 전화, 위급상황 발생 시 전화로 도움 요청, 전화 받기 등), 상징적 행동(구어, 문어) 및 수어 혹은 비상징적 행동(얼굴표정 혹은 제스처 사용 등)을 이해하고 표현함

영역	예시 활동
자기관리	• 신변처리기술(머리손질, 손톱관리, 양치질, 목욕, 용변처리 등)
가정생활	• 청소기술(진공청소기 포함 청소도구 활용, 정리정돈하기 등), 빨래하기(세탁과 건조), 옷 관리, 식사계획 및 준비 등
사회적 기술	• 공동체 규칙 준수, 타인과 협상하고 자기주장하기, 충동조절 및 행동통제 등
지역사회 활용	• 대중교통 이용, 편의시설 이용 등
자기주도	• 시간관리, 일과표 작성 및 일정관리(달력, 알람시계 활용) 등
건강과 안전	• 식사하기(편식하지 않고 골고루 먹기), 화재 및 응급상황 시 119 전화, 안전하게 문 열어주기 등
기능적 교과	• 읽기, 쓰기, 계산하기를 포함한 독립적 생활을 지지하는 기능적인 학업기술 획득
여가	• TV 시청, 영화감상, 음악듣기 등 다양한 취미생활이나 여가활동
직업	• 직업기술 및 직업을 유지하기 위한 사회적 기술 등

출처: 김동일 외(2016). 특수아상담. p.108.

(2) 교실에서의 교육적 지원

지적장애 아동을 위한 교실에서의 교육적 지원은 지적장애 아동으로 하여금 주어진 학습활동을 원활히 수행하는 것에 초점을 둔다. 대표적인 지원 내용을 몇 가지 소개하면 다음과 같다.

① 학업 준비 기술 지도하기(착석하기, 주의집중하기, 또래와 상호작용하기 등)
② 제시되는 학업적 과제의 난이도 조절하기
③ 과제를 작은 단위로 나누어 제시하기(과제분석)
④ 교사의 쉬운 설명 제공하기
⑤ 과제의 양 줄이기
⑥ 또래와의 활동에 참여할 수 있도록 도와주기

(3) 중도 지적장애 아동을 위한 교육적 지원

중도 지적장애 아동은 다수의 일상생활에 제한을 나타낸다. 그러므로 중도 지적장애 아동을 위해서 필요한 교육적 지원에는 일상생활에 필요한 기술들을 중심으로 한 기능적 교육과정의 적용이 강조될 수 있다. 그 외에도 기초학습기술이나 자조기술(신변자립기술), 사회성 기술 등 일상생활에 필요한 기술들이 다양하게 교수될 필요가 있다.

그런데 중도 지적장애 아동은 자신의 생활연령보다 정신연령을 고려한 교육과정이나 교수자료를 통한 학습활동을 강조하는 경우가 많은데, 이는 바람직하지 않다. 중도 지적장애 아동이라도 자신의 생활연령에 적합한 교육과정 및 교수자료가 제공된 교육적 지원이 이루어져야 한다. 그리고 일반학급에 통합된 아동이라면 비장애 또래 아동과의 상호작용을 촉진할 수 있는 활동을 통해 사회성 기술이나 의사소통 기술 등의 향상이 이루어질 필요가 있다.

(4) 사회적 기술을 위한 교육적 지원

사회적 기술은 타인과 관계를 맺으며, 정보 및 생각을 교환하고, 자신의 요구와 욕구를 알게 하며, 관계를 수립하고 유지할 수 있게 하는 수단을 의미한다. 사회적 기술은 지적장애 아동에게 졸업 이후 지역사회 통합과 직장생활 등을 위해서나 독립적인 생활을 위해서도 반드시 습득될 필요가 있다.

지적장애 아동에게 필요한 사회적 기술의 예로는 도움 요청하기, 지시 따르기, 타인의 비평(비판)에 반응하기, 작업을 시작하기 전에 필요한 정보 알기, 타인에게 도움 제공하기, 타인과의 사이에서 발생한 갈등 해결하기 등이 있다. 그리고 지적장애 아동에게 사회적 기술을 지도하기 위해서 직접교수, 모델링, 역할놀이 등 다양한 전략이 사용될 수 있다.

(5) 자기결정기술을 위한 교육적 지원

자기결정(self-determination) 기술은 외부의 영향이나 간섭을 받지 않고 자신의 삶의 질에 관한 선택과 결정을 내리는 데 주체적으로 활동하는 것을 의미한다(Wehmeyer et al., 2000). 예를 들면, 일상생활에서 무엇을 먹을지 혹은 무엇을 입을지, 어디에서 살 것인지, 어느 직장에서 일할지 등을 스스로 결정하는 것이 바로 자기결정의 예이다. 자기결정 기술의 습득이야말로 지적장애 아동의 교육에서 핵심적인 요소가 될 뿐 아니라, 성공적인 사회통합과 지역사회 적응을 위해서도 반드시 요구되는 과제이다(김동일 외, 2016; 김성애, 2002; 김성화 외, 2024).

자기결정기술과 관련된 하위 영역에는 선택하기, 결정하기, 목표설정하기, 문제해결하기, 자기평가하기, 자기관리하기, 자기주장하기, 자기인식하기 등이 있다(임은영 외, 2007).

자기결정기술의 습득을 위해서는 자기주장훈련과 의사소통기술의 향상이 필요하다. 이를 위한 지도전략으로는 모델링, 행동시연, 강화, 피드백 제시, 역할놀이 등의 다양한 전략들이 활용될 수 있다(조인수, 박정식, 2006). 또한 의사소통기술의 향상을 위해서 그림교환의사소통체계(PECS)의 활용, 보완대체의사소통기법(AAC)의 활용, 언어스크립트 활용, 환경중심언어교수 등의 다양한 전략들이 활용될 수 있다.

(6) 자조기술을 위한 교육적 지원

자조기술(self-help skills)은 독립생활과 관련된 기술을 의미하며, 대표적으로 식사하기, 옷 입기, 화장실 사용하기, 이동하기, 개인위생, 마트이용 등이 해당된다.

자조기술은 지적장애 아동의 독립적인 생활을 위해서 반드시 습득되어야 한다. 자조기술 지도를 위한 대표적인 전략으로는 교사나 또래 아동의 직접 시범이나 동영상(비디오)을 활용한 교수 등이 있다.

학습문제

1. 지적장애에 대한 정의와 분류를 제시할 수 있다.
2. 지적장애 발생 원인을 설명할 수 있다.
3. 지적장애 아동의 특성을 설명할 수 있다.
4. 지적장애 아동에 대한 교육적 지원에 대해 설명할 수 있다.

참고문헌

김동일, 고은영, 고혜정, 김병석, 김은향, 김혜숙, 박춘성, 이명경, 이은아, 이제경, 정여주, 최수미, 최종근, 홍성두(2016). **특수아상담**. 서울: 학지사.

김문섭, 김진숙, 박선희(2016). **특수교육학개론**. 경기: 도서출판 양성원.

김성애(2002). 발달지체 유아의 자기결정 촉진당위성과 교수-학습 원리: 유아통합교육 현장을 중심으로. **특수교육학연구, 37**(2), 1-23.

김성화, 김희진, 도명애, 박경란, 박순길, 서석진, 이신영(2024). **특수아동의 이해와 지도**. 서울: 창지사.

송준만, 강경숙, 김미선, 김은주, 김정효, 김현진, 이경순, 이금진, 이정은, 정귀순(2022). **지적장애 학생 교육 3판**. 서울: 학지사.

임은영, 김자경, 김기주, 김주영(2007). 자기결정 프로그램이 초등학교 경도 정신지체 아동의 자기결정력에 나타난 효과. **정신지체연구, 9**(2), 21-36.

조인수, 박정식(2006). 장애학생의 자기결정능력 강화를 위한 자기주장훈련과 효율적 의사소통기술 지도 방략. **특수교육저널: 이론과 실천, 7**(2), 329-351.

Owens, R. (2002). Mental retardation: Difference and delay. In D. K. Bernstein & E. Tiegerman-Farber (Eds.), *Language and communication disorders in children* (pp. 436-509). Boston, MA: Allen and Bacon.

Wehmeyer, M. L., Palmer, S. B., Argan, M., Mithaug, D. E., & Martin, J. E. (2000). Promoting causal agency: The self-determined learning model of instruction. *Exceptional Children, 66,* 439-453.

03
Chapter

정서 · 행동장애

1. 정서·행동장애의 정의

사람은 누구나 정서를 가지고 살아간다. 정서의 영어 단어는 'emotion' 으로 이는 라틴어 'emove'에서 나왔다. 그리고 우리가 잘 아는 영어 동사 'move'의 어원이 되기도 한다. 의미는 '뒤흔들다, 교란시키다, 휘젓다'로 제시할 수 있다. 결국'정서(emotion)'는 흥분되고 뒤흔들려서 교란된 상태이거나 반응의 일시적인 혼란 상태 혹은 흥분된 상태를 나타내는 심리학적 용어임을 알 수 있다.

정서는 행동 표현과 밀접하게 연결되어 있다. 예를 들어 슬픈 드라마나 영화를 보면 슬프다는 정서를 느낌과 동시에 눈물을 흘리는 생리적 반응이 나타난다. 또한 분노라는 정서를 인지함과 더불어 분노케 한 대상을 향해 고함을 지르는 행동이 나타난다. 그러므로 정서와 행동은 동전의 양면처럼 붙어 있으며, 일상생활에서 지각된 정서는 어떤 형태로든 표출되어짐을 알 수 있다. 그래서 정서장애, 행동장애로 구분하기보다 정서 · 행동장애로 명명하는 것이 바람직하다.

정서 · 행동장애는 다른 장애와 달리 정의에 어려움이 따르는데, 그 이유는 다음과 같이 제시할 수 있다.

첫째, 직접 측정이 가능한 시각이나 청각 등과 달리 정서에 대한 직접적인 측정이 불가능하다. 개인의 정서는 외부로 표출되는 행동을 통해 간접적으로 확인할 수밖에 없다. 그리고 관찰자의 주관적 견해가 개입될 가능성이 높다.

둘째, 정서 · 행동장와 관련된 전문가의 전공 학문 분야에 따라 영향을 받을 수 있다. 예를 들어, 정신과 의사는 정서 · 행동장애를 정신병리로 간주할 가능성이 높고, 법학 혹은 사회학 관련 전문가들은 정서 · 행동장애를 사회적 일탈이나 비행으로 정의하게 된다. 그러므로 정서 · 행동장애 관련 전문가들의 견해 차이로 인해 정의에 어려움이 있음을 알 수 있다.

셋째, 정서 · 행동장애는 국가 및 사회적 기준이나 문화에 따라 다르게 정의된다. 예를 들어 미국에서는 정서 · 행동장애로 간주될 증상이 한국에서는 정서 · 행동장애가 아닐 수도 있다.

넷째, 누구나 일시적으로 정서 · 행동장애 문제를 보일 가능성이 있다. 까다로운 기질을 가진 아동이거나 가정에서 부모와의 갈등으로 인해 불안이나 우울 같은 문제가 나타날 수 있다. 일시적으로 나타나는 문제인지 정서 · 행동장애인지를 구별하려면 문제의 빈도나 강도 및 지속성을 종합적으로 고려해야 한다.

다섯째, 정서 · 행동장애는 다른 장애와 동반되어 출현하는 경우가 많다. 따라서 어떤 장애인지 명확하게 정의하기에는 어려움이 따른다. 예를 들면, 어떤 지적장애 아동이 정서 · 행동장애의 유형 중 하나인 우울장애를 함께 나타낼 때, 그 아동을 지적장애로 정의할지 정서 · 행동장애로 정의할지 논란이 따를 수 있다.

이와 같이 정서 · 행동장애는 명확한 정의를 내리기가 어렵기 때문에 진단 과정에서 교사나 전문가의 특별한 주의가 필요할 뿐 아니라, 관련 전문가들 간의 협력이 필요하다. 그러므로 본 장에서는 이를 고려하여 제시된 정서 · 행동장애 정의 중에서 3가지를 살펴보고자 한다.

1) 한국 장애인 등에 대한 특수교육법

장애인 등에 대한 특수교육법에서 정서 · 행동장애를 지는 특수교육대상자는 다음과 같이 정의할 수 있다.

〈표 3-1〉 **정서 · 행동장애를 지닌 특수교육대상자**

• 장기간에 걸쳐 다음의 각 항목 중 하나에 해당하여 특별한 교육적 조치가 필요한 사람
가. 지적 · 감각적 · 건강상의 이유로 설명할 수 없는 학습상의 어려움을 지닌 사람 나. 또래나 교사와의 대인관계에 어려움이 있어 학습에 어려움을 겪는 사람 다. 일반적인 상황에서 부적절한 행동이나 감정을 나타내어 학습에 어려움이 있는 사람 라. 전반적인 불행감이나 우울증을 나타내어 학습에 어려움이 있는 사람 마. 학교나 개인 문제에 관련된 신체적인 통증이나 공포를 나타내어 학습에 어려움이 있는 사람

장애인 등에 대한 특수교육법이 시행되기 전, 특수교육진흥법이 시행될 때에는 정서장애로 정의되었고, 자폐성장애도 함께 포함되었다. 하지만 장애인 등에 대한 특수교육법이 시행되면서 자폐성장애가 독립적인 범주로 제시되었다.

장애인 등에 대한 특수교육법에서 제시하는 정서 · 행동장애 정의의 문제점이 다음과 같이 제기되고 있다(김성화 외, 2024).

첫째, '장기간'이라는 용어의 모호함 및 행동의 빈도나 강도가 어느 정도인지 정확한 언급이 없다.

둘째, 모든 항목마다 '학습상에 어려움이 있는 사람'이라는 단서가 명시됨에 따라 정서 · 행동장애 관련 행동이 나타나더라도 학습에 어려움이 없으면 특수교육대상자로 선정되기가 어렵다.

셋째, 미국장애인교육법(IDEA)과 달리 조현병(정신분열증)이나 사회적 부적응 아동에 대한 내용이 언급되지 않았다. 조현병이나 사회적 부적응 문제를 가진 아동들에 대한 중재와 서비스 역시 필요하므로 이들 역시 정서 · 행동장애를 가진 특수교육대상자 범주에 포함될 수 있도록 해야 한다.

2) 미국 장애인교육법(Individual with Disabilities Education: IDEA)

IDEA는 '정서장애'라는 명칭으로 정서 · 행동장애를 명명하고 있다. 이에 따른 정서장애 정의는 아래의 〈표 3-2〉와 같다. 한국의 장애인 등에 대한 특수교육법에서 제시하는 정서 · 행동장애 정의와 달리, 미국의 IDEA에서는 정서장애 범주에 조현병(정신분열증)이 포함되어 있음을 볼 수 있다.

〈표 3-2〉 정서장애의 정의

① 정서장애는 다음 중 한 가지 이상의 특성이 장기간 동안 현저하게 나타나며, 교육 수행에 불리한 영향을 미치는 상태를 의미한다.

- 지능, 감각적, 건강상의 요인으로 설명할 수 없는 학습의 어려움
- 또래 및 교사들과 만족스러운 대인관계를 형성하거나 유지하지 못함
- 일반적인 상황에서 부적절한 행동이나 감정의 표현
- 전반적인 불행감이나 우울한 감정의 지속됨
- 개인 혹은 학교 문제와 관련하여 나타나는 신체적 통증이나 극심한 두려움

② 정서장애는 정신분열증을 포함하며, 심한 정서장애로 판명되지 않는 사회적 부적응 아동은 포함하지 않는다.

3) 미국 행동장애아동협회(Coucil for Children Behavioral Disorders: CCBD)

미국 행동장애아동협회(CCBD)에서는 정서 · 행동장애를 다음의 〈표 3-3〉과 같이 정의하고 있다. 정서 · 행동장애를 정서 또는 행동장애로 명명하고 있다.

〈표 3-3〉 정서 또는 행동장애의 정의

① 정서 또는 행동장애는 학교에서의 행동 및 정서 반응이 적절한 연령, 문화, 인종적 규준과 너무 달라서 학업, 사회성 기술, 직업 또는 개인 기술을 포함한 교육 수행에 불리한 영향을 미치는 장애이다. 가. 환경 내의 스트레스 사건에 대한 반응이 지나치게 나타나고 나. 서로 다른 두 장면에서 일관되게 나타나는데 적어도 한 가지는 학교와 관련된다. 다. 일반교육의 중재에 의해서는 반응하지 않고 불충분하다. ② 정서 또는 행동장애는 다른 장애들과 함께 동시에 나타날 수 있다. ③ 이 범주는 ①에서 기술된 바와 같이 교육 수행에 불리한 영향을 미치는 정신분열증, 주의력결핍 과잉행동장애, 불안장애, 기타 품행장애나 적응장애를 지닌 아동이나 청소년이 포함된다.

2. 정서·행동장애의 원인

정서 · 행동장애는 단일한 원인 보다 다양한 원인에 의해 야기된다. 그래서 다양한 관점에서 그 원인이 될 수 있는 요인들을 고찰함으로 중재방안을 설계하는데 도움이 될 수 있도록 한다.

1) 생물학적 요인

정서 · 행동장애의 생물학적 요인은 개인의 신체 및 체질적 요인들을 모두 포함한다. 개인의 정서 및 행동장애는 유전적, 신경학적, 생화학적 요인에 의해 영향을 받을 수 있다. 하지만 정서 · 행동장애를 일으키는 원인으로 생물학적 요인을 단일 증거로 제시하거나 특정한 신체 및 생물학적 요소를 직접적으로 제시하기에는 근거가 부족할 수 있다(이성봉, 방명애, 김은경, 박지연, 2011). 그렇지만 정서 · 행동장애를 일으킬 수 있는 다양한 생물학적 요인에 대한 주장은 지속되고 있으며 크게 세 가지 관점에서 정서 · 행동장애의 생물학적 요인을 제시할 수 있다.

첫째, 기질(temperament)이다. 기질이란 개인이 가진 특정 행동 양식 혹은 주어진 상황에 반응하는 전형적인 방식을 의미한다. 인간의 기질은 크게 세 가지로 나눌 수 있는데, 유순한 기질, 난기질, 더딘 기질이다. 그 중에서 정서 및 행동장애를 유발할 수 있는 기질은 난기질을 가진 아동이다. 난기질을 가진 아동은 불규칙적인 생활 리듬과 변화에 대한 저항이 강하고, 고집스러움 등의 특성을 나타낼 수 있다.

둘째, 유전적 요인을 제시할 수 있다. 유전적 요인에는 개인이 가진 특정 유전자가 특정 장애를 발생시키거나 또는 어떤 경로를 통해 행동에 영향을 미치는지를 밝히는 행동유전학 연구와 관련된 내용이 대표적인 예가 될 수 있다. 관련된 사례로 쌍생아 유전연구, 입양아 유전연구 등이 있다.

셋째, 뇌손상 및 신경생리학적 요인이 정서 · 행동장애를 일으킬 수 있다는 연구도 여러 차례 제시되었다. 강박 및 충동장애 아동의 전두엽 피질 이상이 있음을 밝힌 사례나 조현병을 가진 사람의 경우 뇌의 구조에 문제가 있음을 밝힌 사례가 대표적인 예가 될 수 있다. 그 외 다양한 신경전달물질과 수용기관의 문제로 정신분열증, 우울장애 등이 초래될 수 있음에 대한 주장도 제기되었다(Kauffman, Martin, King & Charney, 2001). 영화 〈레인맨〉의 실제 주인공 Kim Peek은 좌뇌와 우뇌를 연결하는 뇌량이 없고 일부 뇌 부위 손상이 있음도 보고되었다(도명애 외, 2021).

그 외에도 화학적 조미료가 함유된 인스턴트 식품의 과다섭취에 따른 영양학적인

불균형, 약물남용의 문제 등의 요인들도 정서 · 행동장애를 유발시키는 요인이 될 수 있다

2) 가족 요인

개인의 발달에 가장 중요한 영향을 끼치는 환경과 사람들이 가정 및 가족 구성원들이다. 가족과 관련된 대표적인 요인으로는 가족의 분리 또는 사별, 부모의 이혼 및 별거, 가정에서의 방치와 어린 시절 신체적 혹은 정서적 학대가 정서 및 행동장애 발생에 영향을 줄 수 있는 것으로 제시될 수 있다(신민정, 최지영, 2015). 또한 가족 간의 역기능적 상호작용, 부모의 스트레스, 부모의 양육방법의 문제 등도 포함될 수 있다.

3) 학교 요인

학교 역시 개인의 성장 과정에서 중요한 영향을 끼치는 환경이며, 사회 통합을 위한 지식과 다양한 역량을 습득하는 곳이다. 정서 및 행동장애를 유발할 수 있는 학교와 관련된 요인으로는 아동의 개별성에 대한 교사의 무관심, 아동의 성취에 대한 교사나 부모의 지나치게 높거나 낮은 기대, 교사의 훈육 방법 문제로 지나치게 방임하거나 아니면 완고하거나 비일관적인 훈육 방법이 해당될 수 있다. 그리고 아동의 잘못된 행동이 관심을 받고 바람직한 행동이 무시되는 학교 환경이나 분위기, 교사나 또래의 잘못된 행동 모방, 낮은 학업 성취도, 교사나 또래와 관계 형성 실패 등이 해당될 수 있다.

3. 정서·행동장애의 분류

정서 · 행동장애는 다양한 관점에서 분류할 수 있는데, 그 중에서도 정신장애의 진단 및 통계편람 제 5판(DSM-5)의 분류 체계를 따른 정신의학적 분류와 정서 · 행동장애를 교육현장에서 나타나는 사례 중심으로 분류한 교육적 분류로 구분한다.

1) 정신의학적 분류

정신의학적 분류는 DSM-5의 진단 기준에 따라 다양한 하위 범주로 제시할 수 있다. 구체적으로 〈표 3-4〉와 같이 제시한다.

〈표 3-4〉 DSM-5 진단 기준

1. 신경발달장애
2. 조현병 스펙트럼 및 기타 정신병적 장애
3. 양극성 및 관련 장애
4. 우울장애
5. 불안장애
6. 강박 및 관련 장애
7. 외상 및 스트레스 관련 장애
8. 해리장애
9. 신체증상 및 관련 장애
10. 급식 및 섭식장애
11. 배설장애
12. 수면-각성장애
13. 성기능부전
14. 성별 불쾌감
15. 파괴적, 충동조절 및 품행장애
16. 물질관련 및 중독장애
17. 신경인지장애
18. 성격장애
19. 변태 정신질환
20. 기타 정신질환
21. 약물치료로 유발된 운동장애 및 약물치료의 기타 부작용
22. 임상적 주의의 초점이 될 수 있는 기타의 상태

첫 번째 제시된 신경발달장애의 하위 범주에 지적장애, 의사소통장애, 자폐스펙트럼장애, 주의력결핍 과잉행동장애, 특정학습장애, 운동장애(하위 범주-틱 장애), 기타 신경발달장애로 제시된다. 이들 장애는 특수교육대상자로 지정된 경우가 많아서 특수교육전문가들로부터 자주 언급되고 있다.

2) 교육적 분류

정서 · 행동장애를 분류함에 있어서 교육적 수혜자는 정서 · 행동장애 아동이기에 의료 전문가의 관점이 아닌 교육현장의 전문가들에 의한 관점으로 진단 및 분류가 이루어지고 이에 따른 중재도 함께 이루어져야 한다(이상복, 2008; 도명애 외, 2021).

교육적 분류는 크게 두 가지로 제시할 수 있다. 외부지향성 행동 혹은 외현화 행동과 내부지향성행동 혹은 내현화 행동이다. 먼저 외부지향성 행동 혹은 외현화 행동은 외부로 명확히 나타나는 행동 유형을 의미하는데, 쉽게 관찰되며, 억압된 감정을 행동으로 표현하는 경우이다. 그리고 행동이 타인이나 환경을 지향한다. 대표적인 예로는 충동적인 행동, 자기통제력 부족으로 나타나는 행동, 공격행동 등이 해당된다. 외현화 행동에 해당하는 대표적인 장애는 품행장애, 적대적 반항장애, 주의력결핍 · 과잉행동장애(ADHD) 등이 있다.

다음으로 내부지향성행동 혹은 내현화 행동은 내재화 즉 자기지향적 행동을 의미하며, 타인과 상호작용이 거의 없고, 외적인 행동으로 잘 드러나지 않는 사회적 위축과 같이 자신의 내면에 부정적 영향을 주는 경우이다. 대표적 예에는 슬픔, 우울, 수줍음, 공포감, 환상에 빠지는 행동 등이 있으며, 대표 장애로는 우울장애와 불안장애 등이 있다.

(1) 품행장애

품행장애(Conduct Disorder: CD)는 DSM-5(2013)에서 파괴적, 충동통제 및 품행장애군에 속한다. DSM-5(2013)에서 제시하는 품행장애의 진단기준은 〈표 3-5〉와 같다.

〈표 3-5〉 품행장애 진단기준

A. 타인의 기본 권리나 동일 연령의 사회적 규범이나 규칙을 위배하는 반복적 · 지속적 행동이 다음의 15개 항목 중에서 적어도 3개가 과거 12개월 동안 지속되어야 하고, 적어도 1개의 기준이 과거 6개월 동안 지속되어야 한다.

- 사람과 동물에 대한 공격성
  1. 자주 남을 못 살게 굴거나 위협하거나 협박한다.
  2. 자주 신체 싸움을 건다.
  3. 신체 상해를 입힐 수 있는 무기를 사용한다(예: 방망이, 벽돌, 깨진 병, 칼, 총).
  4. 사람을 신체적으로 잔인하게 대한다.
  5. 동물을 신체적으로 잔인하게 대한다.
  6. 피해자와 대면한 상태에서 훔친다(예: 강탈, 날치기, 약탈, 무장강도).
  7. 타인에게 성행위를 강요한다.

- 재산파괴
  8. 재산상 손해를 입히기 위해 고의로 방화한다.
  9. 타인의 재산을 일부로 파괴한다.

- 속이거나 도둑질
  10. 다른 사람의 집, 빌딩이나 차에 침입한다.
  11. 제품이나 선호 물건을 얻기 위해 혹은 책임을 회피하기 위해 자주 거짓말한다.
  12. 피해자와 대면하지 않은 상태에서 귀중품을 훔친다(예: 가게털기, 위조화폐).

- 심각한 규칙위반
  13. 13세 이전에 부모의 허락을 받지 않고 자주 밤에 가출한다.
  14. 부모나 양육자와 집에 살면서 적어도 두 번 심야에 집을 나간다.
  15. 13세 이전에 자주 무단결석한다.

B. 이러한 행동문제가 사회, 학업, 직업 기능에 임상학적으로 심한 손상을 초래한다.
C. 만일 18세 이상이라면, 이 기준들은 반사회적 인격장애에 부합되지 않는다.

〈세부유형〉
- 아동기 발병형: 10세 이전에 품행장애 증상 중 적어도 한 개를 보이는 경우
- 청소년기 발병형: 10세 이전에 품행장애 증상이 없을 경우

〈세부심도〉
- 경도: 거짓말, 무단결석, 허락 없이 밤에 가출, 규칙위반 등
- 중등도: 피해자와 대면하지 않은 상태에서 훔치기, 문화예술 파괴 등
- 중도: 성 강요, 잔인한 신체공격, 무기사용, 피해자와 대면한 상태에서 강탈하기 등

품행장애는 공격 행동, 파괴 행동, 사기 및 도둑질, 심각한 규칙위반이 주된 특성이다. 공격 행동은 사람과 동물에 대한 공격 행동이 모두 포함될 뿐 아니라, 언어적인 위협과 신체적인 폭력 행위 등이 모두 포함된다. 파괴 행동은 타인의 재산이나 공공의 재산을 일부러 파괴하는 행위를 의미한다. 상습적으로 기물을 파손하거나 불을 지르는 방화 등이 해당될 수 있다. 사기 및 도둑질은 고의로 다른 사람의 물건을 상습적으로 훔친다거나 문서 등을 위조하는 행위 또한 자신의 잘못한 행동의 책임을 다른 데로 돌리는 것 등이 포함된다. 규칙위반은 가출, 무단결석 등을 포함하여 주어진 집단에서의 규칙을 위반하는 행동이다.

품행장애 아동은 낮은 학업성취도, 사회적 기술 부족, 낮은 자아개념 및 열등감 등의 문제를 나타내고 있다. 그리고 인내가 부족하고, 자극받기 쉬운 과민함과 폭발적 성향 및 무모함도 나타난다. 품행장애 아동의 다수가 규칙을 위반하거나 타인에게 피해를 주면서도 죄책감이 아닌 즐거움을 느끼는 경우가 많은 것으로 나타났다(이희정, 2001; 서석진, 2012). 품행장애 아동은 타인과 공감대 형성이 안 되며, 타인과의 소통에 관심이 없다. 뿐만 아니라, 우울장애, 불안장애, 주의력결핍·과잉행동장애(ADHD) 등 다른 정서 및 행동장애 관련 하위 장애를 동반할 수 있다. 최근

학교현장에서 심각한 문제인 학교폭력문제 역시 품행장애 아동의 문제로 나타나는 경우가 많고, 청소년기나 성인기의 범죄로 확대될 수 있으므로 품행장애에 대한 진단과 중재가 시급함을 알 수 있다.

(2) 적대적 반항장애(반항성장애)

반항성장애로도 알려진 적대적 반항장애(Oppositional Defiant Disorder: ODD)도 품행장애와 마찬가지로 DSM-5(2013)에서 파괴적, 충동통제 및 품행장애군에 속한다. 적대적 반항장애의 필수 증상은 권위를 가진 성인에 대한 거부 및 도전과 불복종, 적대행위 등이 적어도 6개월 이상 지속되며, 자주 화를 내고 원망하거나 악의에 차서 복수심을 품는 행위 등이 해당된다. DSM-5의 적대적 반항장애 진단 기준은 〈표 3-6〉에 제시되었다.

적대적 반항장애의 특성을 구체적으로 제시하면, 타인에 대한 거부적이고 적대적인 도전행동이 지속적으로 나타난다. 잦은 욕설과 지속적인 고집 및 지시에 대한 저항이 계속되며, 성인이나 친구들과 타협이나 양보를 하려고 하지 않는다. 또한 열등감이 심하고 실수에 대한 비판을 수용하지 못하거나 좌절에 견디지 못할 수도 있다. 적개심을 강하게 드러내기도 하는데, 적개심은 성인이나 친구에게 직접 표현하거나 고의로 귀찮게 굴거나 욕설과 같은 언어적 공격으로 나타난다.

심각한 규칙위반 및 타인에 대한 권리침해가 나타나지 않는다는 점에서 품행장애와는 구별된다. 하지만 적대적 반항장애가 나중에 품행장애나 및 심각한 비행으로 확대되는 경우가 많기에 정확한 진단과 더불어 체계적인 중재를 실시하는 것이 중요하다.

〈표 3-6〉 적대적 반항장애 진단 기준

A. 화난/격한 기분, 논쟁/반항행동, 복수심 등이 적어도 6개월 이상 지속되고 다음 범주 중에서 적어도 4개가 나타나야 한다.

- 화난/격한 기분
  1. 자주 화를 참지 못한다.
  2. 자주 신체접촉하거나 괴롭힌다.
  3. 자주 화를 내며 원망한다.
- 논쟁/반항행동
  4. 자주 권위인물 혹은 아동이나 청소년, 성인과 논쟁한다.
  5. 자주 권위인물의 지시나 규칙을 무시하거나 거부한다.
  6. 자주 고의로 남을 괴롭힌다.
  7. 자주 자신의 실수나 잘못에 대해 남을 비판한다.
- 복수심
  8. 6개월 이상 적어도 두 번 원한을 품거나 복수심으로 가득 차 있다.

B. 이러한 행동문제가 자신의 사회적 맥락(예: 가족, 또래집단, 직업동료)의 개인 혹은 타인의 고통과 연관되거나 사회, 교육, 직업 혹은 중요 영역에 부정적 영향을 준다.

C. 이런 행동은 정신병, 물질사용, 우울 혹은 양극성장애가 있을 때 나타나지 않아야 한다. 또한, 이 기준은 파괴성 우울기분조절장애를 충족시키지 않아야 한다.

〈세부심도〉
- 경도: 한 장면(예: 가정, 학교, 일터, 또래)에서만 증상들이 확인될 경우
- 중등도: 적어도 두 장면에서 여러 증상들이 지속될 경우

(3) 불안장애

불안장애는 과도한 불안이나 공포로 인해 일상생활 및 학업에 부정적인 영향을 주는 장애이다. 불안장애의 하위 유형에는 범불안장애, 분리불안장애, 사회불안장애, 특정 공포증 등이 있다. 불안장애 아동의 주요 특징은 자신이 가진 비현실적인

불안으로 인해 열등감이 심하고, 학업이나 과제 등에 대한 성공기대감이 낮다. 또한 자의식이 과잉되어 있어서 지나치게 타인이 자신을 어떻게 생각할지에 대해 과민하게 반응한다. 매사에 지나친 조심스러움이 강하게 나타나고, 항상 불안과 두려움으로 가득차 있는 경우가 많다.

사랑을 받지 못한다는 비현실적 사고가 강하며, 우울장애도 동반될 수 있다. 그리고 실패에 대한 지나친 염려가 새로운 일에 대한 도전을 주저하거나 꺼리게 만들며, 일상생활에 과민반응이 자주 나타난다.

〈표 3-7〉은 불안장애의 하위 유형 중 하나인 분리불안장애에 대한 DSM-5에서 제시한 진단 기준이다. 분리불안장애의 주된 특성은 집이나 부모와 같은 애착 대상과 분리될 때 심각한 고통을 반복적으로 경험하는 것이다. 애착 대상과 떨어져 있을 때, 애착 대상이나 자신에게 사고나 질병이 발생하지 않을지 비현실적인 두려움에 빠지기도 한다.

분리불안장애 아동은 집을 떠나는 것에 극도로 심각한 두려움에 빠진다. 그래서 학교에서 실시하는 체험학습, 수학여행 같은 프로그램에는 거의 참여하지 않으려고 한다. 심지어 집 주변의 가게에 물건을 사는 심부름을 가거나 친구의 집에 놀러 가는 것에도 심각한 불안을 표출한다. 애착 대상이나 집과 분리될 때 두통, 복통, 설사, 등의 신체적 통증이나 문제가 동반될 수 있다.

〈표 3-7〉 분리불안장애 진단 기준

A. 애착 대상의 분리와 관련하여 발달적으로 부적절하고 과도한 두려움이나 불안이 다음 중 3가지 이상이 분명하게 드러난다.

1. 집 또는 주 애착 대상과 분리되거나 분리가 예상될 때, 반복적인 심한 고통
2. 주 애착 대상의 상실, 질병, 상해, 재난 혹은 죽음과 같이 해로운 일이 발생할 것이라는 지속적인 심한 염려

3. 주 애착 대상과 분리될만한 불행한 사건(예: 상실, 유괴, 사고, 질병)을 겪을 것에 대한 지속적이고 심한 염려
4. 분리에 대한 두려움 때문에 집, 학교, 일터나 그 외 장소에 나가기를 지속적으로 거부
5. 주 애착 대상이 없이 혼자 있거나 집이나 다른 장소에 있기를 거부 혹은 지속적인 심한 두려움
6. 주 애착 대상이 가까이 있지 않을 때 잠을 자거나 집을 떠나 잠을 자는 것에 대한 지속적인 거부
7. 분리의 주제와 연관된 반복적인 악몽
8. 주된 애착 대상과의 분리가 예상될 때 반복적인 신체 증상(예: 두통, 복통, 오심, 구토)

B. 두려움, 불안 혹은 회피가 아동과 청소년에게 적어도 4주 이상 지속되고 성인은 6개월 이상 지속된다.

C. 이런 문제는 사회, 학업(직업), 다른 중요한 기능영역에서 임상적으로 심각한 고통이나 손상을 가져온다.

D. 이런 문제는 자폐스펙트럼장애의 경우 변화에 대한 심한 저항 때문에 집 떠나기를 거절하기, 정신병의 경우 분리에 관한 망상이나 환각, 광장공포증의 경우 믿을 만한 동반자 없이 밖에 나가기를 거절하기, 일반화된 불안장애의 경우 중요한 사람의 질병이나 상해에 대한 염려, 병적 불안장애의 경우 병에 걸릴 것에 관한 염려 등과 같이 또 다른 정신장애로 설명되지 않는다.

4. 정서·행동장애 아동의 특성

1) 정서 및 행동 특성

정서 · 행동장애 아동의 정서 및 행동 특성 관련하여 대표적으로 외현화 행동과 내재화 행동 두 가지를 제시할 수 있다. 외현화 행동은 정서 · 행동장애 아동이 나타내는 가장 일반적이면서 대표적인 행동으로 자리이탈, 소리지르기, 욕설, 때리기,

싸우기, 거짓말하기, 기물파괴, 울화부리기 등이 해당된다.

내면화 행동에는 또래와 어울리거나 놀이를 함께 하지 못하는 모습을 보이며, 친구를 사귀는 기술이 부족하고, 백일몽이나 환상에 빠지거나, 우울, 불안 등을 나타낸다.

2) 지능 및 학업 특성

다수의 정서 · 행동장애 아동은 평균 지능에서 다소 낮은 지능지수를 나타낸다. 일반 아동의 평균 지능지수가 100이라면, 정서 · 행동장애 아동은 평균 지능지수가 90 정도에 머무르고 있다. 또한 학습성취도가 낮고 이로 인해 학교에 부적응하는 경우가 많다.

특히 많은 정서 · 행동장애 아동들이 기초학습기술인 읽기, 쓰기, 계산하기에서 결함이 나타나며, 수업시간에 배운 내용을 실제로 적용하는 것을 어려워한다. 일부 정서 · 행동장애 아동은 경계선급 지능을 나타내기도 하며, 일상생활에 기본적인 자조 기술조차 갖추지 못하기도 한다(김문섭, 김진숙, 박선희, 2016; 김미경 외, 2007).

3) 언어적 특성

정서 · 행동장애 아동의 다수가 언어 및 의사소통 영역에서 어려움을 나타내는 것으로 나타났다. 주요 특성으로는 또래 아동에 비해 어휘력이 부족하고, 문법적 오류를 나타내는 경우가 많으며, 타인과 대화 시에 타인의 말을 주의 깊게 듣지 못하여 중요한 부분을 놓치거나 이해하지 못하는 경우도 많다. 또한 또래 아동과 대화를 시작하고 유지하는데 어려움이 있을 뿐 아니라, 타인의 감정을 이해하고 배려하지 못할 때도 있다.

무엇보다 외현화 행동의 비율이 높은 정서 · 행동장애 아동은 상대방에 대한 비난, 욕설 등의 언어적 공격행동을 나타내기도 한다.

5. 정서·행동장애의 교육전략

1) 심리역동적 전략

정서 · 행동장애 아동을 대상으로 하는 심리역동적 전략은 프로이드의 정신분석학에 근거를 두고 이루어진다. 정서 · 행동장애 아동이 나타내는 문제행동의 원인을 아동 개개인이 겪었던 성장 과정에서 나타나는 무의식적 갈등을 해결하지 못한 것으로 제시한다. 그러므로 심리역동적 전략은 아동의 행동 및 학업성취와 심리적인 기능의 증진을 위해 내재하는 정신병리를 찾을 수 있도록 고안한 전략을 추구한다. 대표적인 예로 심리치료, 미술치료, 놀이치료, 음악치료, 연극치료 등이 있으며, 개인의 잠재능력과 환경에 의한 도움은 추구하지 않는다.

2) 신체생리적 전략

신체생리적 전략은 앞서 살펴본 정서 · 행동장애 원인 중 생물학적 요인에 의한 정서 · 행동장애 발생을 지지하는 전문가들에 의해 지지된다. 그래서 정서 · 행동장애 아동이 보이는 행동적 일탈이나 다양한 문제들이 개인이 가진 생물학적 및 신체적 요인으로 인한 것으로 간주한다. 대표적으로 개인이 가진 중추신경계 장애가 표면적으로 나타난 정서 · 행동장애 관련 증상을 나타낸다고 본다.

그래서 신체생리적 전략은 정서 · 행동장애 아동에게 신체적 문제를 해결할 수 있는 약물을 복용하게 하는 약물치료, 식이요법과 같은 영양치료가 대표적인 중재전략이다. 신체생리적 전략은 주로 의사를 비롯한 의료진의 주도로 중재가 이루어지며, 교사의 역할이 축소된다. 하지만 교사는 정서 · 행동장애 아동이 정해진 시간과 용량에 맞게 약물을 복용하도록 지도하며, 약물로 인한 부작용이 나타나는지를 관찰하여 의료진과 상의할 수 있도록 해야 한다.

3) 행동적 전략

행동적 전략은 정서 · 행동장애 아동이 나타내는 문제행동이 주어진 환경에 의해 유발되어 학습된 것으로 간주한다. 즉 행동주의 심리학에 근거를 두는 것이다. 행동주의에서는 개인이 경험한 긍정적인 결과가 그 결과를 유발한 행동을 강화하는 것으로 본다.

행동적 전략에서 가장 일반적인 중재 방법은 행동수정 기법이 있으며, 최근에는 응용행동분석(Applied Behavior Analysis)이 행동주의에 기반한 행동적 전략으로 많이 활용되고 있다. 응용행동분석은 뒷부분에서 제시하기로 한다.

4) 생태학적 전략

생태학적 전략은 브론펜브레너의 생태학적 발달이론에 근거를 두고 있다. 브론펜브레너는 인간의 발달이 스스로 이루어지는 것이 아닌 개인을 둘러싼 환경 체계들과 상호작용으로 이루어지는 것이라고 제시하였다.

개인의 주변 환경체계에는 미시체계, 중간체계, 외체계, 거시체계가 있다. 개인의 가정과 학교, 또래관계, 지역사회 기관, 미디어, 문화, 정책 등 발달에 영향을 주는 모든 환경체계와의 원만한 상호작용이 이루어지지 못할 때 장애가 발생한다. 그러므로 생태학적 관점에서는 아동 개인의 문제 및 아동을 둘러싼 주변 모든 환경체계가 함께 문제를 가질 때, 정서 및 행동장애가 발생되는 것이다.

생태학적 전략은 개인과 환경 사이에 조화로운 균형을 유지하도록 돕는다. 그리고 환경에 대한 개체의 적응과 개체에 대한 환경 요인을 분석함으로 개인과 환경체계 모두의 변화가 장애를 극복하는 중재전략으로 볼 수 있다. 가정을 변화시키기 위한 가족치료나 부모교육, 학교에서는 교사상담과 교사교육 및 또래 관계의 변화, 유해환경의 차단 등이 예가 될 수 있다.

5) 응용행동분석(Applied Behavior Analysis; ABA)

응용행동분석 역시 앞서 제시한 행동주의에 기반을 두고 있다. 인간의 모든 행동은 학습된 것이며, 인간행동을 둘러싼 선행사건과 후속결과 사이의 관계를 강조한다. 특히 후속자극(후속결과)의 조작을 통해 행동을 통제할 수 있다고 본다. 그러므로 행동이 발생한 후 중재를 위해 효과적인 전략을 제공함과 동시에 순차적인 선행사건에 대한 접근으로 문제행동을 예방할 수 있도록 한다.

응용행동분석에서는 개선이 필요한 목표행동을 선택하고 조작적으로 정의한 후 그 행동을 측정하는 것을 강조한다. 응용행동분석에서 행동의 개선을 위해 행동수정 기법을 적용하는데 대표적인 기법은 바람직한 행동을 증가시키는 강화와 바람직하지 못한 행동을 감소시키는 벌 등이 있다.

① **정적 강화:** 바람직한 행동을 증가시키기 위해 아동이 선호하는 자극을 제시한다. 예를 들면 인사를 한 아동에게 칭찬 스티커를 주거나, 시험에서 100점 받은 아동에게 사탕을 주는 것이 있다. 정적 강화 시, 아동이 선호하는 자극으로 제공되는 것을 강화제 혹은 강화물이라고 부른다. 정적 강화를 위한 강화물에는 음식, 감각, 활동, 물건, 관심과 같은 사회적 강화 등이 있다.

② **부적강화:** 바람직한 행동을 증가시키기 위해 아동이 싫어하는 자극을 제거해 주는 것이다. 예를 들어 아동이 지각하지 않고 정시에 등교하면, 아동이 해야 할 청소당번을 면제해 주는 것이 부적강화에 해당된다.

③ **정적 벌:** 바람직하지 못한 행동을 감소 및 제거하기 위해 아동이 싫어하는 혐오자극을 제시하는 것이다. 대표적인 예가 신체적인 체벌이다. 정적 벌의 사용은 윤리적 문제가 발생할 수 있으므로 신중해야 한다.

④ **부적 벌:** 바람직하지 못한 행동을 감소 및 제거하기 위해 아동이 선호하는 자극이나 아동이 누려야 할 권리 등을 박탈하는 것으로 반응대가라고 불리기도 한다. 예를 들어 수업 시간에 자리이탈한 아동에게 휴식시간을 주지 않거나, 지각한 아동에게 칭찬스티커를 압수하는 것이 해당된다.

⑤ **차별강화**: 아동이 바람직한 행동이나 교사의 의도에 맞는 행동 시에는 강화를 하지만, 그렇지 않으면 강화를 하지 않는 것을 차별강화라고 부른다. 차별강화에는 대안행동 차별강화, 다른행동 차별강화, 상반행동 차별강화, 저비율행동 차별강화 등이 있다.

⑥ **소거**: 소거는 이전에 강화되던 행동에 대한 강화가 중단함으로써 그 행동의 발생을 감소시키는 것이다. 예를 들어 교사의 관심을 얻기 위해 소리지르기를 하는 아동에게 교사가 관심을 철회하는 것이 소거이다.

⑦ **촉진**: 촉진은 원하는 행동이 발생할 가능성을 증가시키는 자극을 의미한다. 쉽게 말해서 교사가 의도하는 바람직한 행동을 아동이 할 수 있도록 제시되는 도움이라고 볼 수 있다. 예를 들어 수업 시작 전에 아동이 착석하도록 교사가 아동에게 "착석"이라고 말하거나 다른 아동들이 착석한 그림을 보여주는 것이 촉진인 것이다.

⑧ **용암법**: 용암법은 촉진을 체계적으로 없애는 과정이다. 즉 교사가 의도하는 행동을 독립적으로 수행하도록 촉진을 단계적으로 제거해 가는 것을 용암법이라고 부른다. 예를 들어, 아동이 글씨를 정확하게 쓰도록 교사가 아동의 손 위에 교사의 손을 올려서 함께 글씨를 쓰도록 연습할 때, 아동이 글씨를 독립적으로 쓸 수 있도록 손 위에 손을 올리던 것에서 시간이 지나면 손목을 잡고 글씨를 함게 쓰고, 나중에는 아예 교사의 손을 놓아서 아동이 스스로 글씨를 쓰도록 하는 것이다.

학습문제

1. 정서 · 행동장애의 정의가 어려운 이유와 함께 다양한 정의를 제시할 수 있다.
2. 정서 · 행동장애의 원인을 설명할 수 있다.
3. 정서 · 행동장애의 분류하고 그 특성을 설명할 수 있다.
4. 정서 · 행동장애 아동에 대한 교육전략을 설명할 수 있다.

참고문헌

김문섭, 김진숙, 박선희(2016). **특수교육학개론**. 경기: 도서출판 양성원.

김미경, 문장원, 서은정, 윤점룡, 이상현(2007). **정서 및 행동장애아교육**. 서울: 학지사.

도명애, 김성화, 박순길, 박채진, 서석진, 서영란, 이수진, 임은주, 정훈영, 조재규, 최성욱(2021). **특수교육학**. 경기: 양서원.

서석진(2012). 독서치료가 품행장애 청소년의 부적응행동에 미치는 효과. 대구대학교 대학원 박사학위논문.

신민정, 최지영(2015). 아동기 학대와 방임이 우울장애 환자의 성격병리에 미치는 영향. **한국심리학회지: 건강, 20**(4), 719-738.

이상복(2008). 개정된 장애인 등에 대한 특수교육법과 정서 · 행동장애 관련 교육 과제. **정서 · 행동장애연구, 24**(4), 1-18.

이성봉, 방명애, 김은경, 박지연(2011). **정서 및 행동장애**. 서울: 시그마프레스.

이희정(2001). 품행장애 청소년과 일반 청소년의 도덕적 정서와 자아정체성. 연세대학교 대학원 박사학위논문.

Kauffman, J., Martin, A., King, R. A., & Charney, D. (2001). Are child, adolescent, and adult-onset depression one and the same disorder? *Biological Psychiatry, 49*, 980-1001.

04

Chapter

자폐성장애

'말아톤'이라는 영화에서 주인공이었던 학생은 마라톤을 좋아하고 잘 하는 학생이었지만 영화에서 이 주인공은 "우리아이는 장애가 있어요."라고 말하는 장면이 있었다. 이 영화에서는 자폐성장애를 묘사한 장면이 많은 부분에서 나왔었다. 이러한 이유에서 일상생활에서 '자폐'라고 용어를 알고 있는 사람들이 적지 않은 듯 하다. 이 장에서는 자폐성장애에 대한 정의와 원인, 특성 그리고 중재에 대하여 소개하면서 우리가 알고 있는 것이 학문적 근접성에 닿아있는 지도 알아보고자 한다.

1. 자폐성장애의 정의

1) 자폐성장애의 정의

자폐성장애는 자폐증(自閉症), 자폐범주장애, 자폐스펙트럼장애(Autism Spectrum Disorder)등 다양한 용어로 소개되고 있다.

Kanner(1943)는 생애 초기부터 사람 또는 상황과 정상적인 방법으로 관계를 맺지 못하는 일련의 아동들을 기술하기 위하여 초기 유아 자폐증이라는 용어를 사용하기 시작하면서 정의되었다. 자폐증이란 용어는 발달 시기별로 요구되는 행동, 기술, 선호, 기능 수행, 학습 등에서 매우 다양한 특성을 보이고, 특히 의사소통, 사회적 상호작용, 관심과 활동의 세 가지 영역에서의 결함으로 나타나는 것으로 설명하고 있다.

자폐성장애에 대한 용어의 변화를 살펴보면, 우선 「정신장애의 진단 및 통계 편람, 제3판 Diagnostic and Statistical Manual of Mental Disorders, Forth Edition, DSM-Ⅲ(1980)에 전반적 발달장애 범주 내에 공식적 진단체계로 소개되기 시작하면서, DSM-Ⅳ(1994)에 아스퍼거장애, 소아기붕괴성장애, 레트장애가 추가되었다. 이후 DSM-Ⅳ-TR(2000)에서는 자폐를 전반적 발달장애로 분류하고, 아스퍼거장애, 소아기붕괴성장애, 레트장애, 달리 규명되지 않은 전반적 발달장애가 하위로 포함되었으며, DSM-Ⅴ(2013)에서는 전반적 발달장애라는 용어가 사라지고 자폐범주성장애(자폐스펙트럼장애, autism spectrum disorder: ASD)가 공식 명칭으로 소개되는 변화가 나타났다.

미국에서의 자폐성장애에 대한 정의를 살펴보면 우선 미국자폐협회의 정의는 다음과 같다.

> 자폐는 복잡한 발달장애로 생후 초기 3년 내에 나타난다. 두뇌의 기능에 영향을 미치는 신경학적 손상의 결과로 나타나며, 자폐와 그와 관련된 행동들은 1,000명 중 2~6명 정도에서 발견된다. 자폐는 여아보다 남아에게서 4배 정도 높게 나타나며, 인종이나 민족이나 사회적 지위와 관계없이 나타난다. 가족의 수입이나 삶의 형태, 교육 수준 등은 자폐의 출현에 영향을 미치지 않는다.

미국의 1990년 제정된 IDEA에서 자폐증은 특수교육의 범주에 해당하는 장애로 추가되면서 자폐성장애를 다음과 같이 정의하였다.

> 자폐증이란 언어적, 비언어적 의사소통과 사회적 상호작용에 영향을 미치는 발달장애로 일반적으로 3세 이전에 뚜렷하게 나타나며, 아동의 수행에 불리한 영향을 미친다. 자폐증과 관련된 또 다른 특성에는 반복행동과 상동운동, 환경의 변화나 일상생활의 변화에 대한 저항, 감각 경험에 대한 이상한 반응 등이 있다. 3세 이후에 자폐의 특성을 보이는 아동들도 앞에서 서술한 진단기준에 해당된다면 '자폐'를 지닌 것으로 진단될 수 있다.

우리나라 「장애인 등에 대한 특수교육법」에서는 자폐성장애를 가진 아동을 다음과 같이 정의하고 있다.

> 구어 및 비구어 의사소통과 사회적 상호작용의 문제를 보이고 관심 · 행동 · 활동의 제한적이고 반복적이고 상동적인 특성으로 인해 환경이나 일과의 변화에 저항을 보임으로써 교육적인 성취 및 일상생활 적응을 위하여 도움을 필요로 하는 사람

2. 자폐성장애의 원인

자폐성장애는 단일한 원인으로만 나타나는 것이 아니라 다양한 원인으로 나타나는 것으로 보여지지만 이것 역시 자폐성장애의 원인을 정확하게 증명하는 것은 아니다. 여기에서는 지금까지 소개된 자폐성장애의 원인을 소개하고 알아보고자 한다.

1) 신경화학적 차이에 의한 원인

신경화학물질에 대한 조사에서 가장 높은 빈도의 원인으로 언급되어 지는 것이 세로토닌으로 자폐성장애아동들은 말초신경에서 세로토닌의 농도가 보다 증가한다는 것이다. 세로토닌은 수면과 고통, 감각 지각, 운동 기능, 미각, 학습과 기억 등과

같은 행동-생리적 과정과 관련이 있다. 이에 자폐성장애아동들의 지각과 학습, 기억의 결함은 세로토닌의 수준의 증가와 관련되어있을 수도 있을 것이다.

Lord 등(2000)에 의하면 자폐성장애아동들은 신경 발달과 신경 기능 수행에 관련된 연구에서 다양한 결과를 가져오고 있다고 밝혔다.

2) 구조적인 차이에 의한 원인

Courchesne 등(2004)은 자폐성장애아동들은 태어날 때 머리의 원주가 작지만 생후 6~14개월 사이에 빠른 머리 성장을 보인다고 하였다. 이러한 빠른 머리 성장이 회색 부분에 비해 흰색 부분의 부피에서의 불균형적인 증가에 영향을 미친다고 하였다. 이는 뇌의 특정한 부분에만 선택적으로 영향을 미치는 이러한 갑작스러운 성장 시기가 대뇌 반구간의 연계성을 방해할 수 있고 이러한 방해로 인해 신생아가 환경과 상호작용하는데 어려움을 갖게 된다는 것이다. 과다 성장은 유전 또는 신경 독소에의 노출에 의해 영향을 받은 선천적 면역 문제로 인해 뇌가 팽창했기 때문이라고 할 수 있다(Vargas et al., 2004).

3) 기능적 차이에 의한 원인

Minshew(1991)에 의하면 뇌파도(electroencephalogram: EEG)를 활용하여 살펴본 결과 자폐 아동의 약 50%가 비정상적인 뇌기능을 보였다고 한다. 이 결과가 재입증되지는 않았지만 이러한 비정상성은 일반 발달 아동이 자폐성장애아동으로 퇴행하는지에 대한 이유가 될 수 있음을 입증하였다.

3. 자폐성장애의 특성

1) 지적 특성

자폐성장애아동은 지적으로 우수한 경우도 있지만 자폐성장애의 70~80% 정도는 지적장애를 수반하므로(Romanczyk et al., 1999), 저기능 자폐(low-functioning autism)와 고기능 자폐(high-functional autism)으로 지적장애의 유무를 구분하기도 한다. 자폐성장애는 비균형적 기술발달의 특성을 보이는데 아동의 약 10~15%가 '다른 기능에 비해 기대하지 않은 우수한 수행을 보이는 탁월한 기술'을 가지고 있다. 이를 자폐적 특별능력소유자라고 하는데, 서번트 증후군(savant syndrome)라고 한다. 이들은 다른 모든 영역에서는 지적장애의 기능을 보이지만, 특별하게 기억, 수학적 계산, 음악적 재능 등과 같은 영역에서 특별한 능력을 보인다(Kelly et al., 1997; 김진호 외, 2006).

자폐성장애아동의 인지적 특성을 살펴보면, 다른 사람과 함께 주의를 끌어내고 공유하는 데 어려움이 있고, 사람 사이의 역동성이나 의사소통을 하는 상황에 대한 인지력이 부족하여 마음읽기의 능력에 결함을 보이기도 한다. 또한 일반아동에 비하여 사물이나 사건에 대해 관심을 갖는 장면에서 낮은 수준의 공유 감정을 보일 뿐 아니라, 공유 감정과 공동관심의 통합을 보이지 않는다는 특성을 보인다.

2) 의사소통 특성

(1) 운동 기능 모방

Williams 등(2004)에 의하면 자폐성장애아동은 모방하기에 대한 어려움을 지니고 있다고 한다. 하나의 모델을 모방하지 못하고 적절한 자극에 주의집중하지 못하는 것은 의사소통 및 언어발달에 상당히 부정적인 의미를 가질 수 있다(Smith & Bryson, 1994).

(2) 주의 공유하기

주의 공유하기 행동의 수는 나중의 표현 언어 발달을 예측할 수 있게 해 주는 것으로 알려졌다(Mundy et al., 1990; Prizant & Wetherby, 1993). 주의 공유하기 능력의 부재는 사회적, 인지적, 언어 발달에 여러 의미를 지니고 있다. Wetherby 등(2000)은 고기능 자폐성장애아동은 시선으로 사람과 물건들 사이를 연결시킬 수 있고 어떤 긍정적 정서를 함께 할 수 있으나 공유를 목적으로 다른 사람의 주의를 얻으려고 하지 않는 경향이 있다고 하였다.

(3) 물건을 가지고 노는 놀이

Boucher(1999)에 의하면 아동들이 물건들과 다른 사람들, 그리고 자기 자신을 이용하여 상상놀이 대본을 만들어 감에 따라 상징놀이나 가장놀이(pretend play)는 점점 더 복잡해진다고 하였다. 그러나 자폐성장애아동은 기능적 놀이는 물곤 상징놀이에도 어려움을 보인다(Dawson & Adams, 1984). 자폐성장애아동은 하나의 물건을 다른 물건으로 가장하지 못할 수도 있고, 상상놀이에도 참여하지 못할 수도 있으며 그들이 의도하는 대로 장난감을 이용하지 못할 수도 있다.

3) 언어특성

(1) 반향어

말을 할 수 있는 자폐성장애 아동의 약 85% 정도에서 반향어가 나타난다(Schuler & Prizant, 1985). 반향어(echolalia)란 이전에 들은 낱말이나 문장을 의미나 의도 없이 반복하는 현상으로 자폐성장애아동은 화자의 구어를 분석하지 않는 통합체로 외워버리기 때문에 융통성 있는 구어를 습득하지 못한다. 반향어에는 대뇌과정을 거치지 않고 바로 반복되는 즉각 반향어와 일단 저장되었다가 시간이 어느 정도 경과한 후에 상기되어 반복되는 지연 반향어로 구분한다.

과거에는 반향어가 아무런 의미 없는 소리로 간주되었지만(Tiegerman-Faber, 2002), 반향어가 자폐성장애아동이 다른 사람과 의사소통을 할 수 있는 방법으로 이해되고 있으며, 보다 언어로 발달하기 위한 중요한 사전행동으로 이해되고 있다(박현옥, 2005). 즉각 반향어는 무엇인가를 이해한다는 증거를 제공하고 있고(Prizant & Duchan, 1981), 지연 반향어는 다양한 방식으로 사회적 상호작용을 도울 수 있다고 알려져 있다(Prizant & Rydell, 1984). 만약 다른 사람들이 자폐성장애아동의 반향어로 표현된 의도를 이해하고 메시지에 적절하게 반응한다면 그 아동은 수단과는 관계없이 의사소통 능력을 보여 준 것이다.

다음 〈표 4-1〉에서 즉각 반향어의 형태 및 가능한 기능들에 대하여 설명하였다.

〈표 4-1〉 즉각 반향어의 기능적 범주(Prezant & Duchan, 1981)

범주		설명
상호작용적	차례지키기	번갈아 가며 언어를 교환하는데 있어 화자가 바뀔 때 사용되는 말
	진술	물건들이나 행동들, 혹은 장소를 명명하는 말(겉으로 드러나는 몸짓이 수반됨)
	긍정 대답	이전에 나왔던 말을 확인한다는 것을 보여주는데 사용되는 말

범주		설명
	요청	물건이나 다른 사람들의 행동을 요청하는데 사용되는 말, 보통 가벼운 형태의 반향어가 포함됨
비상호 작용적	분명치 않음	분명한 의도 없이 산출되는 말, 종종 두려움이나 고통 등 각성수준이 높은 상태에서 하게 됨
	시연	처리를 위한 보조도구로 사용되는 말로 반향된 말을 이해했음을 가리키는 말이나 행동이 뒤따름
	자기조절	자신의 행동들을 조절하는 데 사용되는 말, 운동기능을 이용한 행동과 동시에 산출됨

다음 〈표 4-2〉에서 즉각 반향어의 형태 및 가능한 기능들에 대하여 설명하였다.

〈표 4-2〉 지연 반향어의 기능적 범주(Prizant & Rydell, 1984)

범주		설명
상호작용적	차례지키기	번갈아 가며 언어를 교환하는데 있어 화자가 바뀔 때 사용되는 말
	언어의 완료	다른 사람들이 시작한, 익숙한 언어 일과를 완성하는 말
	정보 제공	상황에 따른 맥락에서 분명하지 않은 새로운 정보를 제공하는 말
	명명하기	주위에 있는 물건들이나 행동들을 명명하는 말
	저항	다른 사람들의 행동에 저항하는 말, 다른 사람들의 행동을 막는 데 사용될 수도 있음
	요청	물건들이나 행동들을 요청하는 데 사용되는 말
	부름	자신에게 주의를 돌리게 하거나 상호작용을 수립/유지하게 하기위해 사용되는 말
	확인	이전에 나왔던 말을 확인함을 가리키는 데 사용되는 말
	지시	다른 사람들의 행동을 지시하는 데 사용되는 말(종종 명령)
비상호 작용적	분명치 않음	분명한 의사소송 의도가 없거나 상황에 따른 맥락에 적절하지 않은 말
	상황 연계	분명한 의사소통 의도가 없는 말로 어떤 물건이나 사람, 상황, 혹은 활동에 의해 촉발되는 것으로 보임

범주		설명
	자기지시	자신의 행동을 조절하는 데 사용되는 말, 운동 기능을 이용한 행동과 동시에 산출됨
	시연	낮은 소리로 산출되는 말로 더 커다란 상호작용적 음성 산출이 뒤따름, 후속 산출을 위한 연습일 수도 있음
	명명	분명한 의사소통 의도가 없이 주위에 있는 물건이나 행동들을 명명하는 말, 언어를 학습하기 위해 연습하는 것일 수 있음

지연 반향어는 비록 이전의 대화 내용에서 들었던 것들을 말 그대로 정확히 기억하는 능력이 인상적이기는 하지만 이러한 형태의 대화는 융통성이 없으며 때로는 상황에 적절하지 못할 수도 있다.

(2) 의미론적 특성

자폐성장애아동은 단어 폭발기 이전에 습득한 단어의 부족으로 인하여 표현어휘 발달이 늦은 편이고, 단어를 의미 있는 사람이나 사물에 대하여 느리게, 제한적으로 습득하기도 한다. 단어의 일반화과정으로 넘어가지 못하고 특정사물을 특정 낱말로만 명명하는 단계에 머무르는 경우가 많다. Tager-Flusberg와 Thurber(1993)는 자폐장애 아동들은 자신이 알고 있는 어휘를 매우 제한적으로 사용하며, 상황에 적절하고 다양한 어휘를 구사하는데 관심을 보이지 않는다고 하였다. 자폐성장애아동은 비정상적인 의미로 단어를 사용하기도 하고, 대부분의 청자에게 익숙하지 않은 사건이나 관심에 대하여 관련된 언어를 사용하기도 한다.

자폐성장애아동은 낱말 품사에 따라 어휘산출능력에 차이를 나타내고(Menyuk & Quill(1985), 이것은 자폐성장애아동이 명사에 비하여 동사, 형용사, 부사와 같은 수식어, 그리고 전치사와 같은 기능어를 더 적게 산출하는 경향을 보인다고 하였다.

Lee 등(1994)은 자폐성장애아동은 다른 사람을 '너'라고 부르기보다는 그 사람의 이름을 주로 부르고, 자신을 지칭할 경우에도 '나'보다는 자신의 이름을 주로 사용한다고 하였다. 또한 이러한 대명사의 반전은 연령이 증가함에 따라 완화되어지기는 하지만 일생동안 지속적으로 나타난다고 하였다.

(3) 화용론적 특성

자폐성장애아동의 의사소통 의도는 사회적 상호작용을 위한 것이라기 보다는 주로 자신의 요구를 충족시키기 위해 다른 사람의 행동을 조절하는 도구적 기능을 위한 것이며, 이러한 기능을 표현함에 있어서도 자기 나름의 독특하고 비습관적인 방법을 사용한다. 자폐성장애아동의 언어문제는 사회적이고 화용론적인 영역에서 가장 잘 나타난다(Tiger-Flusberg, 1989). 이들은 사회적 정보를 이해하는 데 특별한 어려움을 겪기 때문에 의사소통에서 절대적으로 필요한 요소인 상호호혜적인 사회적 상호작용 능력을 제대로 발휘하지 못하는 것이다(Wicks-Nelson & Israel, 2003). 이러한 사회적 결함은 의사소통 능력을 제한하여 다른 사람들과 상호작용을 하는데 어려움을 가지게 한다(Bufkin & Altman, 1995; Watson et al., 2003). 구체적인 화용론적 특성을 살펴보면, 관련 없는 내용을 지나치게 자세하게 말하거나, 특별한 주제에 대하여 지속적으로 이야기하거나, 혹은 적절하지 않은 상황에서 새로운 주제로 바꾸어 말하는 등의 일탈적인 구어적 대화기술을 보인다.

Tiger-Flusberg(1993)은 자폐성장애아동은 사회적 상호작용의 암묵적 규칙을 이해하지 못한다고 하였다. 자폐성장애아동의 문제 중의 일부분은 다른 사람들이 자신과는 다른 관점을 지녔다는 점을 이해하지 못한다는 것이다.

4) 구어 특성

일반적으로 자폐성장애아동들은 일반아동들에 비하여 말하는 시기와 발달의 속도가 느린 편이다(Lecouter et al., 1989). 대개 첫 낱말 시기가 일반 아동들보다 늦게 나타나며, 옹알이의 형태도 일반 아동들과는 다소 다르다. 이들 중 일부 아동들은 처음에는 무발화를 보이다가, 점차 반향어 형태의 구어를 사용하기도 한다. 자폐성장애아동의 약 35~40% 정도가 구어가 나타나지 않고(Mesibov et al., 1997), 약 25%가 12~18개월 수준의 말을 가지거나 아니면 상실된 수준을 보인다. 음성적으로는 대체로 음도가 높고, 음도 범위가 좁아서 단조롭게 들리며 강도는 다양한 범위의 강도를 사용한다. 운율적 특성은 억양, 강세, 리듬 등의 전반적 결합을 나타내지는 않으나 개인차가 큰 편이다.

5) 사회정서적 특성

자폐성장애아동은 비구어적 행동의 사용에 있어서 손상을 보이며, 발달 수준에 적절한 또래 관계에서도 어려움을 보인다. 다른 사람들과의 즐거움, 성취, 관심 등을 공유하려고 하지 않고, 사회적 또는 정서적 상호작용 역시 결여되어 있다. 또한 상대방의 마음을 이해하고 감정 이입을 하는 등의 능력이 부족하여 다른 사람과의 관계 형성에 어려움을 보인다.

6) 행동 특성

자폐성장애아동은 반복적이고 상동적인 형태의 제한된 행동을 보이는 대표적인 특성이 있다. 이러한 특성은 동일한 행동을 목적 없이 반복하는 상동행동, 똑같은 행동을 순서대로 목적없이 일상생활을 수행하는 등의 독특한 의식이나 강박행동을 보일 뿐 아니라, 사물의 전체가 아닌 특정 부분에 대한 고집 행동을 보이기도 한다. 학교 교실 내에서도 공격행동, 성질 부리기, 기물 부수기 등의 문제 행동을 보이기도 하며, 갑작스럽게 소리를 지르거나 심하게 우는 등의 폭발적 행동을 보이기도 한다.

7) 감각 특성

자폐성장애아동은 비전형적인 감각처리과정을 보임으로써 감각 자극에 대한 민감 반응, 둔감 반응, 자극 추구 행동으로 나타내는 특성이 있다. 자폐성장애아동은 이질적인 특성이 반영되어 아동들 간에 하나의 감각 자극에 대한 반응이 다양하게 나타나며, 개인 내에서도 감각자극에 대한 과민 반응과 둔감 반응이 함께 나타나기도 한다.

4. 자폐성장애의 중재

자폐성장애의 중재에서는 TEACCH로 대표되는 구조화된 교수에 의한 중재와 의사소통 중재에 대하여 소개하고자 한다.

1) 구조화된 교수

구조화된 교수(Treatment and Education of Autistic and Related Communication Handicapped Children: TEACCH)는 자폐 및 의사소통 장애를 지닌 아동과 그 가족들에게 서비스를 제공하기 위한 최초의 주(州) 규모의 전문적인 프로그램이다. 주요 전략은 구조화된 교수를 실행하고, 아동의 강점과 선호도를 강조하며, 자폐성장애 아동의 학습을 영향을 미치는 어려움을 지원하는 것이다. 이러한 구조화된 교수 전략에는 아동이 매일 일과를 이해하고 활동을 선택하고 참여하도록 정보를 시각적으로 제시하고 구조돠된 환경적 지원을 제공함에 있다. Schopler 등(1995)은 구조화된 교수의 기초에서 대하여 다음과 같은 네 가지의 구성요소들을 언급하였다.

첫째, 물리적 구성(physical organization)이다. 물리적 구성이란 물리적 구조화라고도 하며, 학업 및 지역사회 기술을 교수하기 위한 영역의 설계를 의미한다. 즉 아동들에게 분명한 특정 경계를 지시하는 등의 예측 가능한 방법으로 자신이 해야 할 활동을 알려주는 시각적 정보를 제공하도록 계획된다. 구조화된 교실의 교사들은 학습 영역을 구분하이 위하여 카페트 위에 색깔 테이프를 붙이거나 책장 또는 분리대 등을 활용할 수 있다.

둘째, 시각적 일과표(visual schedules)이다. 시각적 일과표는 아동들에게 어떤 활동이 어떤 순서로 일어나는 지를 알려주는 것이다. 언제 활동이 일어날 것인지, 어떤 활동을 할 것인지, 다음에 어떤 활동을 할 것인지, 자신이 좋아하는 활동은 언제 일어날 것인지 등에 대한 정보를 제공한다. 이러한 시각적 일과표는 자폐성장애 아동들이 사건을 예측하도록 도와줌으로써 불안감을 감소시킨다.

셋째, 작업 시스템(work system)이다. 작업 시스템은 아동들이 어떤 활동을 독립적인 작업 영역에서 완수해야 하는 지를 알게 해 주는 것이다. 아동이 해야 하는 작업, 해야 하는 작업의 양, 작업이 종료되는 시점에 관한 정보를 제공한다.

넷째, 과제 구성(task organization)이다. 과제 구성은 자료의 조직화라고 하며, 자폐성장애 아동이 독립적으로 해야 할 작업을 결정해 준다. 과제 구성을 통하여 자폐성장애 아동이 해야 하는 과제가 무엇인지, 어떻게 과제를 수행해야 하는 지, 얼마 동안 과제를 해야 하는지, 얼마나 많은 과제를 해야 하는지, 과제를 완수할 때까지 자신의 수행을 어떻게 확인할 수 있는지, 다음에 해야 하는 것이 무엇인지에 관한 정보를 시각적으로 제공하는 것이다.

2) 의사소통 중재

(1) 그림교환의사소통체계

그림교환의사소통체계(picture exchange communication system: PECS)는 표현언어가 부족한 자폐성장애아동이나 기타 장애를 가진 아동을 대상으로 고안된 보완의사소통 프로그램으로(Forst & Bondy, 1994), 아동들이 원하는 사물을 얻기 위하여 사물을 교환하도록 가르치는 방법이다. 그러므로 자폐성장애 아동들에게 기능적인 의사소통 기술을 교수하고 잠재적으로 구어습득을 하도록 하는 체계로 자발적 의지를 표현하고자 할 때 효과적이고(Bondy & Forst, 1998), 다른 사람들에 대한 사회적 접근을 우선 지도하고 난 이후에 요구하기를 지도한다(Bondy & Forst, 2001). 그림교환의사통체계를 통한 중재는 각 아동들이 선호하는 강화물을 진단하는 것으로 시작하는데 이때는 각 아동의 강화 선호도를 결정하기 위하여 몇 가지 조합된 물건들이 각각의 아동들에게 반복적으로 제공된다. 그림교환의사소통은 체계가 매우 보편적인 언어인 그림을 이용하기 때문에 아동은 어떤 상황에서든 누구와도 의사소통을 할 수 있다. 또한 이 체계는 구어 연습 및 수어처럼 아동들에게 구어나 운동기능의 움직임을 모방하도록 요구하지 않는다. 또한 아동들에게 눈 맞춤을 유지하도록 요구하지도 않는다. 시선 응시는 교환의 과정에서 자연스럽게 나타난다. 그림교환의사소통체계는 다음과 같은 여섯 단계로 이루어진다.

1단계는 아동은 원하는 사물이나 활동을 위해 그림을 교환하는 것을 학습하는 단계로 교사 1명과 보조 교사 1명이 아동이 원하는 물건을 그림과 바꾸도록 기본적인 교환을 지도한다. 이 때 주교사는 아동이 좋아하는 물건을 들고 의사소통 대상자의 역할을 한다. 보조교사는 아동의 옆 혹은 뒤에 앉아 아동이 그림을 선택해서 대상자에게 내밀고 그 손에 놓도록 신체적인 촉진을 제공한다. 아동이 그림을 선택한 즉시 의사소통 대상자는 그림에 나타난 단어를 말하면서 아동에게 강화물을 제공한다. 2단계는 그림 1장으로 다양한 장소에서 여러 사람들과 거기를 이동하여 의사소통을 하도록 지도한다. 3단계는 아동 자신이 2개 이상의 그림을 선택하여 좋아하는 것을 물어보는 단계로, 아동 앞에 두 가지의 그림을 두고 교사는 해당 사물을 들고 있다가 아동이 그림을 하나 건네주면 그에 해당하는 사물을 즉시 아동에게 제시하는 단계이다. 4단계에서 아동은 원하는 사물을 그림과 '주세요.' 그림을 사용하여 간단한 문장을 구성하는 방법을 학습하는 단계이다. 5단계는 문장으로 표현하기 단계로 원하는 사물의 그림카드를 '주세요.' 그림 카드 앞에 붙여서 그 의사소통띠(communication strip)를 교사에게 제시하도록 지도하는 단계로 요구하기와 질문에 대답하기를 지도할 수 있다. 6단계에서 아동은 '무엇이 보여요?', '무엇이 들려요?', '이것은 무엇인가요?' 등의 질문에 언급하는 방법을 학습하게 된다.

(2) 상황이야기

상황이야기(social stories)는 특정 사회적 상황과 관련된 분명한 사회적 단서와 적절한 반응을 설명해 주는 개별화된 인지적 중재 방법으로 사람들이 주어진 상황에서 무엇을 하고, 무엇을 생각하고 느끼는지에 대한 정보, 사건의 연속, 중요한 사회적 단서와 의미의 파악, 무엇을 이야기해야 하는 지에 대한 형식을 가지게 한다(Attwood, 2000). 이를 중심으로 상황이야기는 자폐성장애아동에게 특정 형식과 규칙에 따라 사람, 사건, 개념, 사회적 상황에 대하여 구체적으로 설명하도록 하는 방법이다. 특정 상황에서 발생하는 일의 내용, 이유와 관련된 정확하고 특정한 정보를 아동들에게 제공하고, 관련된 사회적 단서와 일반적 반응에 대한 상황을 설명하는 짧은 이야기를 의미한다(Gray, 2004). 상황이야기는 자폐성장애아동이 사회적 단서 및 상황, 다른 사람의 생각 등을 이해하는 것과 같은 사회적 관계에 대한 적절한 반응이 부족하기 때문에 자폐성장애아동의 사회적 상황을 예측하도록 하는 데 효과적인 방법이다. 상황이야기는 사회적 이야기들은 기대되는 행동과 상황을 묘사하는 데 사용될 수 있고, 어떤 결과나 목표 성취에 대한 간단한 단계들을 설명할 수 있으며, 또한 예상된 행동들과 새로운 일과를 지도할 수 있다(Gray & Garand, 1993).

이를 위하여 Gray(1994)는 상황이야기를 사용할 수 있는 몇 가지 예를 제시하였다.

첫째, 사회적 단서와 반응을 포함하는 상황을 비위협적인 방법으로 설명하기

둘째, 사회적 기술 교수를 개별화하기

셋째, 일과를 교수하거나 일과 변경에 대한 적응 교수하기
넷째, 실제 사회적 상황에서 학문적 자료를 교수함으로써 일반화 돕기
다섯째, 공격행동, 강박행동, 공포감 등과 같은 다양한 행동 다루기

학습문제

1. 자폐성장애에 대한 용어의 변화에 정의를 설명해 보자.
2. 자폐성장애아동의 인지적 특성에 대하여 설명해 보자
3. 자폐성장애아동에서 보여지는 지연 반향어의 기능에 대하여 설명해 보자.
4. 자폐성장애아동에게 활용가능한 그림교환의사소통체계의 단계에 대하여 설명해 보자.

참고문헌

American Psychiatric Association (2013), *Diagnostic and statistical manual of mental disorders*(5th ed.), Washington, DC: Author.

Bondy A. S., & Forst, L. A. (2001). *A picture's worth: PECS and other visual communication strategies in autism*. Woodbine House.

Bondy, A. S., & Forst, L. A. (1998). The picture exchange communication system. *Seminars in Speech and Langage, 19*(4), 373-389.

Bufkin. L. J., & Altman, R. (1995). A developmental study of nonverbal pragmatic communication in students with and without mild mental retardation. *Education and Training in Mental Retardation, 30*(3), 199-207.

Forst, L. A., & Bondy, A. S. (1994). *The Picture Exchange Communication System training manual*. Cherry Hill, NJ: Pyramid Educational Consultants, INC.

Gray, C. A. (1994). *Comic strip conversations: colorful, illustrated interactions with students with autism and related disorders*. Jenison, MI: Jenison Public Schools.

Gray, C. A. (2004). Social Stories™10.1: The new defining criteria and guidelines. *Jenison Autism Journal: Creative Ideas in Practices, 15*(4), 2-21.

Gray, C. A., & Garand, J. (1993). Social stories: Improving responses of students with autism with accurate social information. *Focus on Autistic Behavior,*

Menyuk, P., & Quill, K. (1985). Semantic problems in autistic children. In E. Schopler & G. Mesibov(Eds.), *Communication problems in autism*(pp. 105-116). New York: Plenum.

Mesibov, G. B., Adams, L. W., & Klinger, L. G. (1997). *Autism: Understandinf the disorder*. New York: Plenum.

Mundy, P., Sigman, M., & Kasari, C. (1990). A longitudinal study of joint attention and language development in autistic children. *Journal of Autism and Developmental Disorders, 20*, 115-129.

Prizant, B. M., & Duchan, J. E. (1981). The functions of immediate echolalia autistic children. *Journal of Speech and Hearing Disorders, 46*, 241-249.

Prizant, B. M., & Rydell, P. J. (1984). An analysis of the functions of delayed echolalia in autistic children. *Journal of Speech and Hearing Research, 27*, 183-192.

Schopler, E., Mesibov, G. B., & Hearsey, K. (1995). Structured teaching in the TEACCH system.

In E. Schopler & G. B. Mesibov(Eds.), *Learning and cognition in autism*(pp. 243-267). New York: Plenum.

Smith, I. M., & Bryson, S. E. (1994). Imitation and action in autism: A critical review. *Psychological Bulletin, 116*, 259-273.

Tager-Flusberg, H., & Thurber, C. (1993). Pauses in the narratives produced by autistic, mentally retarded, and normal children as an index of cognitive demand. *Journal of Autism and Developmental Disorders, 23*, 209-322.

Tigerman-Farber, E. (2002). Autism spectrum disorders: Learning to communicate. In D. K. Bernstein & E. Tigerman-Farber(Eds.), *Language and communication disorders in children*(5th ed., pp. 510-564). Boston: Allyn & Bacon.

Watson, L. R., Baranek, G. T., & DiLavore, P. C. (2003). Toddlers with autism developmental perspectives. Infants and Young Children: An Interdisciplinary. *Journal of Special Care Practies, 16*(3), 201-214.

Wicks-Nelson, R., & Israel, A. C. (2003). *Behavior Disorders of Children*(5th ed.). Upper Saddle River, New Jersey: Pearson Education.

05
Chapter

시각장애

1. 시각장애의 정의

시각장애의 정의를 제시하기 전, 먼저 시각 관련 개념들부터 살펴볼 필요가 있다. 시각 관련 개념에는 시력, 시야, 광각, 색각을 대표적으로 제시할 수 있다.

시력은 물체의 존재 및 형태를 인식하는 능력을 의미한다. 눈의 기능 상태를 가장 단적으로 파악할 수 있는 것이 시력을 측정함으로 가능하다. 시야는 눈으로 한 점을 주시하고 있을 때 확인할 수 있는 외계의 범위이다. 정상 시야는 가로 150도, 세로 120도이다. 광각은 빛을 느끼는 기능으로, 빛의 유무를 판단하며 빛의 강도 차이를 구별할 수 있게 하는 능력이다. 광각과 관련된 문제를 가지는 경우로 어두운 곳에서 물체를 잘 식별하지 못하는 야맹, 밝은 곳에서 물체를 잘 식별하지 못하는 주맹이 있다. 색각은 가시광선 중 파장의 차이에 따르는 물체의 색을 구별하여 인식할 수 있는 능력을 말한다. 색각 이상으로는 색약과 색맹이 있다. 그리고 무색의 물체가 착색되어 보이는 경우를 색시증이라고 한다.

시각장애는 시각과 관련된 여러 원인에 의한 문제로 인해 발생할 수 있다. 일반적으로 시각장애는 선천적 또는 후천적 요인에 의해 보지 못하거나 혹은 보조기기의 활용 및 환경의 개선이 없이 시각적 과제 수행을 하는데 문제가 있는 것으로 정의된다.

시각장애를 교육적 관점에서 정의하면, 맹과 저시력으로 구분할 수 있다. 교육적 맹은 점자나 촉각 및 청각 매체를 통해서 교육해야 할 아동을 의미하고, 교육적 저시력은 잔존시력을 활용하여 문자를 확대하거나 광학적인 기구를 사용하여 교육해야 할 아동을 의미한다.

시각장애의 법적 정의로 한국의 장애인 등에 대한 특수교육법에서 제시하는 정의와 장애인복지법의 정의를 제시할 수 있다.

1) 장애인 등에 대한 특수교육법

2008년 제정되어 현재까지 시행되고 있는 장애인 등에 대한 특수교육법은 시각장애를 지닌 특수교육대상자를 다음의 〈표 5-1〉과 같이 정의한다.

〈표 5-1〉 시각장애를 지닌 특수교육대상자

시각계의 손상이 심하여 시각 기능을 전혀 이용하지 못하거나 보조공학기기의 지원을 받아야 시각적 과제를 수행할 수 있는 사람으로서 시각에 의한 학습이 곤란하여 특정의 광학기구 · 학습매체 등을 통하여 학습하거나 촉각 또는 청각을 학습의 주요 수단으로 사용하는 사람

2) 장애인복지법

장애인복지법은 장애인을 신체적, 정신적 장애로 인하여 일상생활이나 사회생활에 상당한 제약이 있는 사람으로 정의하고 있으며, 시각장애인에 대한 정의는 다음의 〈표 5-2〉와 같이 제시하고 있다.

〈표 5-2〉 장애인복지법의 시각장애인의 장애 기준

가. 나쁜 눈의 시력이 0.02 이하인 사람 나. 좋은 눈의 시력이 0.2 이하인 사람 다. 두 눈의 시야가 각각 주시점에서 10도 이하로 남은 사람 라. 두 눈의 시야를 1/2 이상 잃은 사람 마. 두 눈의 중심 시야에서 20도 이내에 겹보임(복시)이 있는 사람

2. 시각장애의 원인

눈은 안구, 눈 부속기관, 시신경, 시로로 구성되어 있다. 안구는 외막(각막, 공막), 중막(홍채, 모양체, 맥락막), 내막(망막), 안 내용물(수정체, 유리체, 모양체소대, 방수)로 되어 있으며, 눈 부속기관은 안와, 눈꺼풀, 결막, 눈물기관으로 이루어져 있다. 시신경은 망막에 맺힌 상을 읽고 지각하는 기능을 하며, 시로는 망막에서부터 대뇌 후두엽에 이르기까지 신경 섬유의 경로를 의미한다.

눈의 시각정보 전달경로는 빛 에너지가 각막을 통과하여 홍채, 수정체, 유리체를 지나 망막에 도달하게 되고, 망막에서 시신경을 통해 대뇌의 후두엽으로 전달됨으로써 이루어진다. 눈의 구조는 다음의 [그림 5-1]과 같다.

시각장애는 눈의 구조 중 특정 부위의 손상으로 인한 다양한 안질환이 원인이 되어 발생하는 경우가 대다수이다. 그러므로 시각장애를 유발하는 안질환의 특성을 알고 그에 따른 대처방안을 익혀야 한다.

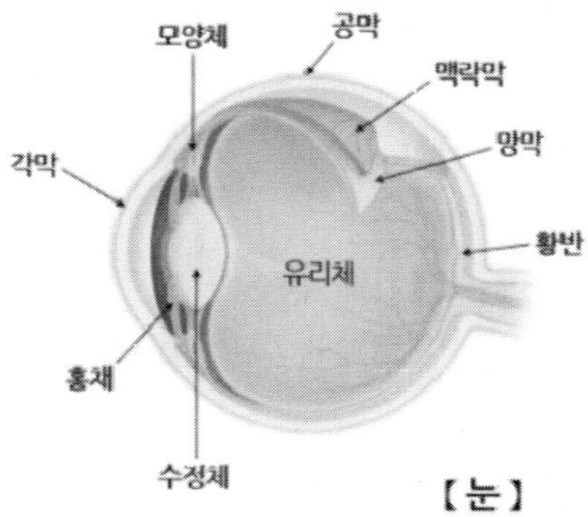

[그림 5-1] 눈의 구조

출처: https://blog.naver.com/rheegh4016/223725352159

1) 선천성 백내장

수정체가 혼탁해져서 발생하는 안질환이 백내장이다. 백내장은 출현 시기에 따라 선천성과 후천성으로 분류한다. 후천성 백내장은 연령이 증가하면서 수정체 조직의 노화로 인해 발생하며 노인성 백내장이라고도 한다. 특수교육현장에서는 선천성 백내장을 가진 시각장애 아동이 해당되므로 선천성 백내장에 대해 살펴보기로 한다.

선천성 백내장은 원인 불명인 경우가 대다수이지만, 유전성으로 인해 발생한 경우에는 태아기에 산모의 감염이나 중독 및 대사이상, 태아의 산소결핍 등으로 인해 발생하게 되며, 한쪽 눈이나 양쪽 눈 모두에 백내장이 생기며 안구진탕 및 사시를 동반할 수 있다.

선천성 백내장이 발생한 아동은 수정체가 불투명해지게 되고, 눈이 빛을 받아들이는 능력이 떨어지게 된다. 맥내장이 수정체 가장자리에 있는 아동은 고도 조명을, 중심부에 혼탁이 발생한 아동은 낮은 조명을 사용할 수 있도록 설정해야 한다.

2) 선천성 녹내장

녹내장은 방수의 유출이 원활히 되지 못해서 안압이 일정 수준 이상으로 증가함으로 시신경이 손상되어 좁아짐으로 인해 보행과 일상생활에 어려움을 주는 안질환이다. 선천성 녹내장은 출생 시 혹은 출생 후 1년 이내에 발생하게 되는데, 전방각 조직이 제대로 형성되지 못해 방수의 유출이 되지 않아서 안압이 상승되는 증상이 주된 특징이다.

선천성 녹내장을 가진 아동은 시신경이 위축되어 중심부 외에는 보이지 않게 된다. [그림 5-2]에 녹내장 아동이 볼 때의 모습이 제시되었다.

[그림 5-2] 녹내장 아동이 볼 때의 모습
출처: 임안수(2008). 시각장애아교육. p.75.

3) 망막색소변성

망막색소변성은 유전성 질환으로 망막의 시세포 중에서 간체세포에서 시작되어 모든 시세포로 확대된다. 망막색소변성을 가진 아동은 시야가 좁아지는 터널 시야와 어두운 곳에서 잘 보지 못하는 야맹증을 나타낸다. 망막색소변성이 발병하는 연령은 주로 10~20세 사이이며, 남성에게 많이 나타난다. 그리고 어셔 증후군, 레베르 선천성 흑내장, 로렌스 문 비들 증후군과 함께 나타날 수 있다.

망막색소변성은 진행성 질환이며, 청소년기에 매우 빠르게 진행될 수 있고, 밝은 곳에서는 강한 눈부심을 호소할 수 있으므로 야외 활동 시에는 빛을 차단하는 차양이 달린 모자나 색안경을 착용하도록 한다.

4) 미숙아망막병증

미숙아망막병증은 신생아의 망막에서 혈관을 형성하게 되는 전구조직의 손상으로 인해 발생하는 안질환으로 미숙아에게 발생한다. 즉 미숙아들이 주변부 망막에 혈관이 제대로 형성되지 못한 상태로 출생하면서 망막의 병적인 변화로 인해 시력의 손상이 나타난다.

미숙아망막병증을 가진 아동은 망막이 떨어지는 망막박리가 발생할 가능성이 높다. 그래서 얼굴에 충격을 주지 않도록 해야 한다. 또한 시각장애 정도는 전맹까지 진행될 수 있으며 안구진탕도 유발할 수 있다.

5) 황반변성

망막의 중심을 황반이라고 하며, 황반은 빛이 한 점으로 모이는 곳에 해당한다. 또한 황반은 시세포가 집중되는 곳이다. 황반변성은 망막의 시세포 중에서 추체세포에서 발생하며 시야의 중심부가 잘 보이지 않는 증상이 나타난다. 황반변성이 있는 아동은 책을 읽을 때에 글줄의 군데군데가 보이지 않으며, 직선이 흔들려 보일 수도 있다. 그리고 상을 응시할 때, 중심부가 보이지 않게 된다. [그림 5-3]에 황반변성을 가진 아동이 볼 때의 모습을 제시하고 있다.

[그림 5-3] 황반변성 아동이 볼 때의 모습

출처: 임안수(2008). 시각장애아교육. p.80.

3. 시각장애의 발견과 평가

1) 시력의 분류

시력에 대한 분류 및 특성에 대한 설명은 다음의 〈표 5-3〉과 같다.

〈표 5-3〉 시력의 분류 및 특성

분류	특성
나안시력	• 교정하지 않은 시력
교정시력	• 안경, 콘텍트렌즈 등으로 완전 교정한 시력
단안시력	• 한쪽 눈을 가린 상태에서 측정한 시력
양안시력	• 양 눈을 뜬 상태에서의 시력
원거리 시력	• 검사거리 5m에서 실시
근거리 시력	• 검사거리 30cm에서 실시

2) 시각장애 아동의 발견

시각장애 아동의 발견을 위해서는 지속적으로 눈의 움직임이나 학습영역을 관찰하면서 이상이 있는지를 확인해야 한다. 먼저 눈의 움직임을 관찰하면서 시각장애가 의심되는 아동의 특성은 〈표 5-4〉에 제시하였고, 학습영역을 관찰하면서 시각장애를 의심해 볼 수 있는 아동의 특성은 〈표 5-5〉에 제시하였다.

〈표 5-4〉 눈의 움직임 관찰을 통해 시각장애가 의심되는 특성

- 사물을 볼 때, 눈을 자주 깜박거린다.
- 눈을 자주 비빈다.
- 눈-손의 협응이 잘 되지 않는다.
- 눈동자가 계속 움직인다.
- 사시가 있어 언제나 한 쪽(외측 또는 내측)으로 본다.
- 눈이나 눈꺼풀이 충혈되고 눈물이 난다.
- 눈꺼풀이 처지거나 부어 있다.
- 각막이 혼탁하다.

〈표 5-5〉 학습영역 관찰을 통해 시각장애가 의심되는 특성

- 학업 성적과 학습량이 일정하지 않다.
- 학습 시간에 주의집중 시간이 짧다.
- 오랜 시간 독서할 때, 읽는 속도가 떨어진다.
- 자신이 쓴 글씨를 읽지 못한다.
- 구두시험과 필기시험의 점수 차이가 크다.
- 말하기 능력보다 쓰기 능력이 훨씬 떨어진다.
- 그래프에서 특정 정보를 찾기 어렵다.
- 긴 문장을 읽는데 어려움을 보인다.
- 사전에 기록된 글씨를 읽지 못한다.

3) 시력평가

시력평가는 원거리와 근거리로 나누어 실시할 수 있다. 원거리 시력평가는 대표적으로 진용한 시력표를 활용한 평가가 있다. 진용한 시력표는 4m 거리에서 실시하며 5개의 시표 중에서 3개 이상을 맞추면 그 시력으로 인정한다. 1m 거리에서도 0.1 시표에 해당하는 맨 위 글자를 읽지 못하면 가까이 다가오게 하여 보도록 한다.

만약 아동이 2m 지점에서 0.1 시표를 읽게 되면, 0.1 X 2m/4m 로 계산하여 0.05가 그 아동의 시력이 된다.

그런데 아동이 1m 앞에서도 0.1 시표인 맨 위 숫자나 글자를 읽지 못하면, 검사자의 손가락 수를 세도록 한다. 만약 검사자로부터 50cm 떨어진 거리에서 검사자가 제시한 손가락 수를 셀 수 있다면 '안전지수50cm'로 시력을 기록할 수 있다. 아동의 시력이 많이 낮아서 손가락 숫자도 셀 수 없고 다만 눈 앞에서 검사자가 흔드는 손의 움직임만 파악할 수 있을 때, 그 거리가 30cm라면 '안전수동 30cm'가 그 아동의 시력이 된다.

검사자가 흔드는 손의 움직임조차 파악이 불가능하다면, 빛을 비추어 아동이 어두운지 혹은 밝은지를 구별할 수 있는지 확인한다. 만약 구별이 가능하다면 광각유(有), 구별이 어려우면 광각무(無)로 표기한다.

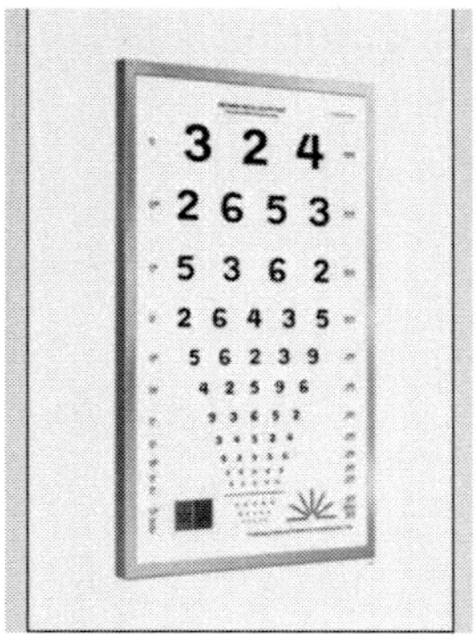

[그림 5-4] 진용한 시력표

출처: https://blog.naver.com/yebon939/220730005979

4) 시야 평가

시야는 눈을 움직이지 않고 한 점을 주시했을 때, 볼 수 있는 범위를 의미하며, 시각장애를 판별하기 위해서는 시력 평가 외에도 시야 평가도 실시해야 한다. 정상 시야는 바깥쪽 100도, 아래 70도, 안쪽 60도, 위쪽 60도에 해당한다.

시야 평가에는 대면법, 암슬러격자검사, 주변시야계법, 평면시야계법 등이 있다.

5) 굴절 이상

굴절 이상은 근시, 원시, 난시로 분류한다. 근시는 가까이 있는 물체는 선명하게 보지만, 멀리 있는 물체는 흐릿하게 보이거나 전혀 보지 못하는 상태이다. 원시는 가까이 있는 물체는 선명하게 보지 못하나 멀리 있는 물체는 초점을 잘 맞추어 볼 수 있는 상태이다. 난시는 각막의 표면이나 수정체의 두께가 고르지 못하여 상이 겹쳐 보이는 상태를 의미한다. 〈표 5-6〉에 굴절 이상으로 인한 근시, 원시, 난시에 대한 특성이 제시되었다.

〈표 5-6〉 굴절 이상의 유형과 특성

유형	특성	모습
근시	• 물체의 상이 망막 앞쪽에 맺힘	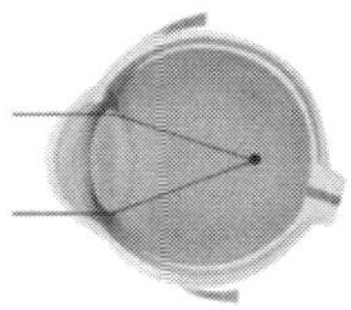

유형	특성	모습
원시	• 물체의 상이 망막 뒤쪽에 잡힘	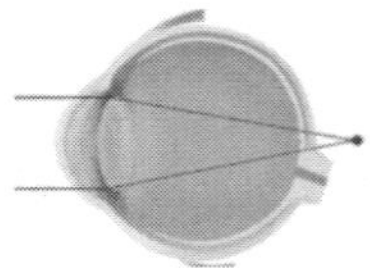
난시	• 안구전반적으로 굴절력이 같이 못해서 한 점에서 초점을 맺지 못함	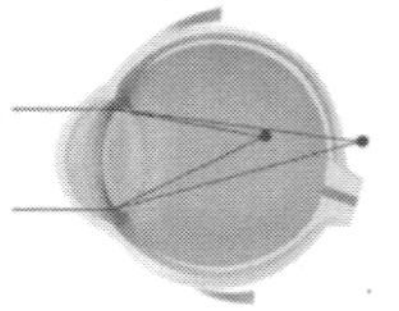

4. 시각장애 아동의 특성

시각장애 아동은 자신이 가진 시각의 손상 때문에 기본적인 제한성 세 가지가 나타날 수 있다. 경험의 범위와 다양성의 제한, 보행능력의 제한, 환경과의 상호작용 제한이다. 이와 같은 시각장애 아동의 기본적인 세 가지 제한성이 있음을 기억하고 여러 측면에서 나타날 수 있는 특성을 살펴보기로 한다.

1) 신체 및 운동 특성

시각장애 아동은 일반적으로 신체 발달 자체는 일반 아동과 큰 차이는 없지만, 자신의 시각 손상으로 인한 시각적 자극의 제한이 움직이나 동작을 모방하는데 어려움을 보이게 된다(Warren, 1984). 그래서 시각장애 아동의 다수가 운동량이나 운동 경험 등의 부족으로 인한 운동발달지체가 나타날 가능성이 높다.

또한 시각장애 아동은 보행과 운동성이 일반 아동에 비해 낮게 나타나므로 전체적인 근 긴장도와 자세의 발달이 부족하여 전체적인 신체 균형 유지의 어려움을 보일 수 있다. 발달 초기에는 주어진 공간 내에서 신체 조정의 어려움으로 인해 기기나 걷기의 어려움이 나타나기도 한다. 그리고 시각적 자극 결여 때문에 주변 환경 내 사물 인식이 어려워서 독립적인 움직임에 제한을 보일 수 있다.

2) 인지적 특성

시각장애 아동의 인지발달은 일반 아동과 큰 차이는 없다. 하지만 시각의 손상 때문에 일반 아동보다 모방과 관찰 기회의 부족으로 인해 개념을 형성하는 시기가 지연될 수 있다. 그래서 시각장애 아동은 영유아기때부터 적절한 지원과 지도가 이루어지지 못하면 인지 뿐 아니라 언어발달도 지연될 수 있다(이태훈, 2021). 특히 의미를 모르고 사용하는 말이 많으며, 자신이 직접 경험하지 못한 어휘를 잘 구사하지 못할 수도 있다.

시각장애 아동은 시각적 경험을 통한 물체의 모양 및 색채나 크기 등에 대한 개념 형성이 어렵기 때문에 청각이나 촉각 등을 통해 정보를 얻는 경우가 많아서 제한적인 개념 형성이 이루어질 가능성이 크다. 대상영속성, 사물의 인과관계 등에 대한 개념 형성이 늦어질 수 있음도 고려해야 한다.

3) 사회 및 정서적 특성

시각장애 아동은 일반 아동에 비하여 긴장감이나 불안감이 높다. 그 이유는 시각의 손상으로 인해 독립적으로 생활하는데 제한이 따르기 때문이며, 일상생활 속에서 누군가에게 의존해야 할 수도 있기 때문이다. 그리고 시각장애 아동은 시각적 결함으로 인해 상대방과 소통 시, 눈맞춤이나 얼굴표정 등의 신호를 보지 못한다. 이로 인해서 사회적 상호작용이 제한되거나 사회적 상황을 파악하는데 어려움이 따르게 된다. 특히 상대방과 상호작용을 시작하거나 유지하는 것에도 어려움을 보이며 이러한 의사소통 시 어려움들로 하여금 소극적 대인관계를 추구하게 한다.

때로는 자기자극적인 매너리즘으로 인해 사회적으로 부적절한 행동을 보일 수도 있으며, 사회적 상황에서 능동적으로 대처하기보다 수동적 성향이 높게 나타난다.

5. 시각장애 아동의 교육

1) 교육환경 수정-학교 및 교실 환경 수정

시각장애 아동을 위한 교육환경 수정은 시각장애 학생이 소속된 교실과 학교 환경의 수정이 해당된다. 교실에서 시각장애 학생이 앉는 좌석의 위치는 맨 앞자리가 좋다고 생각할 수 있지만, 오히려 눈부심 때문에 어려움이 나타날 수 있다. 시각장애 아동의 안질환 중에서 눈부심으로 인한 어려움이 있는 경우가 많으므로 눈부심이 없는 좌석 배치가 이루어지도록 해야 한다. 그리고 커튼이나 블라인드 등을 이용하여 빛을 차단하는 것도 필요하다.

시각장애 아동의 교육을 위해서 제공되는 자료를 확대하여 줄 수 있도록 한다. 그러기 위해서는 시각장애 아동 개개인의 시각적 상태를 정확하게 파악해야 한다. 그리고 잔존시력을 최대한 활용할 수 있도록 확대 교과서나 광학 보조기구, 확대 독서기 등을 활용할 수 있다.

시각장애 아동은 교재의 지면에 제시되는 내용이나 그림이 많으면 그것을 이해하는데 어려움을 보인다. 특히 지도와 같이 많은 내용이 한 장의 지면에 복잡하게 들어 있다면, 단순하게 고쳐서 제시할 수 있어야 한다. 또한 교재에서 학습할 내용을 강조하기 위해 선을 그어 놓거나 눈에 잘 띄는 색으로 표시하는 것도 필요하다.

색상 대비가 잘 되는 자료를 제시하는 것도 필요한데, 그림과 지면과의 색상 대비가 선명하게 이루어지도록 한다. 그러기 위해서 굵고 진한 글씨나 그림을 활용하는 것이 좋다.

교실에서 시각장애 아동에게 적절한 조명을 유지하는 것도 중요하다. 앞서 말한 대로 눈부심이 발생하지 않도록 조명을 조정하거나 전체 조명과 부분 조명을 활용할 수 있다. 시각장애 아동에게 적절한 조명을 제공하려면 교사는 시각장애 아동의 안질환 상태를 정확하게 파악해야 한다.

시각장애 아동이 사용하는 책상의 경우, 조금 높거나 넓은 책상을 사용하는 것이 좋으며, 책상의 경사면을 조절할 수 있는 것이 좋다. 또한 독서대를 활용할 수도 있다.

시각장애 아동이 사용하는 학용품은 일반 아동이 사용하는 학용품을 수정하여 제공하는 것이 좋다. 예를 들면 공책에 가는 선을 굵게 그어 주는 것이다. 또한 시각장애 아동이 보기 쉽고 사용하기 쉬운 학용품을 선정하는 것도 필요하다.

2) 컴퓨터 환경 수정

시각장애 아동의 컴퓨터 사용이 원활하게 이루어지려면 화면의 색상을 조절해야 한다. 왜냐하면 컴퓨터를 볼 때, 눈이 부시거나 색상 대비가 잘 되어 있지 않기 때문이다. 그래서 컴퓨터 화면의 배경 색상과 글자색이 확실하게 구별될 수 있는 고대비를 활용하도록 한다. 또한 컴퓨터 화면에서 글씨 크기를 확대하고 화면을 확대할 수 있다. 그런데 컴퓨터 화면이 확대되는 경우에 화면의 일부 글자나 내용이 오른쪽으로 감추어진 경우가 있어서 사용상 어려움이 발생할 수 있다. 이러한 어려움을 해결하기 위해 최근에 만들어진 사이트 중에 자체적으로 화면의 배색과 크기를 조절하는 프로그램이 있으므로 이를 활용할 수 있도록 한다.

컴퓨터 화면이나 글자의 확대가 어려운 경우에는 보조기구인 확대경이나 망원경 등을 사용하여 화면에 제시된 정보를 이해할 수 있도록 한다.

3) 점자 지도

1829년 프랑스 파리맹학교에서 Braille에 의해 점자가 창안되었다. 그리고 한글점자는 1926년 일제강점기 재생원 맹아부 교사인 박두성에 의해 훈맹정음이라는 이름으로 창안되었다. 오늘날 생활 속에서 시각장애인의 독립을 위해 점자가 다양하게 활용되고 있다. 예를 들면 보행을 위한 점자 블록, 엘리베이터를 타고 숫자 칸에 점자가 함께 표기된 경우 등이 해당된다.

점자의 특성은 다음의 〈표 5-7〉과 같다. 그리고 [그림 5-5]는 점자일람표이다.

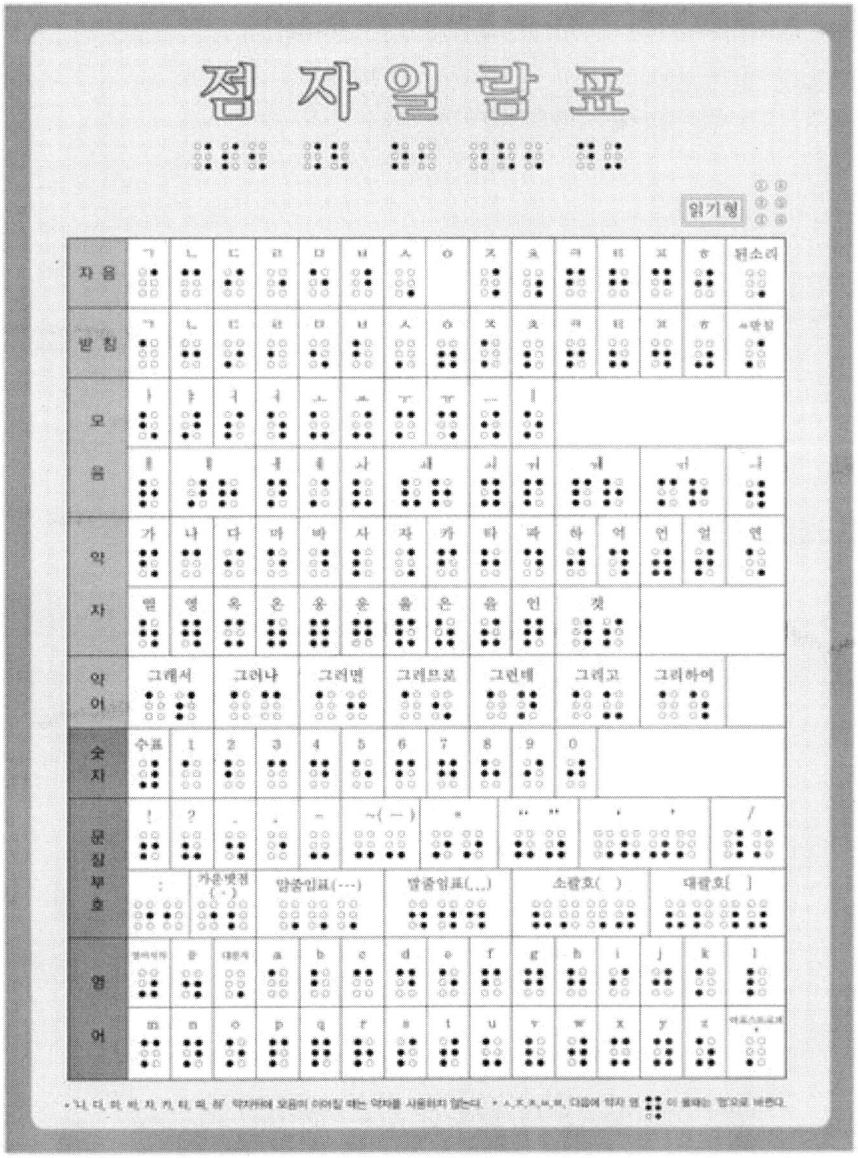

[그림 5–5] **점자일람표**

출처: https://blog.naver.com/1rreplaceable/222683697789

〈표 5-7〉 점자의 특성

- 6개의 점으로 구성되어 있다.
- 초성 자음과 종성 자음이 다르게 제자(製字)되어 있다.
- 초성 'ㅇ'은 사용하지 않는다.
- 초성 'ㄲ ㄸ ㅃ ㅆ ㅉ'를 적을 때는 된소리표(6점)을 사용한다.
- 부피를 줄이고 읽기 속도를 향상시키기 위해 27개의 약자와 7개의 약어를 사용한다.
- 약자 '영'은 그 앞에 'ㅅ ㅆ ㅈ ㅉ ㅊ' 이 올때는 '엉'이 된다.
- 모음 겹글자 '얘'는 '야+애'로, '위'는 '우+애'로 표기한다.
- 모음 겹글자 '왜'는 '와+애'로, '웨'는 '워+애'로 표기한다.
- 점자는 모아쓰지 않고 풀어쓰기를 원칙으로 한다. 예를 들어 '국'은 'ㄱ ㅜ ㄱ' 으로 표기한다.

4) 보행지도

시각장애 아동의 보행지도는 독립적인 생활을 위해 중요한 영역이다. 보행은 방향정위(잔존시각, 청각, 촉각 등을 활용하여 자신과 주위환경과의 관계를 파악하고 이해하는 능력), 이동(한 장소에서 다른 장소로 옮겨갈 수 있는 능력)으로 구성된다.

보행지도법에는 안내법, 지팡이 보행, 안내견 보행, 전자보행기구에 의한 보행 등이 있다.

안내법은 시각장애인이 안내인의 반 보 뒤에서 자신의 팔의 상박부와 전박부가 90도가 되게 하여 안내인의 팔꿈치 위를 잡고 함께 보행한다. 고도의 전문적인 지식이 필요하지 않고 짧은 시간 동안에도 충분히 익힐 수 있다.

지팡이 보행은 공인된 흰 지팡이를 사용하여 바닥이나 벽을 탐색하면서 보행하는 것으로 시각장애인 단독 보행을 위해 많이 활용된다.

안내견 보행은 훈련된 안내견을 동반하여 보행하는 것으로 안내견을 관리할 수 있는 능력과 책임감이 요구된다. 그래서 16세 이상에 4주간 진행되는 안내견 교육 프로그램에 참여할 수 있는 자여야 한다.

전자기구에 의한 보행은 레이저지팡이, 음파안내기와 같은 전자보행기구의 초음파나 레이저를 통해 장애물을 탐지하여 보행자가 이를 인식하도록 하는 방법이다. 기기의 제작비용이 무척 비싸기 때문에 보편적으로 사용하기는 제한이 따른다.

5) 보조기기의 활용

시각장애 아동이 교수학습 상황에서 활용할 수 있는 보조기기에는 확대경, 점자정보단말기, 확대 독서기, 망원경 등이 있다. 시각장애 아동 개개인의 특성에 적합한 보조기기를 사용할 수 있도록 보조기기 사용을 위한 평가를 실시한 후, 일정 기간동안 해당 보조기기 사용에 대한 훈련을 실시하여 숙달할 수 있도록 해야 한다.

학습문제

1. 시각장애의 정의를 설명할 수 있다.
2. 시각장애의 원인 질환별 특성과 지도방법을 제시할 수 있다.
3. 시각장애 아동의 특성을 설명할 수 있다.
4. 시각장애 아동에 대한 교육전략을 설명할 수 있다.

참고문헌

이태훈(2021). **시각장애학생 교육의 이론과 실제**. 서울: 학지사.

임안수(2008). **시각장애아교육**. 서울: 학지사.

Warren, D. H. (1984). *Blindness and childhood. development*(2nd ed). N.Y: AFB.

06

Chapter

청각장애

소리를 듣는다는 것은 단순히 듣는다는 개념만의 의미가 아니라 듣고 이해하여 반응하는 것을 모두 포함한다는 의미이다. 듣고 이해한다는 것은 기본적으로 귀로 들어야 한다는 것을 의미하는 것이기도 하다. 청각장애는 귀로 듣는 것에 문제를 가지고 있기 때문에 앞서 설명한 이해한다는 것에 문제를 다시 가질 수도 있는 것이다.

청각장애는 농과 난청을 포괄하는 개념으로 청각장애아동이란 청각장애를 갖는 아동으로서 청각장애인과의 구분은 아동복지법으로 18세 미만의 아동으로 구분하여 사용한다. 청각장애아동에 대한 중재는 농과 난청에 대한 교육적 혹은 재활적 접근에서 확연한 차이가 존재하게 된다. 또한 학교 교육 영역에서는 학교생활의 효과적 적응이 가능한지에 대한 것이 문제가 되고, 교육적 중재의 입장에서는 장애 발생의 시기가 언어습득이전인지 아니면 언어습득 이후인지가 대단히 중요한 의미를 가진다. 그러므로 이 장에서는 청작장애의 정의와 분류, 원인 및 진단, 그리고 중재에 대하여 알아보고자 한다.

1. 청각장애의 정의와 분류

1) 청각장애의 정의

청각장애(hearing disorders)는 듣는 기능의 장애로 청각기능 부전을 나타내는 가장 일반적인 용어이다. 여기서는 농과 난청으로 구분하게 되는데 농(deaf)이란 보청기를 착용하거나 혹은 착용하지 않은 상태에서 귀만으로는 말을 듣고 이해할 수 없는 정도로 청각장애가 있어 학습 활동이나 일상생활에서 특별한 지원을 지속적으로 요구하는 경우로 정의한다. 난청(hard of hearing)이란 보청기를 사용하거나 사용하지 않은 상태에서 귀만으로 말을 듣고 이해하는 것이 불가능하지는 않으나 어려운 정도로, 청각에 장애가 있어 학습활동이나 일생활에서 특별한 지원을 지속적으로 요구하는 경우를 의미한다.

청각장애는 생리해부학적 관점에서 보면 청각의 구조나 기능에 이상이 생겨서 듣는데 어려움이 있는 것이다. 소리는 공기의 진동으로 발생된 음파가 외이도를 지나 고막을 진동시키고 이 진동은 고막 귀에 있는 이소골을 지나면서 증폭되어 전정창을 통하여 내이에 들어가 와우 내의 림프액에 진동을 일으키고, 이 진동은 코르티 기관에서 전기적 에너지로 변화되어 청신경을 통하여 대뇌에 이르게 되어 인간은 소리를 느끼게 된다. 이러한 청각경로의 어느 부분에 이상이 있으면 듣는 정도가 정상보다 약하게 되는데 이러한 현상을 청각장애라고 한다(권도하, 2001).

이상과 같은 청각장애의 이해와 함께 「장애인 등에 대한 특수교육법」에서는 청각장애를 지닌 특수교육대상자를 다음과 같이 정의하였다.

청력손실이 심하여 보청기를 착용해도 청각을 통한 의사소통이 불가능 또는 곤란한 상태이거나, 청력이 남아 있다라도 보청기를 착용해야 청각을 통한 의사소통이 가능하여 청각에 의한 교육적 성취가 어려운 사람

2) 청각장애의 분류

청각장애는 청력손실 시기에 따라 교육 및 재활 계획에서 차이를 보이기 때문으

로 선천적 청각장애와 후천적 청각장애로 구분한다. 교육적 관점에서는 이러한 선천적 청각장애와 후천적 청각장애로 구분하기보다는 언어를 습득하기 이전의 청력손실인지 혹은 언어를 습득한 이후의 청력손실인지에 관한 것이다. 이렇듯 언어습득 유무에 따른 청각장애는 언어습득 이전 청각장애(prelingually deaf)와 언어습득 이후 청각장애(postlingually deaf)로 구분한다. 그 이유는 일반적으로 의사소통 방법에 대한 교육의 목표의 중심이 다르기 때문이다. 구체적으로 언어습득 이전 청각장애아동의 경우에는 언어습득 이전 청력손실은 익숙하게 언어에 노출되거나 모방하는 데 문제를 가지게 됨으로써 교육적 목적은 의사소통을 습득하는데 초점을 두어야 한다. 그러나 언어습득 이후 청각장애는 의사소통을 유지하고 적절한 언어의 패턴을 유지하도록 하는 것에 교육의 초점을 두어야 한다.

청각장애는 청력손실 부위에 따라 전음성 청각장애와 감음성 청각장애로 구분된다. 전음성 청각장애는 외이나 중이에 문제로 인한 것으로 보청기 등의 도움이 효과적이다. 감음신성성 청각장애는 내이의 청각신경섬유들이나 다른 감각기전의 손상이 원인으로 작용한다. 달팽이관의 손상은 소리가 왜곡된 형태로 뇌에 전달되거나 혹은 전혀 전달이 되지 않으므로 보청기의 도움이 효과적이지 않을 수도 있다. 청력손실의 정도에 따른 분류에서는 전통적으로 〈표 6-1〉과 같이 분류하고(ISO, 1964), 이러한 분류에 따른 의사소통 특징을 나열하였다.

〈표 6-1〉 청력손실 정도에 따른 분류 및 의사소통 특성

청력손실 정도	구분	의사소통 특징
10~26dB	정상	• 의사소통에 아무런 방해를 받지 않는다.
27~40dB	경도	• 조용한 환경에서 말을 듣는데 어려움이 없다. • 시끄러운 환경에서 작은 소리의 말을 이해하는 데 어려움이 간혹 있다.
41~55dB	중등도	• 익숙한 주제에 대해서 조용한 환경에서 대화하는 데 어려움이 없다. • 교실에서의 토론활동을 따라가는 데 어려움이 있다.

청력손실 정도	구분	의사소통 특징
		• 약간의 어려움은 있지만 얼굴을 보고 대화를 이해할 수 있다. • 교실에서 벌어지는 토론의 많은 부분들을 듣지 못한다. 특히 한 번에 여러 학생들이 말하거나 화자의 얼굴을 명확히 볼 수 없을 때는 더욱 심하다. • 아동이 청각장애가 있다는 것을 깨닫지 못하는 동료 학생들도 있다. • 보청기를 착용하면 이득을 볼 수 있다. • 언어치료사로부터 가끔씩 언어치료를 받는다.
56~70dB	중등 고도	• 가까운 거리에서 대화하는 말소리만 들을 수 있다. • 학습 토론 등과 같은 집단활동에서의 어려움이 있다. • 보청기 없이는 분명하고 큰 소리의 대화 밖에 들을 수 없다. • 여자 목소리보다 남자 목소리를 더 잘 들을 수 있다(저주파수대에서는 청력손실이 더 심하다). • 교사가 좌석 배치를 유리하게 해 준다 하더라도 대부분의 수업 토론을 이해하기 힘들다. • 장애가 있지만 알아들 수 있는 말을 한다. • 청각장애아동을 위한 시간제 특수학급에서 공부한다.
71~90dB	고도	• 큰 소리 외에는 대화하는 소리를 들을 수 없다. • 귀로부터 30cm 이내의 아주 큰 목소리만 들을 수 있다. • 보청기를 착용하지만 보청기로부터의 이득이 많지는 않다. • 대부분의 모음들은 식별할 수 있지만 자음들은 몇몇 자음들만 들을 수 있다. • 환경내에서도 큰 소리(문이 세게 닫히는 소리, 진공청소리 소리, 머리 위 비행기 소리 등)는 들을 수 있다. • 말과 수화언어로 의사소통을 한다. • 말하는 화자의 얼굴에 항상 시각적으로 주의를 기울여야 한다. • 특수학급과 수어통역사가 있는 정규학급에서 교대로 수업을 받는다.
91dB 이상	최고도	• 아주 큰 소리는 들을 수 있으나 대화하는 말소리를 전혀 알아들을 수 없다. • 대화 말소리는 전혀 들을 수 없다. • 화재 경보, 자동차 경적 소리와 같은 큰 소리를 알아듣기 위하여 보청기를 착용한다. • 시각을 학습의 주 양식으로 사용한다. • 의사소통의 주요 수단과 모국어로 수어를 사용한다. • 알아들을 수 있는 말이 발달되지 않았다. • 청각장애 학교에서 공부한다.

출처: 김수진(2012), 이소현 · 박은혜(2011)에서 발췌 수정함

2. 소리의 전달

듣는 활동이나 듣는 감각인 청력은 복잡한 과정이고 완전히 이해된 과정이 아니다. 귀에서 뇌로 소리가 전달되고 해석하는 것은 매우 복잡한 과정을 거치게 된다. 소리의 전달은 귀의 외부에서 뇌의 청각피질 영역까지 여러 다른 종류의 에너지를 포함하며 전달하는 복잡한 일련의 과정이다. 귀의 기능은 환경으로부터 소리들을 모으고 그 에너지를 우리 뇌가 해석할 수 있는 형태로 변환시키는 것이다. 인간의 귀는 외이, 중이, 그리고 내이로 구분된다.

외이에는 이개와 외이도로 구성된다. 먼저 이개는 소리를 수집하고 소리의 방향을 구분 짓게 하며, 외이도(auditory canal)는 수집된 음을 고막까지 전달하는 기능을 한다.

중이는 고막, 이소골, 이관으로 구성된다. 고막(tympanic membeane)은 외이도를 통해 들어온 소리를 고막을 지나면서 그 움직임으로 인해 음향에너지가 기계에너지로 변환된다. 고막을 거친 소리는 중이의 이소골, 즉 추골, 침골, 등골이라는 작은 뼈로 전달된다.

내이는 청각 기관 중 가장 중요하고 복잡한 구조를 가지고 있다. 청각의 주된 수용기관인 달팽이관(cochlea)과 평형감각을 통제하는 반규관(semicircular canals)을 포함한다. 달팽이관은 얇은 유모세포가 정렬되어 있는 액체로 가득 찬 강(cavity)으로 구성되어 있다. 중이를 거친 소리 에너지는 달팽이관 내의 액체를 움직이고 이 움직임은 달팽이관 내의 유모세포들을 두드림으로써 전기신호를 발생시키고, 발생된 전기신호는 청신경을 통해 뇌로 전달된다.

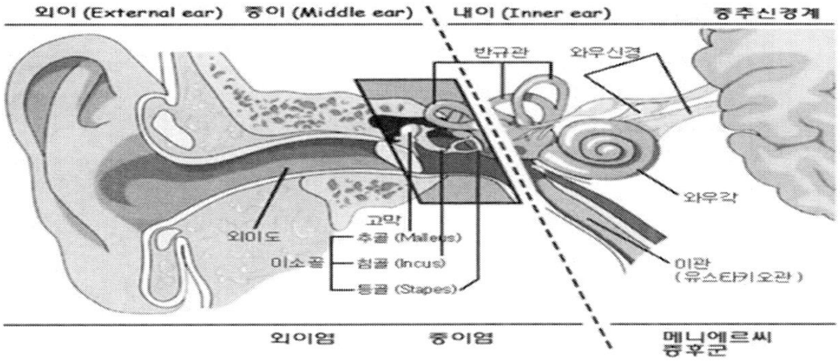

[그림 6-1] **귀의 구조**

3. 청각장애의 원인

청력손실을 유발하는 원인은 매우 다양해서 청각장애아동의 약 50% 정도는 정확한 청력손실의 원인을 알 수 없지만(Moores, 2001), 일반적으로 유전, 약물, 음향, 외상 등에 에 의한 원인이 소개되고 있다.

선천적 청각장애의 약 50% 정도는 유전적 이상에 의한 원인에 해당되고, 유전적 청각장애의 약 80~90%는 건청 부모이고 열성 유전자를 보유할 때 상염색체 열성 유전에 의하여 발생된다고 한다(Tran & Grunfast, 1999). 청각장애아동이 90% 정도가 건청부모에게서 출생하지만 청각장애 학생의 학령기 학생 중에는 약 30% 정도가 청각장애가 있는 친척을 두고 있다고 한다(Moores, 2001)

모체의 풍진은 특히 임신 초기 3개월 이내에 감염되는 태아는 청각장애, 시각장애, 그리고 다른 다양하고도 심각한 장애를 초래하기도 한다. 약물은 주로 중추신경계를 거쳐 청각에 작용하게 되는데 일산화탄소, 수은 혹은 아미노글리코사이드계 항생제, 이뇨제, 신경안정제 등의 오용 혹은 남용이 원인으로 작용하기도 한다. 소음의 노출, 즉 지나치게 시끄러운 음악소리, 작업 환경 내의 소음과 같이 큰 소리에 반복적으로 노출되는 것이 청력 손실의 원인이 되기도 한다. 이러한 경우는 청력손실이 점진적으로 발생하며 청력이 심하게 손상될 때 까지 자신의 청력이 손상되고 있음을 인식하지 못한다.

중이나 내이에 외상으로 인한 경우나 돌발성 난청이 초래되는 경우가 있다. 중이염은 중이의 감염이나 염증으로 6세 미만의 아동들에게 흔히 발생하는 질환이다. 이러한 중이염에는 급성중이염과 만성중이염으로 구분되고 화농성 혹은 특이성을 보이는 중이염이 중이 내의 염증의 축적, 고막 파열로 인한 전음성 청각장애를 초래하기도 한다. 메니에르병은 내이에 매우 드물게 발생하는 장애이기는 하지만 갑작스럽고 예상치 못한 어지럼증, 메스꺼움, 청각의 갑작스러운 변화, 이명 등을 호소한다. 원인이나 정확한 치료법은 현재까지는 없다(Schessel, 1999).

4. 청력검사

소리는 강도와 주파수로 측정되는 데 소리의 크기나 강도는 데시벨(dB)로 측정되고 데시벨이 높아진다는 것은 소리의 크기가 커진다는 것을 의미한다. 소리의 주파수는 초당 사이클 수로 측정하며 헤르츠(Hz)를 단위로 사용한다. 1Hz란 초당 사이클이 한 번 있다는 것을 의미한다. 인간은 대략 20~20,000Hz 사이의 소리를 들을 수 있다고는 하지만 구어를 듣는데 중요한 주파수 대역은 약 500~2,000Hz 사이에 해당된다.

순음청력검사(pure- tone audiometry)는 검사자가 청력검사기를 통하여 음을 다른 강도 수준과 주파수로 제시하면서 아동이 들려주는 소리에 반응하는 지를 검사하는 것이다. 소리가 외이도를 거쳐 중이를 통과하게 되는 경우도 기도전도, 외이와 중이를 거치지 않고 두개골의 진동에 의해 달팽이관을 자극하는 경우를 골도전도라고 한다. 그러므로 보통 헤드폰을 사용하는 경우는 기도전도를 알아보는 기도청력검사에 해당하고 측두골의 유양돌기에 진동기를 대고 실시하는 경우는 골도전도를 알아보는 골도청력검사에 해당한다. 이러한 골도청력검사는 중이를 거치지 않기 때문에 전음성 청각장애인지 혹은 감음성 청각장애인지를 구별할 수 있는 중요한 단서가 된다. 순음청력검사는 대부분 3세 이상의 아동이나 성인에게 실시된다.

어음청력검사(speech audiometry)는 언어 청취 및 이해 능력을 측정하기 위해 어음 자체를 음 자극으로 사용하여 청력을 측정하는 방법으로 어음청취역치검사(speech reception threshold test), 어음명료도검사(speech discrimination test) 등이 있다(김영욱, 2007). 어음청취역치검사는 어음에 대한 탐지와 이해 능력을 검사하는 것이다. 즉 말소리를 자극으로 사용하는 것으로 피검자는 말소리를 감지, 인지 혹은 이해하고 있어야 수행이 가능한 검사이다. 1음절 및 2음절 단어들의 목록을 다른 음압 수준에서 제시하여 각각의 귀에서 어음수용역치를 측정한다, 어음수용역치는 개인이 단어의 50%를 이해할 수 있는 음압 수준을 의미한다. 어음명료도검사는 어음의 변별도를 알아보기 위한 검사로 보통의 어음청취역치보다 40dB 정도 높은 강도에서 단어목록을 들려주어 아동이 변별할 수 있는 지를 검사한다.

유희청력검사(play audiometry)에서 아동은 순음 혹은 어음 등 어떠한 신호음을 듣게 될 때마다 장난감을 집거나 하는 활동을 수행하도록 요구한다. 조작적 조건화

청력검사(operant conditioning audiometry)는 소리와 짝지어진 빛이 제시될 때 아동이 레버를 누르면 작은 토큰 등으로 아동을 강화하고, 반대로 소리와 빛이 꺼졌을 때 레버를 누르게 되면 강화물이 주어지지 않도록 하여 소리에만 반응하도록 하는 검사이다. 행동관찰 청력검사(behavior observation audiometry)는 아동이 소리에 반응하는 것을 관찰하는 것으로 머리돌리기, 눈깜빡이기, 놀이 중단하기 등의 반응이 아동에게서 신뢰성 있게 관찰될 때까지 소리의 강도를 조절하며 검사하는 방법이다.

5. 청각장애아동의 특성

1) 언어적 특성

청각장애아동은 자신의 소리를 듣고 평가하고 조절하기 어렵기 때문에 너무 크게 말하거나 혹은 너무 작게 말하며, 비정상적으로 높은 소리를 내거나, 억양이 없이 말하는 어려움 이외에도 어휘 학습, 문법, 구문의 어려움을 보인다. 또한 언어적 영역으로는 언어의 형태, 내용, 사용에 관한 어려움을 경험한다. 의사소통 측면에서 보면 청각장애아동은 자발적으로 의사소통을 시작하거나 적극적으로 참여하지 않는 등 의사소통의 자발성 및 적극성이 부족한 편이다. 이로 인하여 다른 사람과의 의사소통이 중단되었을 때 의사소통을 유지하기 보다는 더 이상 대화를 하려하지 않고 포기하거나 회피하기도 한다. 의사소통 경험의 부족으로 인하여 청각장애아동은 '네/아니요'로 대답하기, 일반적 질문에 짧게 대답하기, 간단한 요구하기, 반복하기 등과 같은 초보적인 의사소통 기술을 습득하는 경향이 있다(이규식 외, 2004).

언어습득하기 이전 청각장애아동의 경우 국어를 습득하는 데 많은 어려움을 보인다. 이는 건청 아동이 유아기 때부터 다른 사람들에게 혹은 자신에게 말하는 것을 들으면서 어휘, 문법적 지식, 다양한 구어의 표현을 습득하는 것에 대한 제한을 보이기는 것으로 판단된다. 청각장애아동은 건청 아동에 비하여 어휘량이 적고 이는 연령이 증가할수록 그 차이가 더 심해짐을 알 수 있다(ASHA, 2001).

청각장애아동의 대부분은 학업성취, 특히 읽기 및 쓰기에서의 많은 어려움을 보인다. 18~19세 고등학생들의 독해수준이 건청 4학년 수준이었다(Allen, 1994; Kuntze, 1998). 그러나 청각장애를 가지고 있다고 해서 전적으로 학업성취가 뒤떨어진 다고 단정 지을 수는 없다. 최근 연구에 의하면 청각 손실만이 개인의 인지능력을 제한하지 않으며(Moores, 2001), 유창하게 읽기가 가능할 뿐 아니라 학문적으로도 뛰어나다는 결과들이 소개되고 있다.

2) 인지적 특성

청각장애아동은 일반아동과 동일하게 지적으로 정상 수준을 보인다. 그러나 청각장애아동이 일반아동에 비하여 지적인 능력이 낮은 것으로 나타나는 이유는 지능검사가 실시되는 활경이 청각장애아동과 의사소통이 원활하지 못한 검사자에 의해 실시되거나 검사 문항이 청각장애아동의 특성을 반영하지 못한 적절하지 못한 도구가 활용되기 때문인 것으로 보인다.

3) 학업적 특성

청각장애아동은 문자 해독과 읽기, 쓰기에 있어서 일반아동에 비하여 낮은 수행 능력을 나타낸다. 이들은 언어 능력의 결여가 전반적인 학업 성취의 어려움을 이어지는 것으로 보이는 이유에 해당된다. 학교 수업에서 언어 관련 교과에서는 학업성취 점수가 현저히 낮은 편이지만, 언어성이 요구되지 않는 교과목에서는 일반아동과 차이가 없는 편이다. 청각장애아동의 학업성취도가 일반아동에 비하여 낮은 이유를 살펴보자면, 청각적인 정보처리의 어려움뿐 아니라 언어로 인한 학습정보를 충분하게 받아들이지 못함에 있다고 볼 수 있다.

4) 사회적 특성

청각장애아동의 사회 정서적 발달은 일반아동의 발달과 유사하지만 연령이 증가할수록 상호작용과 친밀한 관계 형성에서는 어려움을 보인다. 또한 자기 중심적 경향을 보임으로써 원한만 대인관계를 유지하는데 어려움을 보이는 것으로 나타났다.

5) 심리적 특성

청각장애아동은 부족한 의사소통의 능력으로 인해 부정적인 반응을 보이거나 비교적 낮은 자아개념을 가지기 쉽고, 건청 또래들에 비하여 사회적으로 덜 받아들여진다고 인식하기도 한다(Cappell et al., 1995). 전반적으로 경도 청각장애아동이 일반아동에 비하여 상당히 낮은 자존감을 보이고(Bess et al,. 1998), 보청기의 착용으로 인한 외관상의 차이로 인하여 부정적 피드백이나 반응을 받기도 하므로 이러한 증폭기기 등이 건청인들에게 부정적인 반응을 유발한다면 그로 인한 부정적 자아개념을 가지기 쉬워진다.

청각장애아동은 구어의 어려움으로 인하여 자기 표현에서 제한된 어려움을 경험하고 다른 사람들과의 감정교환뿐 아니라 다른 사람들의 감정을 이해하는 데 있어서의 어려움을 보인다. 즉 청각장애아동은 건청 아동들에 비하여 정서적 영역의 인지가 정확하지 않으며 정서적 영역에 관련한 어휘를 인지하지 못하는 것으로 나타났다.

청각장애 부모를 둔 청각장애아동은 건청 부모를 둔 청각장애아동보다 더 높은 수준의 의사소통 수준, 사회성, 청각장애에 대한 적응력, 행동적 자기 통제력 등을 갖고 있다고 한다. 이는 전형적으로 청각장애 부모와 아동간의 일찍부터 수어로 의사소통을 충분히 하고 있었기 때문으로 분석된다. 청각장애아동이 가족구성원 및 친구들과 지역사회에서 성공적으로 상호작용할 수 있는 정도는 주로 다른 사람들의 태도와 상호간에 수용할 수 있는 방법으로 의사소통할 수 있는 아동의 능력에 달려 있다고 한다.

6. 청각장애의 중재

청각장애아동의 교육적 접근을 위해 사용되는 의사소통 방법들은 보청기와 인공와우를 포함한 구화교육, 수어교육, 종합적 의사소통법, 이중언어/이중문화 교육법

(bilingual/bicultural approach)이다.

1) 청각접근법

구화교육은 청능훈련, 말읽기, 보청기의 사용 들을 통하여 말하는 것 자체에 대한 관심을 두고 접근하는 방법이다. 이러한 구화교육은 청각장애아동은 그들의 잔존청력을 일상생활의 경험과 실제 의사소통 맥락에서 더 효율적으로 개발될 수 있으므로 그들이 선호하는 의사소통 방식과는 상관없이 청취능력을 향상시키는 활동들과 수업에 적극적으로 참여해야 한다.

청능훈련이란 음 및 말소리를 수용하는 능력을 신장시켜서 원활한 의사소통을 촉진하는 훈련에 해당한다. 전통적인 청능훈련은 음을 인식하는 것부터 시작하여, 소리의 방향과 위치를 감지하는 훈련으로 나아가고 이후 음의 변별, 말소리에 대한 인식과 변별 그리고 음의 이해로 진행된다. Ling(1986)에 의하면 아동의 단순히 듣기 위해서 배우는 것 대신에 듣는 것을 통해서 배우고, 청취하기 위해서 배우도록 가르치는 것이라고 하였다.

말읽기(speech raeding)는 화자의 얼굴을 관찰함으로써 구어 메시지를 이해하는 과정이다. 청각을 통하여 말의 이해가 힘든 경우에는 구화를 통해 말을 이해할 수 있는 기능을 가지기 위해서 시각적인 의사소통 기능, 즉 말읽기의 기능의 습득을 강조하기도 한다(이규식, 석동일, 1998). 청각장애아동은 화자의 얼굴을 주의해서 지켜봄으로써 많은 중요한 단서들을 얻게 된다. 특히 아동은 잔존 청력, 수어 혹은 제스처, 얼굴표정, 친숙한 상황이나 맥락을 통해 약간의 정보를 얻을 수 있다면 더욱 많은 도움을 받게 된다. 그러나 말읽기는 많은 단어들이 다르게 소리 나고 입술 모양이 비슷한 어휘들이 많은 편이어서 한계를 가지고 있다. 또한 오랜 시간 동안 화자의 얼굴을 주의 깊게 쳐다본다는 것이 피곤할 뿐 아니라 화자와 청자와의 거리가 떨어진 경우는 얼굴에 주의집중하기가 쉽지 않다는 단점을 가지고 있다.

2) 보청기와 인공와우

(1) 보청기

청각장애아동의 청각 재활 목표는 잔존청력을 최대한 활용하여 듣기를 통한 효과적인 의사소통을 하는 것이다. 이러한 전존청력의 활용은 보청기를 통하여 적절한 증폭을 얻게 된다.

보청기는 소리를 증폭시켜 주는 기기일 뿐 청력을 증가시켜 주는 기기는 아니다. 최근 보청기는 특정 주파수만 차별적으로 증폭할 수도 있으며, 청력손실이 있는 각 아동의 특성에 맞게 조절이 가능해졌다. 보청기는 소리를 증폭시켜주기는 하지만 반드시 명료하게 해 주는 것은 아니다. 아동은 일찍 적합한 보청기를 착용할수록 의사소통과 소리 인식을 위해 청력을 사용하는 방법을 더 효율적으로 배우게 될 것이다.

보청기는 착용 위치에 따라 상자형 보청기, 귀걸이형 보청기, 그리고 귓속형 보청기 등이 있다. 상자형 보청기는 큰 음향의 이득을 주고 가격이 저렴한 편이지만 큰 키기 때문에 최근에는 그 수요가 많지 않다. 귀걸이형 보청기는 상자형 보청기에 비해 크기가 작고 송화기의 위치가 귀수준에 있으며 증폭도가 증가함에 따라 최고도 청각장애아동까지도 많이 착용하고 있다. 귓속형 보청기는 많은 양의 음향 이득을 필요로 하지 않는 경도에서 중등도 청각장애아동에게 효과적이다.

[그림 6-2] 상자형 보청기, 귀걸이형 보청기, 귓속형 보청기

(2) 인공와우

인공와우(cochlear implant: CI)는 인체에 이식하는 인공적 장기로 이과적 수술을 통하여 청신경에 전기적인 자극을 직접 제공하는 방식으로 손상된 유모세포를 대체하여 직접적으로 청신경을 자극한다. 인공와우의 구조는 네 개의 기본 장치로 구성된다. 환경으로부터 음을 모으는 외부에서 보이는 마이크로폰, 마이크로폰에서

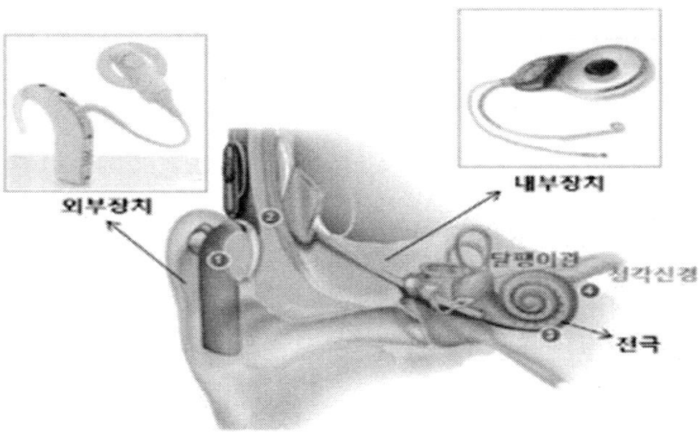

[그림 6-3] 인공와우의 구조

모아진 소리를 선택하고 배열하는 외부에서 보이는 어음처리기, 어음처리기에서 신호를 받아서 전기신호로 변환하는 송신기와 수신기, 수신기의 전기신호를 모아서 이 신호를 청신경을 통해 뇌로 전달하는 전극이 있다.

인공와우의 시술은 모든 청각장애아동에게 유용한 것이 아니라 일반적인 보청기로는 청각재활이 용이하지 않거난 양측성 최고도 난청 및 농 아동, 성인에게 적용이 가능하다. 인공와우 수술의 대상자는 체계적이고 철저한 사전검사를 반드시 실시해야 하고, 수술 이후에는 다양한 전문가로 구성된 재활팀으로부터 필요한 조언을 구해야 한다. 수술도 중요하지만 수술 이후에는 안정된 인공와우의 맵핑(mapping)을 찾을 때까지 정기적인 맵핑을 실시해야하고 체계적인 청능훈련과 언어지도가 필수적이다. 인공와우에 대한 많은 연구가 현재까지도 진행 중임에도 불구하고 인공와우 수술을 받은 아동들은 받지 않은 아동들에 비하여 말의 지각 및 산출 언어 기술에서의 유의한 향상을 보이고 있다(McKinley & Warren, 2000; Spencer, 2001)는 사실만은 간과할 수 없다.

3) 수어교육

청각장애인이 사용하는 수어는 청각장애인의 의사소통의 수단이고 이를 통한 지식의 함양으로 자아를 실현하는 중요한 매개체이다. 수어는 손을 통하여 표현하는 시각 운동체계로 그 나름의 표현양식과 문법적 구조를 가지고 있다. 이러한 수어에는 자연수어, 문법수어, 지화 등으로 구분된다.

자연수어란 청각장애인 사회에서 주된 의사소통의 수단으로 수회기호를 시각적으로 이해하는 체계이다. 미국의 자연수어인 ASL(America Sign Language)은 그 나름의 발달된 체계를 가지고 있으며 영어 구조와는 다른 문법 구조를 가지고 독자적으로 고안되었다. 우리나라에도 자연수어가 있기는 하지만 자연수어 고유의 독자성이 약하고 문법수어의 중간형태의 성격을 가지고 있다.

문법수어는 손의 운동에 의하여 음성언어의 문법을 표현하는 체계이다. 이는 언어이해와 표현양식이 시각 운동이라는 점에서는 수어와 동일하지만 국어의 문법체계를 따른다는 점에서 차이가 있다. 문법수어는 청각장애 학생이 건청인의 국어 체계에 따라 그들의 생각을 표현할 수 있고, 건청인의 언어체계를 이해하는 중요한 역할을 하기때문에 최근 청각장애 학생들의 읽기 및 쓰기 능력의 향상을 보인다.

지화는 시각 운동 언어로 음성언어를 표현하는 방식이다. 문어의 철자들과 손, 숫자의 외형들과 문어의 철자 및 숫자를 나타내는 움직임간의 일대일 대응을 나타내는 수단이다. 이는 문어의 철자를 종이에 하나씩 하나씩 쓰는 것과 유사하다고 볼 수 있다.

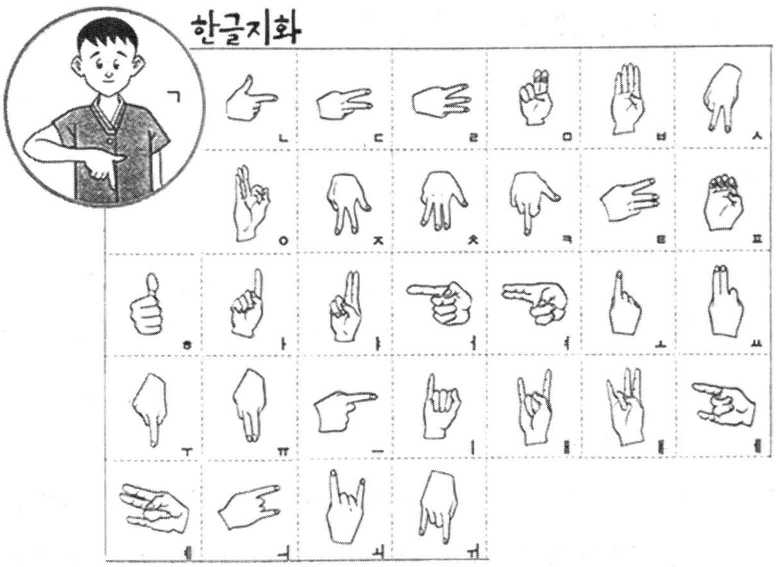

[그림 6-4] 한글 지문자

지난 2015년 12월 「한국수화언어법」이 제정되었다. 이를 통하여 수어는 고유언어로서 농인은 수어로 교육받을 권리가 있으며 명기하였고, 한국 수어의 보전 및 발전을 위해 한국수어에 대한 지속적인 연구와 함께 장애 발생 초기부터 한국 수어를 습득할 수 있도록 교육환경 조성을 마련하였다.

4) 종합적 의사소통법

종합적 의사소통법(total communication)은 청각장애아동에게 언어를 가르치기 위해서 다양한 양식의 의사소통을 사용하는 것이다. 이러한 종합적 의사소통법이라는 접근법이 가지는 중요한 의미는 그 사람에게 가장 적합하고 사용하기 가장 수월한 의사소통 양식을 존중한다는 점이다. 과거 구화나 수어만을 사용해야 한다고 주장했던 것과 다르게, 청각장애아동에게 언어를 가르치기 위해서는 말읽기, 말하기, 듣기, 수어, 지문자를 모두 함께 사용하여 다양한 형태의 의사소통 방법을 동시에 사용할 필요가 있다고 보는 것이다.

5) 이중언어/이중문화 접근법

이중언어/이중문화 접근법(bilibgual/bicultural approach)은 청각장애아동이 모국어로서 수어를 사용하도록 하고 외국어로서 국어를 읽고 쓸 수 있도록 하는 것이다. 이 접근법은 청각장애인의 정체성을 확립하고 일차언어로서의 수어언어의 발달을 촉진한다. 청각장애아동의 대부분은 건청 아동들에 비하여 언어수행 능력이 전반적으로 낮다. 이는 수어를 바탕으로 한 교육이 이루어지지 않은 결과 청각장애아동이 구어에 의존하는 것은 동일 연령수준의 정보와 지식의 습득에서 건청 아동과 차이를 보일 수 밖에는 없는 것이다. 이에 연구자들은 이중언어 접근을 강력하게 언급하고 있다(Strong, 1995). 청각장애 문화에 대한 긍정적인 청각장애아동은 이중문화/이중언어 접근법에 대한 긍정적인 자세를 보이며 자연수어를 자연스럽게 일차언어로 사용하며 건청 사회로의 통합을 위하여 의사소통 양식으로서의 구화의 수용에도 긍정적인 면을 보인다. 또한 청각장애아동의 청각장애 문화 접근태도와 언어의 선호도는 성장 환경과 밀접한 관련을 보이기 때문에 청각장애아동은 성장과 더불어 청각장애인으로서의 정체성이 형성되면 자연수어의 사용빈도가 높아진다(권순황, 2002; Simon, 1994; Strong, 1995). 이러한 맥락에서 청각장애인의 모국어에 해당하는 자연수어에 접근하도록 지원하여 학습방법을 개선시키고 사회통합을 이루도록 적극적으로 지원해야 한다.

학습문제

1. 청각장애의 교육적 관점에 다른 분류와 그 의미에 대하여 설명해 보자.
2. 청각장애아동의 언어적 특성에 대하여 설명해 보자
3. 청각장애아동의 학업적 특성에 대하여 설명해 보자.
4. 보청기와 인공와우를 이용한 구화교육에 대하여 설명해 보자.
5. 청각장애아동을 위한 이중언어/이중문화 접근법에 대하여 설명해 보자.

참고문헌

권도하(2001). **언어치료학사전**. 대구: 한국언어치료학회.

권순황(2002). 농문화 접근 태도에 따른 청각장애 학생의 언어선호도 연구. 미간행 박사학위논문 대구대학교 대학원.

김수진(2012). **교사와 부모를 위한 청각장애아동 교육**. 서울: 학지사.

석동일, 이규식, 박상희, 신혜정, 박희정(2002). **청각재활**. 대구: 대구대학교출판부.

이규식, 국미경, 김종현, 김수진, 유은정, 권요한, 강수균, 석동일, 박미혜, 김시영, 권순황, 정은희, 이필상(2004). **청각장애아 교육**. 서울: 학지사.

이규식, 석동일(1998). **청각학**. 대구: 대구대학교출판부.

이소현, 박은혜(2011). **특수아동교육**. 서울: 학지사.

Allen, T. E. (1994). Who are the deaf and hard-of-hearing students leaving high school and entering postsecondary education? Unpublished manuscript, Gallaudet University. Washington, DC.

American Speech-Language-Hearing Association. (2001). Effects of hearing loss.

Bess, F. H., Doss-Murphy, J., & Parker, R. (1998). Children with minimal sensorineural hearing loss: Prevalence, educational performance and functional status. *Ear and Hearing, 19*(5), 339-355

Cappelli, M., Daniels, T., Durleux-Smith, A., McGrath, P. P., & Neuss, D.(1995). social development of children with hearing inpairments who are integrated into general education classroom. *Volta Review, 97*, 197-208.

Kuntze, M. (1998). Literacy and deaf children: The language question. *Topics in Language Disorders, 18*(4), 1-15.

Ling, D. (1986). Devies and procedures for auditory learning. *Volta Review, 88*(5), 19-28.

McKinley, A. M., & Warren, S. F. (2000). The effectiveness of cochlear implants for children with prelingual deafness. *Journal of Early Intervention, 23*, 252-263.

Moores, D. F. (2001). *Educating the deaf: psychology, principles and practices*(5th ed.),. Boston, MA: Houghton Mifflin.

Schessel, D. A. (1999). Meniere disease. *Volta Review, 99*(5), 177-183.

Simon, J. H. (1994). An ethnographic study of sign language interpreter education(American sign language, deaf culture). Unpublished doctoral dissertation. The University of

Arizona.

Spencer, P. E. (2001). Cochlear implants for children: Language, culture, and education. Paper presented at office of Special Education Program Project Director's Conference. Washington, DC.

Strong, M. (1995). A review of bilingual/bicultual programs for Deaf children in North America. *American Annuals of the Deaf, 140*(2), 84-94.

Tran, L. P., Grunfast, K. M. (1999). Hereditary hearing loss. *Volta Review, 99*(5), 63-69.

http://www.doctorstimes.com/news/articleView.html?idxno=147231

https://www.easyhearing.co.kr

http://www.bosa.co.kr/news/articleView.html?idxno=2100129

https://phonak.co.kr/osan/information/hearing-03.html

https://www.snubh.org/dh/main/index.do?DP_CD=NCD9&MENU_ID=005004010

https://blog.naver.com/bhjang3/140025140479

07

Chapter

의사소통장애

의사소통은 보내는 사람과 받는 사람 사이에서 일어나는 모든 활동으로 이러한 의사소통은 인간에게만 존재하는 것이 아니라 모든 생물은 서로간의 연결을 위해 이루어지는 것이다. 이러한 의사소통은 생물체 내에서 세포 간 혹은 신체의 부분 간에 이루어지는 개인내적 정보의 교환일 수도 있고, 개인 간 혹은 개인과 여러 사람 간에 이루어지는 개인 간의 정보의 교환일 수도 있다(권도하 외, 2010). 의사소통이란 사전적 의미로 사람의 의사나 감정의 소통 등을 말하는 것으로 정의된다. 이러한 개인 간의 소통이라는 것이 이루어지기 위해서는 말하는 사람이 있어야 하고, 이를 듣는 사람이 있어야 하며, 무엇을 전할 것인지, 어떻게 전할 것인지가 있어야 한다. 만약 말하는 사람에게 문제가 있거나 듣는 사람에게 문제가 있어서 전달하고자 하는 내용을 이해하지 못한다면 의사소통장애에 해당된다. 또한 전달하고자 하는 내용, 전달하는 방법에도 문제가 있다면 이 역시 의사소통장애이다. 그러므로 이 장에서는 의사소통장애의 정의와 분류, 원인에 대하여 알아보고, 의사소통장애아동의 의사소통, 언어, 구어적 특성은 어떠한지, 이러한 의사소통장애아동을 위한 다양한 중재법을 중심으로 살펴보고자 한다.

1. 의사소통장애의 정의와 분류

인간은 나름의 수단으로 서로에게 의사를 표현하고 이해한다. 이를 위하여 몸짓과 눈빛 혹은 글이나 말이라는 다양한 수단을 적용한다. 이러한 수단은 의사소통, 언어, 그리고 구어라는 정의로 소개된다. 의사소통장애를 이해하기 위하여 의사소통, 언어, 구어의 정의와 의사소통장애의 정의 및 의사소통장애의 분류에 대하여 소개하고자 한다.

1) 의사소통장애의 정의

아동은 다른 사람들과의 상호작용을 통하여 의사소통을 습득한다. 이러한 의사소통은 아동들의 일상생활 내에서 자연스럽게 이루어진다(Sander & Neville, 2000). 의사소통(communication)이란 사람들 간에 상징기호 체계를 통하여 자신의 경험이나 생각, 지식, 감정 등을 다른 사람에게 연관 지을 수 있는 모든 수단을 의미한다. 언어(language)는 '자의적 기호들과 이 기호들의 규칙지배적인 조합을 활용하여 사고를 표현할 수 있도록 해주는 사회적으로 공유된 기호 또는 관습적 체계(Owens, 2001)'로 정의된다. 언어는 상징체계로 모든 언어는 기호(symbol) 사용, 제한된 수의 상이한 음 또는 음색, 이러한 음소를 형태소라는 단위로 의미 있게 결합한 어휘, 이러한 어휘를 서로 연결하는 규칙, 사회적인 약속에 의해 언어를 사용하는 규칙 등의 특성을 가진다(권도하, 2001). 인간의 언어는 기본적으로 형식(form), 내용(content), 그리고 사용(use)이라는 요소들로 이루어져 있다. 언어의 형식이란 특정한 음들과 의미를 가진 상징들을 서로 결합하는 언어적 요소들을 말한다. 언어학적 형식을 다루는 영역으로 음운론(phonology), 형태론(morphology), 구문론(syntax) 등이 포함된다(강수균 외, 2005). 언어는 의사소통을 위해 사용하므로 반드시 무언가에 관한 것이 있어야 한다. 서로의 의사를 잘 전달하기 위해서는 적절하고 분명한 내용을 형식에 잘 담아서 전달해야 하는 것이다. 이러한 내용은 의미론(semantics)에서 다루어진다. 언어의 사용은 사회적 환경 속에서 언어를 사용할 때 필요한 규칙이다(강창욱, 1996). 이러한 규칙에는 의사소통할 때 사용되는 코드의 선택을 지배하는 규칙뿐만 아니라 의사소통의 기능 혹은 의도 등을 지배하는 규칙에 포함된다. 이러한 규칙을 화용론(pragmatics)이라고 한다. 구어(speech) 혹은 말이란 언어 코드를 사용하는 구두 의사소통의 매개체로서, 이것을 통해 자신의 생각과 감정 등을 표현할 수 있고, 동일한 언어 코드를 사용하는 다른 사람의 생각과 감정을 이해할 수 있는 것으로 가장 신속하면서도 효율적인 의사소통이다. 구어는 조음(articulation), 유창성(fluency), 음성(voice)과 같은 관련 변인들에 영향을 받는다. 조음이란 말소리들이 형성되는 방식이고, 유창성이란 말의 리듬과 속도에 관한 것으로, 부드럽고 상대적으로 잘 산출될 때 이러한 말을 유창한 것이라고 한다. 음성은 말의 메시지뿐 아니라 화자 자체에 대한 것을 암시하기도 한다. 또한 문장과 낱말 내에서 말소리의 전반적인 크기 수준 및 크기 패턴 등은 중요한 요소에 해당한다.

의사소통장애를 이해하기 위하여 의사소통, 언어, 구어에 대하여 살펴보았다. 의사소통장애라는 용어는 과거 언어장애라는 용어로 사용되다가 「장애인 등에 대한 특수교육법(2008)」에서 의사소통장애로 변화되었다. 다음의 〈표 7-1〉에서는 우리나라의 「장애인 등에 대한 특수교육법」과 「장애인복지법」에서의 의사소통장애정의와 분류, 그리고 미국언어청각협회(The American Speech-Language-Hearing Association; ASHA), Van Riper와 Erickson(1996)의 정의에 대하여 정리하였다.

〈표 7-1〉 **의사소통장애의 정의**

구분	정의
장애인 등에 대한 특수교육법 (2022)	가. 언어의 수용 및 표현 능력이 인지능력에 비하여 현저하게 부족한 사람 나. 조음능력이 현저히 부족하여 의사소통이 어려운 사람 다. 말 유창성이 현저히 부족하여 의사소통이 어려운 사람 라. 기능적 음성장애가 있어 의사소통이 어려운 사람
장애인복지법 (2021)	언어장애인은 음성 기능이나 언어 기능에 영속적으로 상당한 장애가 있는 사람

구분	정의
ASHA (1993)	의사소통장애란 개념이나 구어 및 비구어, 그래픽 상징체계를 지각하고 전달하며 이해하는 데 손상을 가지는 경우로 청각 혹은 구어/언어의 과정에서 두드러지는 것으로 정의한다.
	언어장애란 상징체계를 이해하거나 말하고 쓰는 데 손상을 가지며 언어의 형식, 언어의 내용, 의사소통을 할 때 언어의 기능에서 장애를 가지게 된다.
Van Riper & Erickson (1996)	구어장애는 구어가 다른 사람의 구어와 달라서 그 자체로 주의를 끌거나, 의사소통을 방해할 때, 화자나 청자에게 곤혹스러움을 줄 때 구어에 결함이 있다고 정의한다.

2) 의사소통장애의 분류

의사소통장애의 분류 방법은 보여지는 증상에 따라 구어장애(speech disorders)와 언어장애(language disorders)로 구분한다(심현섭 외, 2010). 구어장애는 조음, 유창성, 음성의 문제를 포괄하며, 언어장애는 주로 언어발달장애, 단순언어장애, 실어증 등이 포함된다.

(1) 구어장애

① 조음음운장애

조음(articulation)이란 말소리의 실질적 산출에 해당하는 것으로, 말소리들을 독립적으로 또는 맥락 내에서 형성하기 위한 근육 운동뿐만 아니라 그 말소리들을 지각하고 개념화해야만 한다(김화수 외, 2007). 조음장애(articulation disorders)는 아동이 현재 물리적으로 주어진 소리를 산출할 수 없는 것이며, 이때 소리는 아동이 이미 알고 있는 소리에 포함되지 않은 것이다. 몇 개의 소리에서만 어려움을 보이고, 특정 소리에 대하여 일관적인 조음 오류를 보이며, 소리를 내는 데 실수하는 것은 운동근육적인 문제의 원인으로 보인다. 음운장애(phonological disorders)는 소리를 낼 수 있는 능력이 있음에도, 어떤 경우는 그 소리를 정확하게 내지만 또 어떤 경우에는 정확하게 소리를 산출하지 못할 때로 정의된다. 특징으로는 복합적인 조음 오류를 보이고, 소리를 비일관적으로 오조음한다. 운동근육적으로는 소리를 낼 수 있지만, 적절한 위치에서 소리를 내지 못하고, 언어의 다른 부분도 지체되어 있는 경우가 많다(Hall et al., 2001; Sunderland, 2004; 김진호 외, 2006). 〈표 7-2〉에서 DSM-Ⅴ의 말소리장애(speech sound disorder)의 진단기준을 제시하였다.

〈표 7-2〉 말소리장애의 진단기준

A. 말 소리 내기에 지속적인 어려움이 잇고, 이는 언어 명료도를 방해하거나 전달적인 어어적 의사소통을 막는다.
B. 장애가 효과적인 의사소통을 제한하여, 사회적 참여, 학업적 성취, 또는 직업적 수행을 각각 혹은 조합해서 방해한다.
C. 증상의 발병은 초기 발달 시기에 시작된다.
D. 이러한 어려움은 뇌성마비, 구개열, 청력 소실, 외상성 뇌손상이나 다른 의학적 또는 신경학적 조건과 같은 선천적 혹은 후천적 조건으로 인한 것이 아니다.

조음음운장애아동의 중재에서는 아동의 말을 이해하기 쉽게 만드는 것, 즉 말 명료도를 향상시켜 아동의 삶에 긍정적인 영향을 주도록 하는 것이 주된 목표이다. 조음음운장애아동에게 일반적으로 운동음성학적 측면의 전통적 치료법을 많이 적용되는데 여기에는 ① 비교 등을 통한 표준음 확인단계, 표준음과 오조음을 변별하는 감각 · 지각단계, ② 정확하게 조음할 수 있도록 변화하고 연습하는 확립단계, ③ 정확하게 조음한 음을 강화하고 안정시키는 안정단계, ④ 새로 습득한 조음 기술을 일상의 의사소통 상황으로 전이시키는 전이단계, ⑤ 자기점검 등을 통하여 새로 학습된 표적음의 발음기능의 파지력을 신장시키는 유지단계의 5단계를 포함한다.

② 유창성장애

정상적인 구어는 리듬과 타이밍을 활용하고, 속도, 강세, 적절한 쉼으로 유창하게 진행된다. 유창한 말이란 말의 흐름이나 비율에 대한 일반적 현상으로 말을 산출하기 위해 조음기관들이 편안하고, 부드럽게 그리고 빠르게 움직임으로써 말의 흐름을 지속적이고 중단되지 않는 것을 의미한다. ASHA(1993)는 유창성장애(fluency disorder)를 '음, 음절, 단어, 구의 비정상적인 리듬과 반복으로 구어의 흐름에 방해를 받으며 과도한 긴장, 투쟁적 행동, 그리고 부수적 매너리즘 등이 동반될 수도 있다'고 정의하였다. 말에서 유창함이 깨어진다는 것은 사람의 말이 비자발적인 말소리를 나타내거나 음절의 반복, 소리의 연장, 낱말 분리와 같은 특징을 보인다. 그러나 정상 발달을 보이는 일반 아동에게서도 이러한 비유창성 증상을 보이게 되는 이는 약 25~37개월 사이에 변화되기 시작한다(Owens, et al., 2007). 일반적으로 가장 잘 알려진 유창성장애는 말더듬(stuttering)이다. DSM-Ⅴ에서의 말더듬에 대한 진단기준을 〈표 7-3〉에서 제시하였다.

〈표 7-3〉 아동기 발병 유창성장애(말더듬)의 진단기준

A. 말의 정상적인 유창성과 말 속도 양상의 장애로서 이는 연령이나 언어 기술에 비해 부적절하며, 오랜 기간 지속된다. 다음 중 한 가지 잉상이 자주, 뚜렷하게 나타나는 것이 특징이다.
   1. 음과 음절의 반복
   2. 자음과 모음을 길게 소리 내기
   3. 단어의 깨어짐(예; 한 단어 내에서 머뭇거림)
   4. 소리를 동반하거나 동반하지 않는 말 막힘(말의 중단 사이가 채워지거나 채워지지 않음)
   5. 돌려 말하기(문제 있는 단어를 피하기 위한 단어 대치)
   6. 과도하게 힘주어 단어 말하기
   7. 단음절 단어의 반볻(예, "나-나-나-나는 그를 본다.")

B. 개별적으로나 복합적으로 장애는 말하기에 대한 불안 혹은 효과적인 의사소통, 사회적 참여, 또는 학업적 · 직업적 수행의 제한을 야기한다.

C. 발병은 초기 발달 시기에 시작된다(주의점: 늦은 발명의 경우 성인기 발병 유창성장애로 진단한다).

D. 장애는 언어-운동 결함 또는 감각 결함, 신경학적 손상(예, 뇌졸중, 종양, 외상)에 의한 비유창성, 또는 다른 의학적 상태로 인한 것이 아니며, 다른 정신질환으로 더 잘 설명되지 않는다.

말더듬이란 낱말이나 음절 사이에 나타나는 침묵을 포함하여, 들리거나 혹은 들리지 않을 수 있는 낱말이나 음절 단위의 반복 또는 연장으로 인해 발생되는, 일종의 말 흐름 진행의 정지라고 정의하였다(Prins, et al., 1991). 즉 음이나 음절, 또는 조음포즈 등의 반복이나 연장 혹은 막힘 등으로 말의 흐름이 비정상적으로 방해를 받아서 유창성이 깨어지는 것을 말한다. 이러한 말더듬은 주로 학령기 이전의 주로 2~5세 사이에 시작되고, 대개 3세 반이 지나고나면 발전될 가능성이 높아진다(Yairi, 2004; Yairi & Ambrose, 2004). 말더듬 증상은 종종 일반아동에서도 보이는 형태이므로 정상적인 비유창성인지 병리적인 비유창성인지를 구별하는 것이 대단히 중요하다. 정상적인 비유창성(nonfluency)이란 말을 시작할 때나 도중에 "음", "어", "저" 등의 음절이나 단어가 말의 내용과 관계없이 발성하는 삽입, 발화를 하면서 발음이 정확하지 않거나 내용상 적합한 단어가 아닌 경우 다시 말하는 수정, 구 혹은 문장의 끝에서 혹은 말하려고 하는 단어를 강조하기 위하여 쉼을 보이는 경우, 말하면서 앞에 말한 내용과 중복될 때나 앞에 말을 시작하고 나서 말을 끝내지 못하는 미완성구, 두 개 단어 이상으로 이루어진 구를 반복하는 구의 반복 등이 있다. 병리적인 비유창성(disfluency)은 말더듬이들에게 주로 나타나는 말더듬 증상이다. 단어 전체를 반복하는 단어 전체 반복, 단어 중 부분만을 반복하는 단어 부분 반복, 음을 길게 연장하는 연장, 기류의 멈춤이나 고정되는 막힘 등이 여기에 포함되는데 단어 전체 반복에서 막힘으로 갈수록 정도가 심하다.

말더듬이 학업 수행에 미칠 수 있는 부정적 영향은 전반적으로 말더듬 아동은 일반 화자들에 비하여 교육적 적응이 열악한 편이다. 또한 말더듬 아동은 일반 화자인 또래 아동들에게 따돌림을 당하거나 놀림을 당하기 쉽다(Blood & Blood, 2004). 말더듬 행동을 수정하게 위한 중재는 일반적으로 크게 유창성 형성법(fluency shaping)과 말더듬 수정법(stuttering modification)으로 소개된다. 유창성 형성법은 개인의 전반적인 말 타이밍 패턴의 변화를 시도하는 것으로 강화와 점진적인 접근법으로 유창한 말을 형성한 다음, 일상생활에서 유창한 말이 사용되도록 점차적으로 일반화하는 방법이다. Van Riper(1982)는 말더듬을 말 타이밍 장애로 개념화하면서 다음과 같은 기법을 소개하였다. 광범위하게 활용되고 있는 기법으로는 취소하기(cancellation), 이끌어내기(pull-outs), 준비하기(preparatory sets)의 세 가지이다. 취소하기는 낱말을 더듬는 순간 의식적으로 잠시 멈추도록 하는 것으로 낱말을 더듬고 나서 멈춘 다음 그 낱말을 다시 말하게 하는 것이다. 이끌어내기는 낱말을 더듬는 순간 바로 멈추고 더듬은 단어를 연장하여 말하게 한다. 준비하기 단계는 앞선 취소하기, 이끌어내기 단계에서 학습한 느리게 말하는 전략을 사용하되, 말더듬 발생에 대한 반응으로서가 아니라 말더듬이 예상되는 시점에 미리 사용하는 것으로 말을 더듬기 이전에 마음속으로 미리 멈추고 말하고자 하는 단어를 연장하여 말하게 하는 방법이다. 말더듬인 전형적으로 언제, 어떤 낱말에서 말더듬이 발생할지 이미 예측하고 있기 때문에 말더듬의 발생이 예상되는 시점에서 자신이 새로이 학습한 유창한 산출 전략을 해당 낱말을 시도하기 직전에 미리 사용할 준비를 갖추는 것이다. 이 단계에서는 비록 연속적인 발화 운동과 그 전환이 느리게 이루어지지는 것이기는 하지만 보다 유창한 방식으로 낱말을 시작하도록 하는 것을 목적으로 하고 있다. 말더듬 수정법은 오직 말더듬 행동의 변화만을 시도하는 것으로 말더듬을 좀 더 쉽게 더듬을 수 있도록 하는 방법이다. 이를 위하여 말더듬에 유발하는 공포감과 그 공포에 관련된 회피행동을 감소시켜서 말하는 것에 대한 긍정적 태도를 가지도록 한다. 중재에서는 말더듬 행동에만 초점을 두어 중재하는 것이라 말더듬인들이 자신의 말더듬을 인식하고 자신의 문제를 확인하고 표현함으로써 말더듬는 순간에 수반되는 회피행동을 감소시키도록 하는 것이다.

③ 음성장애

음성은 의사표현의 가장 중요한 수단이고 오직 인간만이 가지고 있는 말소리의 필수적인 자질로(Boone & McFarlane, 2000), 일반적으로 후두 수준에서의 생성된 소리 혹은 발성에 의한 공명을 포함함 소리로 정의하기도 한다. 정상적인 음성이란 목소리의 높낮이에 해당하는 음도, 목소리의 강함과 약함을 나타내는 강도, 목소리의 유쾌성에 해당하는 음질, 음도나 강도를 자유롭게 변화시킬 수 있는 유동성을 갖추어져야 한다(황영진 외, 2007). 음성장애에는 연령, 성별, 일시적 생리적 상태, 화자의 말하는 목적, 구어 환경의 요소 등에 따른 비정상적 음도, 강도, 음질을 의미한다. 구체적으로 음도장애, 강도장애, 음질장애가 포함된다. 음도장애에는 단조로운 음도(monopitch), 부적절한 음도(inappropriate pitch), 음도일탈(pitch break) 등이 있다. 단조로운 음도란 정상적인 억양 변화를 보여주기 어렵고 때때로 수의적으로 음도를 변화시킬 수 없는 경우이다. 음도일탈은 음도가 통제가 안 될 정도로 갑작스럽게 올라가거나 내려가는 경우를 말한다. 부적절한 음도는 어떤 사람의 음성이 연령이나 성별에 맞는 음도의 범위에서 벗어나는 것으로 판단되는 경우에 해당된다. 강도장애에는 단조로운 강도(monoloudness), 강도변화(loudness variation) 등이 있다. 단조로운 강도는 일상적으로 나타나는 강도변화의 폭이 좁고, 강도의 의도적 조절이 어렵게 나타나는 경우에 해당한다. 강도변화는 발화 상황에 따라 강도를 적절하게 조절하지 못하는 경우이다. 음질장애에는 목쉰 소리(hoarseness), 거친 소리(roughness), 기식 소리(breathness) 등이 있다. 목쉰 소리나 거친 소리는 잡음이 수반되어 음성의 명확성이 부족한 소리이다. 기식소리는 목소리를 내는 동안 성문 사이로 공기가 빠져나가면서 생기는 잡음이 귀에 들리는 것이다. 종종 어떤 아동들은 정상 음성을 방해하는 생리적 결함을 가지고 태어나기도 하지만 보다 지나치게 큰소리로 노래 부르기, 과도한 고함, 비명, 목청 가다듬기 등의 음성남용(vocal abuse)이 음성장애를 일으키기도 한다. 음성장애는 수술, 음성치료, 심리 상담, 약물치료 등이 실시된다. 음성치료에서는 첫째, 성대조직을 건강한 상태로 회복시키고, 둘째, 음성기능을 이전의 양호한 상태로 회복시키고, 셋째, 성대를 오용하거나 남용하는 음성습관을 구별해내고 제거하도록 하며, 넷째, 개선된 음성습관을 가지도록 한다(Colton & Casper, 1996).

(2) 언어장애

① 언어발달장애

언어발달장애는 상징이나 기호 체계의 장애로 모든 언어 양식, 즉 구어, 이해, 읽기, 쓰기 및 문제해결력 등에 있어서의 장애로 정의한다. 언어발달장애란 언어학적 상징들을 이해하거나 표현하는데 있어서의 장애이기는 하지만 전혀 구어를 하지 못하는 경우에서부터 단지 문법적 결함만을 가지고 있는 경우까지 그 장애의 정도가 매우 다양하다. 언어발달장애의 분류는 일반적으로는 언어의 형식에서의 어려움, 언어의 내용에서의 어려움, 언어의 사용에서의 어려움으로 구분한다. 언어의 형식에서의 어려움은 음운론, 형태론, 구문론에서 문제를 보이는 경우, 언어의 내용에서의 어려움은 의미론적 측면에서 사물, 사건, 관계 등에 대한 개념화 등에 문제를 보이는 경우, 언어의 사용에서의 어려움은 화용론적 어려움, 즉 다른 화자나 사건에 적절하게 의도나 기능을 사용하지 못하는 경우 등으로 설명된다.

② 단순언어장애

단순언어장애(Specific Language Impairments: SLI)는 인지적 문제, 청각적 결함, 신경학적 결함 등의 문제로 발생하는 언어장애가 아닌 단지 언어에만 문제를 보이는 경우이다. 의미적으로는 첫 낱말의 습득이 느리고, 새로운 낱말 습득에 어려움을 보이며, 낱말찾기(word-finding)에 문제를 보인다. 구문적으로는 일반아동에 비하여 낱말의 조합시기가 느린 편이고, 주요한 문법 범주를 생략하거나 구문오류의 실수가 잦은 편이다. 음운적으로는 말소리의 습득이 지연되거나 오류음운형태도 일반아동에 비하여 더 오래 나타나고, 화용적으로는 상대방의 불명료한 말에 대한 명료화 요구하기, 전제(presupposition) 능력, 참조적(referential) 기능이 일반아동에 비하여 열등한 편이다(김영태, 2008; 심현섭 외, 2010).

2. 의사소통장애의 원인

의사소통장애의 원인은 그 유형에 따라 수많은 원인들이 소개되고 있다. 신체의 특정 기관이나 부분의 손상, 기능부전, 이상형성에 의해서 나타나는 기질적(organic) 장애보다는 대부분 기능적(functional) 장애로 분류되는 것이 많다. 기능적 의사소통장애는 신체적인 조건으로 나타나는 것은 아니며, 그 원인은 분명하게 알려지지 않고 있다(McReynolds, 1990). 언어장애의 원인으로는 아동의 인지적 결함과 지적장애, 청력손실, 행동장애, 구어 기관의 구조적 비정상, 결핍된 환경 등이 포함된다(Hall et al., 2001). 어떤 아동은 의사소통을 시도하면 강화를 받고, 또 다른 아동은 말은 하면서 몸짓으로 의사소통을 시도하여 벌을 받게 된다. 가정에서 자극을 거의 받지 못하고, 다른 사람과 상호작용하는 기회를 거의 가지지 못한 아동은 의사소통에 대한 동기가 거의 생기지 않을 것이고, 언어발달이 지체될 것이다(Ratner, 2004, 김진호 외, 2013).

1) 구어장애의 원인

(1) 조음음운장애의 원인

조음음운장애의 원인은 조음기관의 문제뿐 아니라 지적장애, 청각장애, 구순구개열, 뇌성마비, 적절한 발음습관을 배울 수 있는 모델이 없는 경우 등 매우 다양하다(권도하 외, 2010). 조음기관이란 음소를 산출하는 데 관련된 안면의 여러 구조로써 치아, 혀, 입술, 경구개, 연구개 등의 구조로, 이러한 구조들에 결함이 생기면 공기의 흐름을 조절하는 데 어려움을 겪게 되어 조음장애를 나타낸다(심현섭 외, 2007). 신경운동결함은 조음기관의 근육을 통제하는 중추신경계나 말초신경계의 손상으로 근육의 움직임 등에 문제가 나타나는 조음장애는 마비성 구어장애(dysarthria), 구어실행증(apraxia), 발달성 구어실행증(developmental verbal dyspraxia) 등이 있다(권도하 외, 2010). 조음음운장애는 말소리를 구분하여 듣지 못하는 말소리의 지각의 문제, 구강감각 기능의 문제, 그리고 개인적 요인으로 연령, 지능, 성별, 형제, 언어발달 등이 포함된다. 대략 8세까지는 조음음운능력과 연령 간에 직접적인 관련이 있고, 지적장애아동에게서 더 많은 조음음운장애가 발생하며, 여아보다는 남아에게서 다소 높은 조음음운장애 발생률을 보인다. 또한 언어장애가 있는 아동은 조음음운장애도 나타날 가능성이 높은 편이다.

(2) 유창성장애의 원인

말더듬을 일으키는 원인으로는 생리학적 요인, 심리-언어적 요인, 심리사회적 요인 등이 있다. 생리학적 요인으로는 구어 산출 시 양측 대뇌 지배를 받아서 언어와 관련된 중추신경계의 충돌로 구어 산출을 담당하는 근육으로 유연하게 전달하는 것을 방해하거나 말 정보처리의 불균형으로 인하거나, 말이 산출되기 직전에 내적오류를 자연스럽게 수정하지 못하여 음, 음절, 낱말 등을 반복하거나 연장하거나 막힘을 나타내는 경우 또한 유전학적인 요인이 있다고 보는 경우이다. 심리-언어적 요인의 경우에서는 말더듬은 특정 언어 환경은 다른 환경보다 더 많은 언어운동 준비가 필요하기 때문에 이러한 특정 언어 환경에서 더 많이 일어난다. 심리사회적 요인의 경우 정신분석의 이론에 기초하여 원초적 요구를 표현하려는 본능적 충동과 이를 억제하려는 초자아 사이에 불균형이 생기거나, 부모가 정상적 비유창성을 말더듬으로 인식하거나 혹은 말에 대한 회피반응으로 말하려는 욕구와 말하지 않고 조용히 있으려는 욕구 사이의 갈등에서 말더듬이 비롯된다고 보는 경우이다(권도하 외, 2010, 심현섭 외, 2010).

(3) 음성장애의 원인

음성장애는 성대에는 특별한 병변이 없으나 성대의 오용이나 남용으로 인한 음성의 과기능으로 발생하는 기능적 음성장애, 발성기관의 구조적 손상이나 기질적 병변에 의한 기질적 음성장애, 발성이나 호흡에 관련된 근육이 신경학적 손상으로 인해 정상적으로 움직이지 않는 신경학적 음성장애로 원인에 따라 분류한다(심현섭 외, 2010). 기능적 음성장애는 목쉰 소리, 거친 소리, 기식 소리 등으로 표현된다. 음성장애의 많은 부분이 성대 과기능과 관련 있다. 너무 큰 소리로 오래 말하거나 목청 가다듬는 것을 자주 하는 것처럼 지나친 목소리의 사용은 음성장애를 유발시키는 요인이 된다. 이러한 원인은 성대비대, 결절, 폴립 등으로 진행될 수 있다(황영진 외, 2007).

2) 언어발달장애의 원인

언어발달장애의 원인으로는 지적장애, 발달장애, 뇌손상, 청각장어 등의 신체 및 감각 손상, 가정형편, 약물 등의 사회환경적 문제 등이 포함된다.

3. 의사소통장애아동의 특성

의사소통장애아동은 언어가 사용되는 다양한 상황의 발달에 따라 다양한 언어의 증상을 보인다. 일반적으로는 구어를 이해하는 능력이 제한되고, 듣고 이해하는 능력이 부족하며, 언어의 표현 능력에 어려움을 보인다. 또한 일반적인 단어의 뜻을 이해하거나 사용하는 데의 어려움, 언어의 형태론적 요소를 이해하는 데의 어려움, 구나 문장구조를 사용하는 능력의 어려움, 언어 사용의 부적절함, 대화기술이나 능력의 부족, 경험에 대한 설명하기나 경험과 연관 지어 이야기하기 능력의 부족 등을 나타낸다. 이에 의사소통장애 아동들은 인지, 학습 등의 문제와 중첩된 어려움을 보이기도 하면서 제한된 인지능력, 학습문제, 사회성 문제를 경험하기도 한다.

1) 지적장애아동의 의사소통 특성

지적장애아동은 일반아동과 같은 언어발달의 단계를 거치지만 단지 훨씬 더 늦게 발달하는 것으로 보인다. 지적장애아동의 경우 모든 언어 영역에서 다소의 지체와 장애가 나타난다(김화수 외, 2007). 지적장애아동은 조음의 산출이 어렵고(Long, 2005), 형태론적 발달은 일반아동의 발달과정과 유사하지만 일반적으로 느리게 발달하고 구문론 역시 발달순서는 전형적인 발달과 유사하다(Thordardottir et al., 2002; 김화수, 2010). 음운론적 특성으로는 구어음 오류가 일반아동보다 훨씬 더 많고, 자음 생략이 흔하며, 오류 유형 역시도 일반아동과는 달리 비일관적이다(Shriberg & Widder, 1990). 의미론적으로는 일반아동에 비하여 낱말 습득이 느리고 다양한 의미적 단위를 사용하는데 어려움을 보이고(Owens, 2002), 명사에 대한 의미가 필요 이상으로 구체적이고 의미의 사용이 제한적이며 한정적이다(최성규, 2002). 구문론적으로는 일반아동에 비해 다소 짧은 발화, 간단한 문장 구조, 제한된 문장의 형태를 보이고, 언어규칙을 일반화하는데 어려움, 융통성이 부족한 언어의 구조를 보인다. 또한 다양하지 못하고 제한된 구문구조를 보이기도 한다. 화용론적으로는 의사소통적 몸짓 산출의 지체로 인하여 화용론적 언어의 사용도 지체되었고, 의사소통 능력 발달의 속도가 느리며 대화 시 주도적인 역할이 부족한 편이다. 지적장애의 거의 절반은 언어이해와 산출이 자기의 인지수준보다 떨어진다(Miller et al., 1981). 이것은 지적장애의 인지처리과정의 문제가 수반된다는 것을 나타낸다.

2) 자폐성장애아동의 의사소통 특성

자폐성장애아동은 다른 사람과의 의사소통에 거의 관심을 보이지 않으며, 다른 사람과의 의사소통하려는 의욕 자체가 부족하다(김영태, 1995). 또한 언어 표현 능력에 비해 언어 이해 능력이 떨어지고 제스처나 표정 등의 신체 운동에 의한 의사소통적 이해력에서 장애가 있어 적절한 의사소통이 이루어지지 않는다. 자폐성장애

아동은 말하지 않을 수도 있고, 최소한의 말만 하는 경우도 있으며, 반향어를 사용하거나 의사소통에 있어서 전형적일 수도 있다. 반향어는 성장하여 없어진다 해도, 다른 문제들, 특히 화용론과 관련된 문제들은 아동의 언어에 여전히 남아있다. 화용론과 의미론은 언어형태보다도 더 영향을 받는다(Lord, 1988). 화용론적으로는 의사소통에 필요한 상호호혜적인 사회적 상호작용 능력을 제대로 보일 수 없음으로 인하여(Wicks-Nelson & Israel, 2003), 화용적 기술의 결함이 심한 편이고(Dunn, 1997), 다른 사람이 사용한 낱말을 반복하거나 문맥에 맞는 언어를 사용하지 않고 같은 말만을 반복하는 등의 언어 사용에서의 혼란을 보인다(이상흔 외, 2010). 자폐성장애아동은 그들의 언어, 특히 대화의 화용론에 특이성과 불규칙성이 나타난다. 어떤 아동들은 전반적인 일상어, 즉 관용표현을 대화에 끼워넣기도 한다. 훌륭한 언어기술을 가진 자폐성장애아동일지라도 대화의 세밀한 구별들을 잘못 이해하고 있을 수도 있다(김화수 외, 2007). 의미론적으로는 표현 어휘의 발달이 늦은 편이고, 자신이 알고 있는 어휘가 있다고 하더라도 매우 제한적으로 사용하며 상황에 적절하고 다양한 어휘를 구사하는데 관심을 보이지 않는다(Tager-Flusberg & Thurber, 1993). 자폐성장애아동은 구문론적으로 일반아동에 비해 심한 지체를 보이기는 하지만 발달은 정상적인 발달과정을 따른다(Tager-Flusberg et al., 2005; 김화수, 2010). 의미론적으로는 대명사의 사용을 어려워하고, 색다른 단어들을 더 많이 사용한다. 자폐성장애아동은 대명사 반전(pronoun reversal)의 특징을 보이는데 이는 자신을 언급할 때 '너'라고 하고, 다른 사람을 언급할 때 '나'라고 말하는 경우이다(Lee et al., 1994). 운율이나 강세, 억양, 소리크기, 고저, 속도 등과 같은 초분절적인(suprasegmentals)이 자주 영향을 받아서 자폐성장애아동의 말은 기계적인 특징을 갖는다. 음성적으로는 대체로 음도가 높고, 음도의 범위가 좁아서 단조롭게 들리며 다양한 범위의 강도를 사용한다.

3) 청각장애아동의 의사소통 특성

청각장애는 청력손실의 결과로 정상적인 말소리 산출에 어려움을 보인다. 그러나 청력손실의 정도, 발생 시기, 교육 정도 등에 따라 특성이 다양하게 나타날 수 있다. 청각장애아동의 경우 청력손실의 정도가 심할수록 말의 명료도가 낮고, 조음이 부정확하며, 음성이 왜곡되어 산출된다. 말소리 산출에 있어서 청각장애아동은 말소리 산출이 지체되지만 일반아동들과 비슷한 발달과정을 거치지만 완전하게 발달하지 않는 말소들이 일부 있을 수도 있다(Blamey, 2003). 청각장애아동은 일반아동보다 음운규칙들이 더 늦게 발달되지만 출현하면 일반아동이 사용하는 규칙들과 비슷하게 나타난다. 구문적으로는 일반아동에 비하여 심한 지체를 보이고, 의미적으로도 어휘에 대한 어려움을 보인다. 화용 기술 역시 일반아동과 비교하면 지체를 보이지만 발달 과정은 유사하다. 수어를 사용하는 청각장애아동은 일반 아동들이 말을 배울 때와 유사하게 손 옹알이(manual babbling)를 보이고(Petitto & Marantette, 1991), 첫 낱말 산출시기에 보이는 유사한 실수도 보인다(Schick, 2003). 음성적으로는 청각장애아동의 말속도가 전반적으로 느리고, 너무 높거나 낮은 음도를 보인다. 또한 거칠거나 숨소리 섞인 발성을 하며 과대비성 혹은 과소비성을 보인다(Berntal & Bankson, 2004; 김수진 · 신지영, 2007).

4. 의사소통장애아동의 교육

의사소통장애의 중재는 매우 다양하다. 일반적으로는 의사소통 이전에 초점을 두거나, 언어발달을 촉진하기 위해 의사소통 전략을 유도하거나, 또는 구어를 읽기 및 쓰기와 연계하여 지도(Merritt & Culatta, 1998)하는 것을 포함한다. 여기에서는 자연적 접근법과 보완·대체의사소통과 교실 학급 내에서의 언어중재에 대하여 간략하게 소개하고자 한다.

1) 환경적 언어중재

최근에는 아동의 언어 기술을 발달시키고 활용하도록 하기 위해 자연적인 중재를 강조하고 있다. 아동이 관심을 가지도록 언어 환경을 구안하여 교수목적에 맞는 상호작용이 증가하게 해야 한다.

환경적 언어중재(milieu teaching)는 아동의 관심과 흥미를 고려하여 아동의 일상적인 환경 속에서 기능적 의사소통을 자연스럽게 유도한다는 포괄적인 중재기법이다(김영태, 2008). 대화 상황에서 기능적인 언어를 교육하도록 고안된 중재 전략으로 아동의 일상적 환경 속에서 기능적 의사소통을 자연스럽게 유도하는 방법이다. 여기에는 환경적인 조성, 반응적 상호작용, 매일의 상황에서 의사소통을 모델링하고 촉진하기 위한 기회로 아동의 흥미와 개시를 이용하는 맥락에 근거한 대화라는 것이 특징적이다. 환경적 언어중재는 촉진자가 아동의 의사소통을 촉진하기 위하여 중재 이전에 물적인 환경을 구성하여 특정 사물이나 행동에 대하여 아동과 공동 관심(joint attention)부터 시작하고, 대표적인 기법으로는 시범(modeling), 요구-모델(mand-model), 시간지연(time-delay technique), 우발학습(incidental teaching)이 있다.

시범은 교대로 하기 기술, 일반화된 모방기술, 대화 기술, 기초적 어휘를 가르치는 것을 목적으로 하여 아동에게 무엇을 말해야 할지 정확하게 알려주기 때문에 아동이 배우기 시작하는 초기에 특히 적합한 기술에 해당한다. 구체적으로는 아동이 관심을 보이는 것에 대하여 교사가 언어 모델을 제시하고 언어를 확장해 주는 방법이다.

요구-모델 기법은 선 반응요구 후 시범절차라고도 불리며, 아동에게 먼저 요구한 후 교사가 시범을 보이는 방법이다. 여러 환경에 걸쳐서 나타나기 시작하는 형식을 사용하도록 아동을 촉진하는 것으로, 요구는 간접적인 촉진으로 아동이 기대된 반응 형식을 이전에 보여주었을 때 적용할 수 있다. 구체적으로는 교사가 아동을 주의 깊게 관찰하다가 아동이 어떤 것에 흥미를 보이면 교사가 먼저 "뭐가 필요해요?"라는 자극으로 발화를 요구한다. 아동과 교사가 함께 활동을 하다가, 아동에게 언어적 반응을 구두로 요구해 본 후 시범을 보이는 것이다.

시간지연은 아동으로 하여금 말할 수 있는 단서로서 언어적 촉진보다는 환경적인 자극을 주기 위한 방법으로 아동은 다른 사람의 시작행동에 단순히 반응하기 보다는 의사소통을 먼저 시작하도록 촉진된다. 구체적으로는 교사는 아동과 함께 좋아하는 사물을 쳐다보거나 활동하다가 아동의 언어적 반응을 5~10초 정도 기다려준다. 이때의 시간지연은 대기시간으로 아동에게 요구나 시범을 주기 전에 아동이 반응할 시간을 주는 것을 의미한다.

우발학습은 우발적 상황에서 학습의 기회를 마련하고 언어적 표현을 자연스럽게 유도하는 방법으로 아동의 생활환경에서 우연히 일어나는 의사소통의 기회를 이용하여 지도하는 것이다. 교사가 아동의 환경이나 그와 유사한 상황에서 우발학습의 기회를 만들어 주는 것을 허용하므로 목표하는 의사소통 기능을 가진 언어적 표현을 자연스럽게 유도하는 상황을 구성하여 그 상황에서 바람직한 언어 또는 의사소통 행동을 학습한다(김영태, 2008). 우발학습은 더 정교한 언어를 가르치고 대화기술을 향상시키는 것으로 아동이 구어, 발성, 몸짓으로 요구한 후 사용한다는 점에서 다른 절차와의 차이를 보인다. 상황에 따라 시범, 요구-모델, 시간지연 기법 등을 사용하여 아동이 보다 정교한 언어를 사용하고 대화 기술을 향상시킬 수 있도록 한다.

2) 보완 · 대체의사소통

보완 · 대체의사소통(Augmentative and Alternative Communication: AAC)은 구어로 의사소통을 전혀 할 수 없거나 심각하게 어려움을 갖는 사람들이 구어가 아닌 다른 수단으로 자신의 욕구를 표현하도록 하는 교육적 방법으로 말과 언어의 표현 및 이해에 어려움을 가진 사람들의 일시적 또는 영구적 손상, 활동 한계, 참여 제약 등을 고려하여 구어를 보완하거나 대체하는 것이다. 보완 · 대체의사소통 체계는 말과 언어장애로 인한 의사소통 능력의 손상을 보상할 뿐만 아니라 일상활동의 제한을 보상하고 궁극적으로 참여의 정상화까지 도모하는 수단에 해당한다.

보완 · 대체의사소통에 대한 특수교육학 용어사전의 정의를 살펴보면 다음과 같이 설명하고 있다.

> 보완 · 대체의사소통은 독립적으로 말이나 글을 사용하여 의사소통을 할 수 없는 사람들의 문제를 감소시키고 언어 능력을 촉진하기 위해 사용하는 말(구어) 이외의 여러 형태의 의사소통 방법을 말한다.

말의 발달이 늦거나 조음의 문제가 있는 아동의 말을 보완(augment)하여 다른 사람과의 의사소통 상호작용을 보충, 향상, 지원하거나 성대 수술이나 조음기관의 마비로 말을 할 수 없는 경우에는 말 대신에 의사소통 도구 등 다른 대체적인(alternative) 방법을 통합적으로 사용하는 방법을 포함한다.

말하기와 쓰기에 심한 장애를 보이는 사람들의 장애를 일시적 혹은 영구적으로 보완해 주는 임상치료 행위의 한 영역으로, 의사소통을 지원해 주고 향상시킬 수 있도록 개인의 의사소통에 사용되는 상징(symbol), 보조도구(aids), 전략(strategies), 기법(techniques) 등에 관한 총체적인 접근 방법이다.

보완·대체의사소통의 구성요소에서는 상징, 보조도구, 전략, 기법으로 구성된다. 상징(symbols)은 구어가 아닌 다른 상징체계로 구체적으로는 수어, 제스처, 그림, 사진 등이 포함된다. 보조도구(aids)는 상징을 담기 위한 물리적인 도구로 여기에는 그림판, 전자의사소통도구 등이 있다. 전략(strategy)은 보완·대체의사소통 사용자의 의사소통을 촉진시키는 위한 것으로 보조공학 기기, 상징, 테크닉을 보다 효과적으로 사용하는 방법이다. 기법(techniques)은 의사소통 기술로, 의사소통할 내용을 상대방에게 전하는 방법에 해당하며 여기에는 직접선택, 훑기(scanning) 등의 방법이 있다.

3) 교실 내 언어중재

학령기 아동의 궁극적 중재의 목표는 학업생활을 성공적으로 할 수 있게 하는 것이므로 교사는 학교에서 성공적인 학업생활을 할 수 있도록 다양한 방법으로 지원해주어야 한다. 학령기 의사소통장애아동의 교실 내 언어중재를 위해서 교사는 우선적으로 편안한 학급 분위기와 수용적인 환경을 만들어 주어야 한다. 교실은 학생에게 의사소통을 교육하는 제1차적인 장소로 학생의 의사소통 능력을 증진시킬 수 있는 중재들이 적용되어야 한다. 학급에서는 교과과정에 기초하는 목표 설정과 함께 언어의 중재가 이루어져야 한다(Nelson, 2010). 교사는 학급 내 학생들의 의사소통을 증진시키는 방식으로 가르쳐야 한다. 교사는 아동이 말을 통한 의사소통 기술을 연습할 수 있도록 기회를 제공해야 하며 교사 스스로 아동을 위한 적절한 언어 모델자로서의 역할을 해야 한다(이소현 · 박은혜, 2006). 학생이 계속 이야기하도록 격려하는 방식으로 학생의 이야기에 반응하는 것이 필요하다(Dudley-Marling & Searle, 1988; 김화수, 2010).

학습문제

1. 의사소통장애에 대한 장애인 등에 대한 특수교육법에서의 정의와 정의에 따른 분류에 대하여 설명해 보자.
2. 의사소통장애를 일으키는 원인 중에서 구어장애의 원인에 대하여 설명해 보자.
3. 의사소통장애아동의 언어영역별 특성에 대하여 설명해 보자.
4. 의사소통장애아동이 배치된 통합학급에서 실시할 수 있는 언어중재법에 대하여 설명해 보자.

참고문헌

강수균, 박미혜, 박재국, 안성우, 강창욱, 김수진, 박선희, 황보명, 강은희, 박은실, 손은남(2005). **아동언어장애이해**. 대구: 한국언어치료학회.

강창욱(1996). 언어치료교육 교육과정 구성을 위한 언어체계적 대안. **난청과 언어장애연구, 19**(2), 35-51.

권도하(2001). **언어치료학사전**. 대구: 한국언어치료학회.

권도하, 신후남, 이무경, 전희숙, 김시영, 유재연, 신명선, 황보명, 박선희, 신혜정, 안종복, 남현욱, 박상희, 김효정(2010). **언어치료학개론**. 대구: 한국언어치료연구소.

김영태(1995). 조음장애아와 정상아의 음운변동에 관한 비교 연구. **특수교육논총, 12**, 211-235.

김영태(2008). **아동언어장애의 진단 및 치료**. 서울: 학지사.

김수진, 신지영(2007). **조음음운장애**. 서울: 시그마프레스.

김진호, 박재국, 방명애, 안성우, 유은정, 윤치연, 이효신(2006). **최신특수교육학**. 서울: 시그마프레스.

김화수(2010). **언어장애와 의사소통장애**. 서울: 시그마프레스.

김화수, 김성수, 박현주, 성수진, 표화영, 한진순(2007). **의사소통장애-전생애적 조망**. 서울: 시그마프레스.

심현섭, 김영태, 김진숙, 김향희, 배소영, 신문자, 이승환, 이정학, 한재순, 윤혜련, 김정미, 권미선(2010). **의사소통장애의 이해**. 서울: 학지사.

이상흔, 박미혜, 이규엽, 허명진(2010). **의사소통과 의사소통장애**. 서울: 시그마프레스.

이소현, 박은혜(2006). **특수아동교육**. 서울: 학지사.

장애인 등에 대한 특수교육법 시행규칙. (시행 2022. 7. 21, 교육부령 제269호, 2022. 6. 29, 일부개정).

장애인 등에 대한 특수교육법 시행령. (시행 2023. 4. 19, 대통령령 제33406호, 2023. 4. 18, 일부개정).

최성규(2002). 명사의 의미망 분석을 통한 정신지체아동과 일반아동의 개념 및 의미발달 비교. **특수교육저널: 이론과 실천, 3**(2), 97-116.

황영진, 유재연, 정옥란(2007). **음성과 음성치료**. 서울: 시그마프레스.

American Speech-Language-Hearing Association(ASHA). (1993). Definitions of communication disorders and variations. *Asha, 35*, 40-21.

Benthal, J. E., & Bankson, N. W. (2004). *Articulation and phonological disorders* (5th ed.).

Boston: Allyn & Bacon.

Blamey, P. J. (2003). Development of spoken language by deaf children. In M. Marschark and P. Spencer(Eds.), *Deaf studies, language, and education*. New York: Oxford University Press.

Blood G. W., Blood, I. M. (2004). Bullying in adolescents who stutter: Communicative competence and self-esteem. *Contemporary Issues in Communication Science and Disorders, 31*, 69-79.

Boone, D. R., McFarlane, S. C. (2000). *The voice and voice therapy*(4th ed.). Boston: Allyn & Bacon.

Colton, R. H., & Casper, J. K. (1996). *Understanding voice problems: A Physiological perspective for diagnosis and treatment*(2nd ed.). Baltimore, MD: Williams & Wilkins.

Dudley-Marling, C., & Searle, D. (1988). Enriching language learning environments for students with learning disabilities. *Journal of Learning Disabilities, 21,* 140-143.

Dunn, M. (1997). Language disorders in children with autism. *Seminars in Pediatric Neurology, 4,* 86-92.

Hall, B. J., Oyer, H. J., Haas, W. H. (2001). *Speech, language, and hearing disorders: A guide for the reacher*(3rd ed.). Boston: Allyn & Bacon.

Lee, A., Hobson, R. P., & Chiat, S. (1994) I, you, me, and autism: An experimental study. *Journal of Autism and Developmental Disorders, 24,* 155-176.

Lord, C. (1988). Enhancing communication in adolescents autism. *Topics in Language Disorders, 9*(1), 72-81.

McReetnolds, L. V. (1990). Articulation and Phonological disorders. In G. H. Shames & E. H. Wiig(Eds.), *Human Communication disorders*(3rd ed.). Upper Saddle River, NJ: Merrill/Pretice Hall.

Merritt, D. D., & Culatta, B. (1998). *Language intervention in the classroom*. San Diego: Singular.

Miller, J. F., Chapman, R., & MacKenzie, H. (1981). Individual differences in the language acquisition of mentally retarded children. *Proceedings from the Second Wisconsin Symposium on Research in child Language*. Madison: University of Wisconsin.

Nelson, N. W. (2010). *Language and literacy disorders: infancy through adolescence*. Boston: Allyn & Bacon.

Owens, R. E. (2001). *Language development: An introduction*. Boston: Allyn & Bacon.

Owens, R. E. (2002). Mental Retardation: Difference and dalay. In D. K. Bernstein & E.

Tagerman-Farber(Eds.), *Language and communication disorders in children.* Boston: Allyn & Bacon.

Owens, R. E., Metz, D. E., & Haas. A. (2007). *Introduction to Communication Disorders: A Lifespan Perspective.* Pearson Education, Inc.: Allyn & Bacon.

Petitto, L. A., & Marantette, P. E. (1991). Babbling in the manual mode: Evidence for the ontogeny of language. *Science, 251,* 1493-1496.

Prins, D., Hubbard., C. P., & Krause, M. (1991). Syllabic stress and the occurrence of stuttering. *Journal of Speech and Hearing Research, 34*, 1011-1016.

Ratner, N. B. (2004). Caregiver-child interactions and their impact on children's fluency: Implications for treatment. *Language, Speech, and Hearing Services in Schools, 35,* 46-59.

Sander, L. D., Neville, H. J. (2000). Lexical, syntactic, and stress-pattern cues for speech segmentation. *Journal of Speech, Language, and Hearing Research, 43,* 1301-1321.

Schick, B. (2003). The development of American Sign Language and manually coded English language systems. IN M. Marschark & P. Spencer(Eds.), *Deaf studies, language, and education.* New York: Oxford University Press.

Shriberg, L., & Widder, C. (1990). Speech and prosody characteristics of adults with mental retardation. *Journal of Speech and Hearing Research, 33*, 627-753.

Sunderland, L. C. (2004). Speech, language, and audiology services in public schools. *Intervention in School and Clinic, 39,* 209-217.

Tager-Flusberg, H., & Thurber, C. (1993). Pauses in the narratives produced by autistic, mentally retarded, and normal children as an index of cognitive demand. *Journal of Autism and Developmental Disorders, 23*, 209-322.

Tager-Flusberg, H., Paul, R., Lord, C. (2005). Language and communication in autism. In F. R. Volkmar, R. Paul, A. Klin, & D. Cohen(Eds.), *Handbook of autism and pervasive developmental disorders.* Haboken, NJ: Wiley.

Thordardottir, E. T., Chapman, R. S., Wagner, L. (2002). Complex sentence production by adolescents with Down syndrome. *Applied Psycholinguistics, 23,* 163-183.

Van Riper, C., & Erickson, R. L. (1996). *Speech correction: An introduction to speech pathology and audiology*(9th ed.). Boston: Allyn & Bacon.

Warren, S, E., & Kaiser, A. P. (1986). Incidental language teaching: A critical review. *Journal of Speech and Hearing Disorders, 51,* 291-299.

Wicks-Nelson, R., & Israel, A. C. (2003). *Behavior Disorders of Children*(5th ed.). Upper Saddle River, New Jersey: Pearson Education.

Yairi, E. (2004). The formative years of stuttering in preschool children: A changing portrait. *Contemporary Issues in Communication Science and Disorders, 31*, 92-104.

Yairi, E., & Ambrose, N. (2004). Stuttering: Recent developments and futures directions. *The ASHA Leader, 18*, 14-15.

08

Chapter

학습장애

학습장애 아동은 평균적인 지능을 지니고 있으면서도 기초학습기술인 읽기, 쓰기, 계산하기의 어려움으로 인해 학업과 일상생활에 심각한 문제를 나타낸다.

학습장애의 역사적 배경을 살펴보면 1800년대 유럽에서 시작하여 지속적으로 연구되어왔다. 1900년대에는 지각이나 주의집중능력을 결함을 보이는 뇌손상 성인과 읽기 및 언어 결함을 보이는 아동들을 대상으로 연구가 이루어졌는데, 이 당시 학습장애를 지칭한 용어는 90개가 넘었다. 가장 많이 사용된 용어는 미세 뇌기능 이상(minimal brain dyfunction: MBD), 뇌손상 언어지체, 중앙정보처리기능 이상 등으로 명명되었다.

1962년 미국의 일리노이대학교 교수였던 Samuel Kirk가 학습장애라는 용어를 처음으로 제시하였다. 그 이후 학습장애에 대한 논의가 현재까지도 지속되고 있다.

1975년 미국 전장애아교육법이 시행되면서 특수교육 및 관련 서비스를 제공받는 특수아동의 수는 급격히 늘어났다. 그 중에서 학습장애아동의 비중도 증가하였다(윤광보 외, 2006).

학습장애 아동은 지적능력은 정상이므로 기초학습기술에서 지체를 나타내어도 시간이 지나면 개선될 것으로 기대하여 중재의 시기를 놓칠 수 있다. 학습장애로 인한 학업적 실패가 누적되면서 열등감을 포함한 여러 심리적 갈등과 혼란을 경험할 수 있다. 그래서 학습장애 아동을 대상으로 한 조기진단과 중재가 체계적으로 이루어져야 한다.

이 장에서는 학습장애의 정의와 분류 및 특성과 지도 방안을 살펴보도록 한다.

1. 학습장애의 정의

학습장애는 다양한 이질적인 집단으로 구성되어 있어서 명확한 정의의 제시가 어렵다(변찬석, 2011). 그래서 학습장애의 정의는 학습장애란 용어가 사용되면서 다양한 정의가 제시되었으며, 여전히 이에 대한 논의가 지속되고 있다.

본 절에서는 학습장애의를 가장 최초로 제시한 Kirk의 학습장애 정의와 현재까지 가장 많이 언급된 미국의 장애인 교육법(IDEA, 2004)에서의 학습장애 정의와 한국의 장애인 등에 대한 특수교육법에서의 학습장애를 지닌 특수교육대상자 정의를 살펴보도록 한다.

1) 1962년 Kirk의 정의

학습장애는 말하기, 언어, 읽기, 철자, 쓰기 혹은 수학 과정 중 하나 혹은 그 이상의 영역에서 지체, 장애 혹은 지연된 발달을 보이는 것을 말한다. 이러한 문제는 뇌의 기능장애 그리고(혹은) 감정이나 행동의 이상으로 인한 것이며, 지적장애, 감각장애 또는 문화적 · 교수적 요인으로 인한 것은 아니다.

2) 미국 장애인 교육법(IDEA)의 정의

특정 학습장애란 듣기, 사고하기, 말하기, 읽기 쓰기, 철자 혹은 산수 셈하기에서 능력상의 결함으로 나타나는 언어를 이해하고 사용하는 것과 관련된 기본적인 심리 과정들의 하나 혹은 그 이상에서의 장애를 지칭한다. 이 용어는 지각장애, 뇌손상, 미세뇌기능장애, 난독증 그리고 발달상의 실어증 등의 상태들을 포함한다. 그러나 이 용어는 시각, 청각, 운동장애, 지적장애, 정서행동장애 또는 환경적, 문화적, 사회경제적인 불리함에서 초래된 결과가 일차적으로 작용함으로 인해 학습상의 어려움을 갖는 개인들을 포함시키지 않는다.

3) 한국의 장애인 등에 대한 특수교육법의 정의

개인의 내적 요인으로 인하여 듣기, 말하기, 주의집중, 지각, 기억, 문제해결 등의 학습기능이나 읽기, 쓰기, 수학 등 학업성취 영역에서의 현저하게 어려움이 있는 사람(장애인 등에 대한 특수교육법 시행령 제 10조 특수교육대상자 선정기준, 2020).

한국에서 1977년에 특수교육진흥법이 제정되었을 때에는 학습장애가 특수교육대상자 범주에 포함되지 않았다. 하지만 1994년 특수교육진흥법 개정 시에는 학습장애가 특수교육대상자로 추가되었다. 그리고 2008년 장애인 등에 대한 특수교육법에서 학습장애를 지닌 특수교육대상자에 대해 보다 구체적으로 정의되었다.

2. 학습장애의 분류

학습장애의 분류를 제시하기 이전에 먼저 학습장애와 관련된 유사개념과 학습장애의 차이를 살펴보기로 한다. 학습장애 관련 유사개념으로 학습지진, 학습부진이 있다. 학습지진은 지적능력의 저하로 학습성취가 낮게 나타나는 경우를 의미한다. 학습지진을 나타내는 아동들은 지적장애 수준의 지적능력을 가진 것은 아니지만, 학습속도가 느리고 학습능력도 평균 수준에 미치지 못한다. 학습지진을 보이는 아동들은 경도 지적장애 아동과 비슷한 학습상 문제를 가지나 그 정도가 가볍다.

학습부진은 지적능력이나 학습잠재력과 같은 학습 가능성에서 기대되는 만큼 학업 성취도가 미치지 못하는 경우를 의미한다. 학습부진을 보이는 아동들은 평균 수준의 지적능력을 가지지만, 어떤 원인에 의해 학습능률이 향상되지 못한 채 낮은 학업성취를 보이는 것이다. 정서 문제나 사회 환경적인 원인들 때문에 학업성취도가 떨어지는 아동으로 이들은 그런 환경요인이 제거되거나 치료적 개입을 통해 교정되면 정상 학습능력과 성취도를 보일 수 있다.

학습장애 아동은 정상 또는 정상 이상의 지능을 가지고 있으며, 정서 및 사회 환경적인 문제 등의 원인이 없음에도 불구하고 학업성취도가 떨어지는 아동으로, 신경학적 기능장애로 인하여 유발되는 것으로 추정한다.

1) 학습장애 발현 시점(시기)에 따른 분류

(1) 발달적 학습장애

학령 전기 아동들 중 학습과 관련된 기본적 심리과정에서 현저한 어려움을 보이는 아동으로 주의집중장애, 지각장애, 기억장애, 사고장애, 구어장애로 분류된다.

(2) 학업적 학습장애

학령기 이후 학업과 관련된 영역에서 현저한 어려움을 보이는 아동이 학업적 학습장애에 해당된다. 읽기장애, 쓰기장애, 수학장애로 분류된다.

2) 영역에 따른 분류

(1) 언어성 학습장애

언어성 학습장애(Verbal Learning Disabilities)는 언어영역, 말하기, 듣기, 읽기, 쓰기 영역의 한 가지 이상의 문제가 있어 학습에 결함을 보이는 경우에 해당된다.

(2) 비언어성 학습장애

비언어성 학습장애(Nonverbal Learning Disabilities)는 언어능력에는 강점을 나타내지만, 비언어적 능력에서 결함을 보이는 경우를 의미한다. 운동 기능장애, 시공간 지각 및 조직화 기능장애, 사회성 기능장애, 심리운동적 협응 장애, 감각 기능장애 등이 비언어성 학습장애에 해당된다. 비언어성 학습장애는 중학교 이후부터 문제가 두드러지게 나타날 수 있다.

3) 장애인 등에 대한 특수교육법에서의 하위 유형

한국의 장애인 등에 대한 특수교육법은 학습장애를 학습기능이나 학업성취 이 두 가지 영역에서 어려움이 있는 것으로 분류하였다.

(1) 학습기능 영역

학습기능 영역은 듣기, 말하기, 주의집중, 지각, 기억 및 문제해결이 해당된다.

(2) 학업성취 영역

학업성취 영역은 읽기, 쓰기, 수학이 해당된다.

학습장애는 그 원인을 정확하게 알아내는 것은 매우 힘들다. 학습장애의 원인이 무엇인지 규명하려는 연구는 의학, 심리학, 교육학 등 다양한 분야에서 오랫동안 연구해 왔지만 아직까지도 명확하고 합의된 원인이 제시되지 않고 있다. 이 절에서는 이러한 학습장애의 명확한 원인은 제시할 수 없지만 신경학적, 유전적, 환경적 측면에서 원인을 모색하고자 한다. 이와 관련된 내용은 뒷 절에서 제시하고자 한다.

3. 학습장애의 진단 및 판별

학습장애의 진단 및 판별은 일치된 정의의 부재로 구체적인 절차와 방법에서 논란이 되고 있으며 그동안 학습장애아동을 판별하기 위해서 학습 잠재력과 학업성취 수준 간의 불일치를 주요 기준으로 하는 능력-성취 불일치 모델(ability achievement discrepancy)이 활용되었다. 최근에 불일치 모델의 문제점을 제시하며 중재반응 모델(response to intervention: RTI)이 제기되고 있다. 본 절에서는 학습장애를 판별하는데 있어서 불일치모델과 중재반응 모델을 살펴보고 학습장애를 진단하는 도구에 대해 살펴보고자 한다.

1) 능력-성취 불일치 모델

학습잠재력과 학업성취 수준 간 불일치모델은 표준화된 지능검사에서 측정되는 잠재력과 실제로 나타나는 성취도 사이에 현저한 차이가 있는 것이다(Mercer et al., 1996). 즉, 지능검사와 학업성취도 검사에서 심각한 불일치가 존재하면 학습장애로 진단되는 것이다. 불일치를 결정하는 방법으로는 학년 수준의 편차, 학년 및 연령점수에 기초한 불일치, 표준점수 비교에 기초한 불일치, 회귀분석을 통한 방법도 있다(Lerner, 2006). 불일치를 계산하는 다양한 방법들이 있는데 지금까지 가장 많이 소개된 방법들은 학년 수준 불일치모델, 기대 불일치모델, 표준점수 비교 모델, 회귀 불일치모델의 4가지다(홍성두, 2006). 학년 수준 불일치모델은 학생들의 현재 학년과 성취점수 간의 차이에 의해 학습장애를 판별하는 방법이다. 지능검사와 학업성취도에서 2년 이상의 차이가 나타날 때, 학습장애로 판별할 수 있다. 불일치 모델은 계산이 용이하여 학습장애를 진단하는 데 쉽게 사용할 수 있는 장점이 있다. 하지만 다음의 문제점도 있다.

불일치 모델의 문제점으로 김동일과 이일화(2003)는 표준화된 지능검사에서 특정된 지능지수로서 해당 아동의 잠재적 지적 능력을 추정하고 적절한 학업성취 수준을 추론하는 벙법에 문제가 있음을 제시하였다. 김용욱 등(2002)은 지능지수가 아동의 잠재력을 측정하는 데의 한계와 불일치 공식은 어린 아동들의 학습장애를 판별하지 못함을 지적했다. 그리고 김애화(2012) 등은 지능과는 상관 없이 단지 아동의 생활 연령에 근거하여 기대되는 학년 수준을 산출하므로 경계선급 지능을 가진 아동이 학습장애로 과잉판별될 가능성이 높다고 하였으며, 학년 수준의 개념이 모호할 뿐 아니라 학년 간 차이를 나타내는 척도 사용의 모호함도 있음을 제시하였다. 즉 초등학교 3학년 학생이 나타내는 2년 차이와 고등학교 2년 학생이 나타내는 2년 차이의 정도가 다른 것이다.

이러한 불일치 모델의 문제점을 고려하여 학습장애 판별을 위한 대안적 방법이 모색하도록 해야 한다.

2) 중재반응모델

학습장애를 진단하는데 가장 기준이 되었던 불일치모델이 학습장애를 진단하는 데 유일한 기준이 되어서는 안 된다는 주장과 함께 여러 가지 대안적인 방법들이 연구되었다 그 중 하나로 중재반응모델(response to intervention: RTI)을 제시할 수 있다. 중재반응 모델은 효과적인 수업에 아동이 얼마나 반응하는가 하는 정도로 학습장애 여부를 판단하는 접근법이다. 학생들은 과학적이고 타당한 방법으로 수업을 받으며 진전도를 점검받는다. 진전이 없는 학생들을 더 집중적인 수업을 받은 후에 진전도를 다시 점검받게 된다. 집중적인 중재에도 반응하지 않으면 학습장애로 판별한다.

미국의 장애인교육법(2004)에서는 불일치모델의 적용을 지양하고 중재반응모델을 사용하도록 권장하고 있다. 불일치모델은 표준화 검사도구를 활용하여 학습장애 학생의 내적 결함을 확인한 후 교육적 측면을 고려한 모델인 반면, 중재반응모델(RTI)은 학습에서의 어려움을 보이는 학생을 조기에 선별하여 중재를 제공하고 이러한 중재에 대한 반응 정도가 낮은 학생을 나중에 학습장애로 판별하게 된다. 즉 RTI는 효과적인 교수를 통해 학습 곤란을 겪는 아동을 조기에 발견하고 진단하기 위한 개별적이고 포괄적인 평가과정이라 할 수 있다. 중재반응 모델의 장점은 불일치 모델과 달리 진단 보다는 교육을 강조해서 최대한 빠르게 학습장애가 있거나 학습장애 위험군 학생을 선별하여 적절한 교육을 함으로써 학생의 학업성취도를 최대화할 수 있다. 불일치 모델에서는 학습장애로 판별되기 전에 일반교육 외에 다른 지원을 받기가 어렵지만, 중재반응모델에서는 학습장애 판별이 되지 않더라도 학습에 문제를 가진 것으로 발견되면 교육적 지원을 받을 수 있다. 또한 중재반응모델은 학습장애가 의심되는 학생에게 먼저 중재를 실시한 후, 중재에 대한 학생에 반응에 따라 학습장애로 판별하기 때문에 가정환경의 문제나 교육경험의 결핍처럼 외적인 요인으로 인한 학습부진을 구별하고 학습장애를 판별할 수 있다.

하지만 중재반응모델 역시 문제점이 있다. 다음과 같이 제시한다(김애화, 김의정, 김자경, 최승숙, 2012).

첫째, 학습장애의 가능성이 높은 위험군을 선별하기 위한 선별검사, 2단계와 3단계 중재에서 학생의 학업성취에 대한 진전도를 평가하기 위한 진전도 검사 등이 요구된다. 이러한 검사와 평가 문항의 개발에 대한 전문성이 있어야 한다.

둘째, 단계별 중재를 위한 일반교육과 특수교육 간의 협력 및 행정과 재정 지원이 요구된다(예: 2단계와 3단계 중재를 제공하는 교사 비용 및 지원, 일반교사와 특수교사 간 협의회를 위한 시간 및 공간 지원 등).

셋째, 중재반응모델은 학습장애 위험군 학생에 대한 예방 모델로 기능을 하지만, 실제로 학습장애 학생을 진단하기 위한 형식적인 절차를 명확하게 제시하지 못하고 있다. 즉 중재에 반응하지 않는 것에 대한 기준을 무엇으로 할 것이며, 학습장애 위험군 학생의 어떤 결과를 토대로 학습장애로 판별할 것인지에 대해 명확하게 제시하지 못하고 있다.

넷째, 중재반응모델은 과학적으로 검증된 프로그램을 적용해야 한다. 그런데 현재 읽기를 제외한 쓰기와 수학 영역에서는 검증된 프로그램에 대한 연구가 부족한 실정이다.

[그림 8-1]에 중재반응모델의 3단계가 제시되었다.

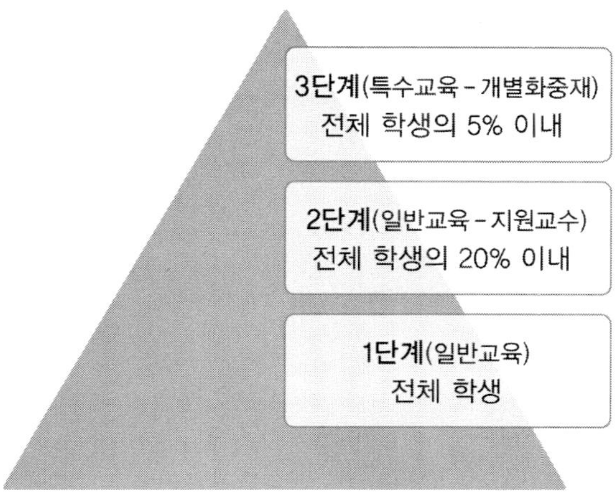

[그림 8-1] 중재반응모델 3단계

3) 국내의 학습장애 선정 조건 및 절차

2010년 교육과학기술부가 제시한 학습장애 선정을 위한 조건들을 다음과 같이 제시할 수 있다(김문섭, 김진숙, 박선희, 2016).

첫째, 학습장애 선별검사 결과 학습장애가 의심되는 아동을 집중적이고 효과적인 체계적 서비스 제공한다. 그렇게 서비스를 제공한 후에도 학업성취도 평가 결과가 동학년의 하위 15~20%에 해당하는 아동이어야 한다. 학업성취도 평가는 학교단위 학력평가나 교육과정 중심평가를 실시할 수 있다.

둘째, 최소 두 가지 이상이 지능검사로 측정한 지능이 평균 75 이상에 해당하여야 한다.

셋째, 기초학습기능검사를 비롯한 학습 관련 검사로부터 최소 -2 표준편차 또는 2학년 이하의 학력 수준을 나타내어야 한다.

넷째, 개인 내적 원인이 아닌 외적 요인에 의해 학업에 집중하지 못할 분명한 이유가 있다면 학습장애 선정에서 제외해야 한다.

이러한 조건을 반영하여 학습장애 선정 절차를 다음의 〈표 8-1〉에 제시하였다.

〈표 8-1〉 학습장애 아동 선정 절차

단계	관련 기관	내용
1단계 선별 및 선정의뢰	학교	• 학교에서 특수교육지원센터에 제출해야 하는 자료는 다음과 같다. ① 학습장애 선별검사결과 ② 중재반응 평가 결과(3회 이상) ③ 중재반응 참여 증빙 자료 ④ 선택사항: 의료기관에서의 난독증 진단 자료 등
2단계 검사실시 및 학습장애 판절	특수교육지원 센터	① 지능검사 실시(2종 이상) ② 학력진단검사의 실시(기초학력기능검사, KISE 기초학력검사 등 표준화 검사 실시) ③ 배제요인 검토

단계	관련 기관	내용
3단계	특수교육운영 위원회	검사 결과 및 제출자료를 검토하여 특수교육운영위원회에서 학습장애 특수교육대상학생으로 최종 선정

출처: 김문섭, 김진숙, 박선희(2016). 특수교육학개론. p.238.

4. 학습장애 아동의 특성

학습장애 아동의 특성은 다양하게 제시할 수 있다.

1) 지각 · 운동 협응 특성

학습장애 아동은 안구협응, 공간관계, 시지각에 어려움을 보이는 경우가 많다. 시지각의 문제로 인해 전경과 배경에 대한 지각 차이를 구별하는 능력 그리고 유사성을 인지하는 능력에 어려움이 있다. 그리고 학습장애 아동은 발음과 낱말을 통합하거나, 낱말을 분석하며, 발음과 상징을 연합하는 것에도 어려움을 나타낸다.

읽기가 이루어지려면 글자라는 시각적 정보를 지각할 뿐 아니라 기억 속에 저장하여 글자를 소리내어 읽도록 재생시킬 수 있어야 한다. 그런데 학습장애 아동들은 이러한 읽기를 수행하기 위해 필요한 지각 및 운동능력에 어려움으로 인해 상징의 변별이 곤란하여 글자를 쓰고 그림을 그릴 때에 문자와 모양을 거꾸로 보게 된다. 자음과 모음의 식별이 곤란하며, 본문을 읽을 때에는 왼쪽에서 오른쪽으로 글자를 읽는 것에도 어려움을 나타낸다. 눈과 손의 협응에 여려움으로 선을 따라 그리는 것에도 어려움이 있다.

2) 학업적 특성

학습장애 아동들의 학업적 어려움은 가장 기본적인 학습능력인 읽기, 쓰기, 계산하기(수학)에서 두드러진다. 먼저 읽기에서는 생략, 첨가, 대치 등의 단어 재인의 오류가 나타난다. 그리고 단어나 문장을 읽는 속도가 일반 아동에 비해 현저히 떨어질 뿐 아니라, 정확성 역시 많이 부족하다. 독해력도 부족하여 자신이 읽은 내용을 제대로 이해하지 못하는 경우도 많다.

쓰기에서는 글자를 쓸 때에 글자의 크기 및 간격, 글자 간 조화의 불균형이 나타난다. 또한 불필요한 글자를 삽입하거나, 필요한 글자를 생략 혹은 다른 말로 대체하거나 소리나는 대로 써서 문법에 맞지 않는 문제를 보이기도 한다. 작문에서는 문장의 길이가 짧고 잘 정리되어 있지 못하는 특성을 보인다. 문장의 구조가 단순하고 기계적 실수도 나타난다.

수학에서는 취학 전 기본적인 수학개념의 습득이 불충분함에 따라 초등학교 입학 후에는 사칙연산을 학습하는데 어려움이 따른다. 특히 단순연산에서부터 수개념이나 연산의 원리를 이해하지 못하는 경우도 있다. 공간지각 능력도 어려움을 보이며, 읽기이해능력의 부족이 문장제 연산을 수행하는데 어려움도 함께 나타난다. 즉 문장제 문항이나 지시문을 읽고 이해하는데 어려움이 있는 것이다(김동일 외, 2010).

그 외에도 학습장애 아동들은 주의집중 능력이 많이 낮으며, 정보처리 과정에서 기억력의 결함이 나타난다. 낮은 기억력으로 암기 과제에도 어려움이 나타나게 된다. 상위인지의 부족으로 학습전략 사용의 문제도 나타날 수 있다. 그리고 읽고 들었던 내용을 되풀이 하거나 복잡한 지시 따르기나 순서대로 수행하는데에도 어려움을 보인다. 학년이 올라가면서 대부분의 과목에서 낮은 성취도가 나타날 가능성이 높다.

3) 인지적 특성

학습장애 아동들은 인지적 정보처리과정에서 기억, 지각, 주의집중 등 전반적인 어려움이 나타난다. 이는 학습장애 아동이 가진 중추신경계의 처리 기능 문제가 인지 과정 전반적인 문제를 일으킬 수 있음을 알 수 있다. 특히 주의집중 문제로 단기기억에서 어려움이 많이 나타나고 이로 인해 장기기억까지 정보를 보내지 못하는 경우가 많다.

4) 사회정서적 특성

학습장애 아동들의 75~80%가 사회정서적 어려움을 보인다. 주로 부정적 자아개념 및 낮은 자아개념, 불안, 사회적 위축, 사회적 거부 등의 부정적 정서를 나타내너가 쉽게 흥분하는 경우가 많다. 이는 다수의 학습장애 아동들이 가지는 학습상의 문제로 인한 학교생활의 어려움 및 학업적 실패가 누적되면서 나타날 수 있다. 계속되는 학업에서의 잦은 실패가 좌절과 학습된 무기력으로 이어진다.

그리고 주어진 과제에 대한 회피, 자기 관리 능력의 부족이나 수행력의 지체 현상이 나타날 수도 있다. 사회성 기술의 부족으로 인한 관계 형성과 유지에 어려움을 보이는 아동도 있다. 물론 모든 학습장애 아동들이 사회정서적 결함이 있는 것은 아니다. 하지만, 다수의 아동들이 사회정서적 문제를 경험하며, 어떤 아동들은 또래로부터 심각한 거부를 당하기도 한다.

5) 주의집중 특성

학습장애 아동들 중에서 ADHD를 중복으로 동반하는 경우가 많다. 그리고 ADHD를 동반하지 않더라도 다수의 학습장애 아동들이 주의력 부족의 문제를 나타낸다. 단순한 부주의 증상만이 아니라 과제에 집중 자체를 힘들어하고 지나치게 많이 움직이고 과다활동을 나타낸다. 지시따르기에 문제를 보이거나 일정 기간 한 가지 과제에 집중하지 못해서 정해진 시간 내에 과제완수를 잘 하지 못하기도 한다. 그리고 쉽게 산만해지는 모습도 보인다.

5. 학습장애의 원인 및 교육적 지원

1) 학습장애의 원인

학습장애는 그 원인을 정확하게 알아내는 것은 매우 힘들다. 학습장애의 원인이 무엇인지 규명하려는 연구는 의학, 심리학, 교육학 등 다양한 분야에서 오랫동안 연구해 왔지만 아직까지도 명확하고 합의된 원인이 제시되지 않고 있다. 이 절에서는 이러한 학습장애의 명확한 원인은 제시할 수 없지만 신경학적, 유전적, 환경적 측면에서 원인을 모색하고자 한다.

(1) 신경학적 요인

많은 의학 전문가들은 학습장애아동이 충추신경계의 기능 이상을 지니고 있는 것으로 간주하고 있으며, 뇌의 활동을 좀 더 정확하게 진단할 수 있는 컴퓨터 단층촬영(CAT), 자기공명촬영(MRI), 기능성 자기공명촬영(fMRI), 양전기 방출 단층촬영(PET-scan)등의 의학기기들의 발달은 학습장애가 신경학적 요인이 있음을 뒷받침하고 있다.

여러 연구를 통해서 제시된 신경학적 요인에 두뇌의 구조 차이와 두뇌 기능의 이상이 있다. 먼저 두뇌 구조 차이는 읽기장애를 가진 사람과 일반인의 차이가 있음을 제시하였는데, 일반인은 좌반구 측두 평면의 크기가 우반구보다 큰 것으로 나타났다. 하지만 읽기장애가 있는 사람은 좌반구와 우반구의 측두 평면의 크기가 같은 것으로 나타났다. 그리고 읽기장애가 있는 사람은 소뇌에 비정상적이고 불규칙적인 신경 세포가 많이 있음이 제시되었다.

두뇌 기능의 차이와 관련하여 다음의 세 가지가 있다(김애화, 김의정, 김자경, 최승숙, 2012).

첫째, 읽기 과제 수행 시, 읽기장애가 있는 사람은 측두-두정엽이 제대로 활성화되지 않은 것으로 나타났다. 측두-두정엽은 낱자-소리의 대응관계를 포함한 음운처리에 중요한 기능을 한다. 그런데 측두-두정엽이 활성화되지 않은 것은 낱자-소리의 대응관계가 제대로 이루어지지 못함을 알 수 있다.

둘째, 읽기 과제 수행 시, 읽기장애가 있는 사람은 후두-측두엽이 제대로 활성화되지 않은 것으로 나타났다. 후두-두정엽은 음운정보와 문자의 시각정보를 통합하고 글자의 빠른 처리를 담당한다. 그러므로 후두-두정엽의 활성화 부족은 읽기에서 유창성 문제로 이어질 수 있음을 알 수 있다.

셋째, 읽기 과제 수행 시, 읽기장애가 있는 사람은 우반구의 측두-두정엽이 과도한 활성화를 보인 것으로 나타났다. 이는 읽기 과제를 수행하면서 활성화되어야 할 부분이 활동화되지 못한 것에 대한 보상으로 나타나는 것으로 추정할 수 있다.

이러한 신경학적 요인이 학습장애의 주된 원인이라는 것에 동의하는 편이지만, 모든 학습장애 아동들에게 위에서 제시한 두뇌 구조나 두뇌 기능의 차이를 일반화할 수는 없다.

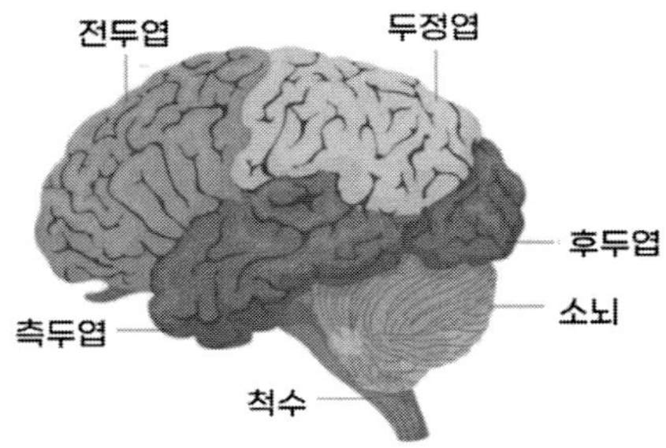

[그림 8-2] 두뇌 구조

출처: https://blog.naver.com/1like1like/223589240161

(2) 유전적 요인

연구에 의하면, 읽기장애를 가진 부모들의 자녀에게서 읽기장애를 보일 가능성이 30~50%에 해당하는 것으로 나타났다. Hallgren(1950)은 스웨덴에서 가계연구에서 난독증으로 진단을 받은 사람의 친척 중에 읽기, 쓰기, 철자장애의 상태가 유전된다고 할 수 있을 정도로 많았으며, Herman(1959)은 일란성 쌍생아와 이란성 쌍생아를 비교 연구하였는데, 일란성 쌍생아 중 한쪽이 난독증을 가지고 있었으나 이란성 쌍생아 중에서는 1/3만이 양쪽 모두 난독증을 가지고 있는 것으로 밝혔다(도명애 외, 2021에서 재인용).

하지만 학습장애를 유발하는 정확한 유전인자와 같은 유전적 요인을 완전히 밝혀내지는 못하고 있다.

(3) 의학적 요인

학습장애를 발생시키는에 영향을 끼칠 수 있는 의학적 요인에는 조산, 당뇨, 뇌막염, 심장박동 정지, 소아 AIDS가 중요한 요인으로 제시되었다.

(4) 환경적 요인

환경적 요인은 학습장애 배제요인에 해당한다. 즉 환경적 요인 자체가 학습장애를 일으키는 것은 아니다. 하지만 환경적인 요인들이 신경학적 문제를 더 악화시킬 수 있는 역할을 충분히 할 수 있다. 그러므로 환경적 요인은 학습장애 발생에 직접적인 영향을 주는 것은 아니지만, 학습장애 위험인자를 가진 아동의 학습장애 발생 및 학습장애를 악화시키고 다른 중복장애를 발생시킬 수 있다.

그러므로 학습장애를 가지고 특별한 교육적 요구가 있는 아동들은 그 아동이 처한 환경적 요인에 대해 간과할 수 없다. 학습장애 아동은 이들을 둘러싼 환경이 그들이 가지고 있는 학업적 수행을 더 악화시킬 수도 있고, 극복하도록 도와줄 수도 있다. 학습장애 아동의 환경적 요인으로는 부모의 낮은 사회적 경제적 지위로 발생할 수도 있고, 빈곤한 환경, 영양결핍, 열악한 교육환경, 심리적 자극의 결핍 등이 지적되고 있으며, 이러한 환경에서 학습장애로 인한 학습상의 문제를 포함한 다양한 문제들이 더욱 심해질 확률이 크다. 또한, 학습장애 아동의 환경적 원인으로 교사의 질적인 문제로 교사의 부적절한 교수가 학습장애를 일으킬 위험에 처할 수 있다고 한다.

2) 학습장애 아동에 대한 교육적 지원

학습장애 아동에 대한 교육적 지원을 실천하기 위해서 숙지해야 할 원칙은 다음과 같다.

첫째, 학습장애 아동의 학습동기를 높여야 한다. 학습장애 아동의 다수가 학업적 실패의 경험이 많으므로 학습동기 유발은 무척 중요하다. 학습동기 유발이 강화를 위해서 학급 분위기를 밝고 긍정적인 분위기로 조성하도록 한다.

둘째, 학습장애 아동을 지도할 때, 구체적인 설명과 시범으로 명확한 직접적인 지도 방식을 사용한다.

셋째, 학습할 내용을 가능한 아동의 선행지식이나 경험 및 실제 생활과 접목시켜 학생으로 하여금 관련성을 맺고 의미를 부여하도록 해야 한다.

넷째, 과제의 난이도를 조절해야 한다. 아동이 학습하기에 지나치게 어려워도 안 되지만 반대로 너무 쉬운 과제는 아동으로 하여금 도전의지를 잃게 할 수 있다.

다섯째, 아동에게 기본적인 학습기술을 지도한다. 예를 들어 읽기, 쓰기 같은 기술은 다른 교과를 학습하는 데에 기본적인 도구가 된다.

여섯째, 소집단으로 상호작용할 수 있는 집단을 구성한다. 소집단에서 학습장애 아동이 다른 아동들과 상호작용하면서 수업에 적극적으로 참여할 수 있도록 해야 한다.

일곱째, 학습장애 아동에게 복잡한 상황이나 문제상황에 요구되는 실질적인 문제해결기술을 지도한다.

(1) 읽기

읽기장애를 가진 아동을 위해 단어인식능력 향상시키기, 유창성 형성하기, 읽기 이해 증진시키기, 특별한 재활적 접근 사용하기, 특별한 읽기 문제 다루기, 읽기지도를 위한 컴퓨터 활용하기 등을 지도할 수 있다.

읽기에서 가장 중요한 하위기술은 단어 재인과 이해력이다. 읽기기술을 가르치는 방법은 부호중심접근법과 의미중심접근법으로 구분 할 수 있다. 부호중심접근법은 부호를 해석하는 방법을 먼저 가르치고 난 다음 이해력을 가르치며, 부호를 해석하는 방법을 가르칠 때는 낱글자와 소리 간의 관계를 강조하면서 가르친다. 아래의 〈표 8-2〉는 읽기기술을 향상시키기 위한 실제적 방법에 해당한다.

〈표 8-2〉 **읽기기술을 향상시키기 위한 구체적인 방법**

방법	내용
단서 사용	• 해독하기 어려운 단어 해독을 돕기 위해서 단서를 사용한다.(예: 아동이 읽기 어려워하는 글자/낱자를 붉은색으로 표시하거나 점을 찍어 표시한다.
줄 따라가기	• 읽기 도중 줄을 놓치는 아동을 위해서 손가락으로 따라 갈 수 있는 선을 문장 밑에 긋는다
내용 미리 알려주기	• 읽기의 목적과 읽은 후에 무엇을 할 것인지를 미리 알도록 한다.(예: 주요 등장인물과 사건 순서를 알기 위하여 이야기책을 읽거나 중요한 내용을 학습하기 위하여 교과서의 한 장을 읽을 때 내용을 미리 점검하는 것은 읽기 이해력을 증진시키는 효과적인 전략일 수 있다. 읽을 내용을 미리 안내해 주는 일련의 질문들과 답을 찾을 수 있는 쪽수를 미리 제공해주는 것도 좋은 방법)
또래교수	• 일견 단어 연습을 위하여 또래 교수자나 자원 봉사자를 활용한다.
교재의 난이도 및 흥미도 조절	• 내용은 흥미롭지만 어휘는 쉬운 읽기 교재를 사용하면 특히 소리 내지 않고 읽는 연습할 할 때 도움이 된다.
녹음교재 사용	• 녹음교재를 이용하여 단어의 정확한 발음과 문장의 흐름을 들으면서 읽게 한다.
컴퓨터 활용	• 기초읽기 기술의 교수를 위하여 컴퓨터를 사용한다.(예: 컴퓨터 프로그램을 통하여 일견단어를 읽고 들으면서 학습)

방법	내용
반복읽기	• 유창하게 읽게 하기 위하여 문단을 여러 번 반복해서 읽게 한다. • 반복읽기는 읽는 속도와 정확도를 증진 시키기 때문에 좀더 어려움 문단으로 넘어가는데 도움을 준다.
읽기 이해력 연습을 위한 교재	• 읽기 이해력을 연습할 수 있도록 구성된 교재를 사용한다. 본문에서 단서를 찾아 활용하기, 질문에 대한 답 찾기, 지시 따르기, 주제 찾기, 결론 찾기 등을 할 수 있도록 교재에 다양한 활동 포함시켜 읽기 이해력을 연습 시킨다.
이해력 증진을 위한 전략	• 읽기 이해력 증진을 위해서 특정 전략을 사용한다. 예를 들어, 각 문단을 읽을 때마다 "가장 중한 사람 이름대기"와 중요한 사건 이야기하기를 하도록 한다.
대화를 사용한 상호교육적 교수	• 교사와 아동이 대화를 통하여 상호 교류적으로 교수한다. 내용을 읽고 난 후에 교사는 문단의 내용 요약, 주제 질문하기, 이해하기 어려운 부분 찾기, 다음에 일어날 사건 예측하기의 네 가지 단계로 나누어 대화를 통하여 아동의 이해력을 증진시킨다.
SQ3R방법	• 내용중심교과의 설명문으로 구성된 교재를 읽을 때 도움이 되는 방법으로 SQ3R(조사(survey), 질문(question), 읽기(read), 암송(recite), 검토(review))방법을 사용한다.

출처: 도명애 외(2021). 특수교육학. p.130.

(2) 쓰기

쓰기의 구성요소는 글씨쓰기, 철자쓰기, 작문으로 분류한다. 쓰기의 선행기술에는 근육운동 조정이 가능해야 하며, 눈과 손의 협응력도 있어야 한다. 따라서 근육운동을 조정하기 위해서 세분화분 가위질, 색칠하기 칠판이나 큰 종이에 글씨쓰기 등의 훈련이 선행되어야 한다. 김승국(1998)은 필기 문제의 중재법으로 직접교수와 개별화교수를 제시하였다. 아동 개개인의 요구에 부응하는 다양한 방법으로 일주일에 몇 시간씩 자주 지도하고 교사나 학부모가 글씨쓰기의 모델이 되어주고 글씨쓰기 기술들은 따로 과잉학습하며, 쓰기 맥락 속에서 적용하며 정기적으로 점검하도록 한다.

① 필기 지도

필기를 위해서 먼저 소근육 기능의 강화가 요구된다. 그래서 점토판 혹은 모래판에 손가락으로 글씨를 쓰거나 그림을 그리는 활동을 할 수 있다. 또한 추적하기, 줄 사이에 긋기, 점 잇기, 칸과 줄이 그어진 종이 이용하기 등이 필기 지도에 효과적인 전략이 될 수 있다.

② 철자 지도

쓰기에서는 철자법에 따른 정확하게 쓰는 것이 중요하다. 해당 단어를 철자법에 맞게 쓰기 위해 해당 단어를 쓰는 순서를 기억하여 인출한다. 그런데 단어를 쓸 때 문자마다 쓰는 순서를 기억하기 어려운 아동은 근육 감각 방법에 의해 단어를 시각적인 영상으로 강화시키도록 하는 것이 효과적인 전략으로 확인되었다. 대표적으로 Fernald 전략은 촉각과 근육 감각요법에 의해 단어를 시각적인 영상으로 강화시키는 다감각적 전략이다. 그리고 자기질문전략이나 자기점검전략 같은 인지적 학습전략을 사용할 수 있다.

③ 작문 지도

작문은 글쓰기에서 가장 높은 단계이다. 따라서 작문을 하기 위해서 많은 시간과 노력이 요구된다. 학습장애 아동의 작문 능력을 향상하기 위해서는 지속적으로 쓰기를 위한 기회를 제공하거나, 아동 자신이 직접 쓰기 주제를 선택하도록 하고, 쓰기 과정이나 전략에 대한 모델링, 독자의 생각과 감각을 개발, 쓰는 기회를 자주 부여하도록 한다.

그 외 쓰기를 위한 일반적인 지도 방법은 〈표 8-3〉과 같다.

〈표 8-3〉 일반적인 쓰기 지도 방법

방법	내용
교사나 부모의 시범과 연습	• 교사나 부모의 모델링 • 아동이 베껴 쓴 문자의 이름 교수 → 아동의 독립적인연습 번호가 매겨진 화살표 단서를 보고 글자 따라 쓰기 → 단서 없이 글자 따라 쓰기, 단어쓰기, 쓰기 유창성을 향상시키기 위하여 문장 빨리 베껴 쓰기
강화	• 아동이 목표로 정한 문자, 숫자, 또는 단어를 정확하게 쓸때 강화한다. 틀리게 쓴 경우 아동이 고치도록 한다.
자기 교수 훈련	• 자기 교수와 자기 기록과 같은 인지행동수정 기술사용

출처: 도명애 외(2021). 특수교육학. p.131.

(3) 수학

수학은 연계성이 강한 학문이기 때문에 수학적 기본 개념을 익히지 못하면 다음 과제로 넘어가기 어렵다. 따라서 학습장애 아동은 기본적인 수학 개념이나 수 세기, 연산과 같은 기초학습기술능력을 충분히 익힐 수 있도록 지도해야 한다.

수학 학습을 위한 사전 교육활동으로 이전에 획득한 수 학습을 확인한다. 짝 짓기, 대상의 집합 인식, 수 헤아리기, 주어진 수 다음에 오는 수 말하기, 0~10까지 숫자 쓰기, 측정하고 대응하기, 전체와 부분의 관계, 십진법 등이 기본적인 수 학습 이전에 습득해야 할 주요 내용이다.

기본적인 수학 개념을 이해하기 위해서는 일반적으로 구체물(Concrete)- 반구체물(Semiconcrete)- 추상물(Avstract) 등의 CSA순서에 따라 보조교재나 교구 또는 구체물을 사용하는 것이 효과적이다. 산만한 학습장애아동은 구체물 보다 반구체물이 효과적인 경우도 있다. 구체물은 장남감이나 구슬 같이 직접 손으로 조작할 수 있는 실물이며, 반 구체물은 그림이며, 추상물은 숫자나 기호 등이다.

학습장애 아동의 수학 지도를 위해서 연습과 검토를 위한 기회를 제공하며, 수업시간에 배운 내용을 다양한 상황에서 일반화시킬 수 있도록 해야 한다. 그리고 수학 관련 용어도 익힐 수 있도록 지도해야 한다. 그 외에 〈표 8-4〉에 수학 기술 향상을 위한 구체적 방법들이 제시되었다.

〈표 8-4〉 수학 기술을 향상시키기 위한 구체적인 방법들

방법	내용
시각적 촉진	• 계산 문제를 푸는데 도움이 되는 시각적 촉진을 제공한다.
네모 칸 또는 보조선 이용	• 계산 문제를 풀 때 자릿수를 잘 맞추지 못하는 아동을 위하여 네모 칸이나 보조선을 이용하여 쉽게 자리를 잡을 수 있게 해 준다.
문제의 수 조절	• 한 면에 동시에 제시되는 여러 개의 문제로 혼돈스러워하는 아동을 위하여 한 면에 2-3개의 문제만 제시한다.
자동 암산	• 아동이 더 이상 셈하기 전략에 의존하지 않게 될 때 자동적인 암산을 할 수 있게 된다. 이를 위하여 한번에 두세 개를 넘지 않는 연산을 제시하고 , 질문하면 즉시 말하도록 연습시킨다.
자가-채점교재	• 연습문제를 푼 후에 스스로 답을 교정할 수 있는 자가-채점이 가능한 교재를 활용한다.
구체물 조작	• 아동에 따라서 기본적인 수 개념 및 관계를 학습하기 위하여 구체적인 조작물을 사용하는 것이 도움이 된다.(예: 콘, 플록, 나무젓가락, Q라대, 바둑알, 껌, 사탕 등)
언어적 촉진	• 직접 말로 계산을 도와주는 방법으로 언어적으로 촉진한다. (예: "곱셈이지?" "먼저 오른쪽 수끼리 곱해야지" "자리 수 잘 맞춰야 하는 것 잊지 말자~!"등
실제 상황 활용	• 문제해결 계산 문제에서 실제 상황을 활용하여 아동의 이해를 돕는다. (예: 아동의 이름, 나이, 시험점수, 친구이름 등)
단서적 단어 인식	• 문장제 문제에서 자주 사용되는 주요 단어들은 단서로 이용하게 한다.

출처: 도명애 외(2021). 특수교육학. p.132.

학습문제

1. 학습장애의 정의를 제시할 수 있다.
2. 학습장애의 원인을 설명할 수 있다.
3. 학습장애 아동의 특성을 설명할 수 있다.
4. 학습장애 판별 방법을 설명할 수 있다.
5. 학습장애 아동의 지도전략을 영역별로 제시할 수 있다.

참고문헌

김동일, 이일화(2003). 일반교사와 특수교사가 인식하는 학습장애 요인: 명시적 지식과 묵시적 지식을 중심으로. **열린교육연구**, 11(1), 63-79.

김동일, 손승헌, 전병운, 한경근(2010). **특수교육학개론**. 서울: 학지사.

김문섭, 김진숙, 박선희(2016). **특수교육학개론**. 경기: 양성원.

김승국(1998). **장애학생의 통합교육**. 서울: 교육과학사.

김용욱, 윤광보, 권혁철(2002). 장애학생의 학습을 위한 보편적 설계의 실행 방안. **특수교육학연구**, 37(3), 263-282.

김애화, 김의정, 김자경, 최승숙(2012). **학습장애 이론과 실제**. 서울: 학지사.

도명애, 김성화, 박순길, 박채진, 서석진, 서영란, 이수진, 임은주, 정훈영, 조재규, 최성욱(2021). **특수교육학**. 경기: 양서원.

변찬석(2011). 협력교수에 대한 초등학교 일반교사와 특수교사의 인식. **시각장애연구**, 27(1), 211-229.

윤광보, 우정한, 김성애, 정희섭(2006). 통합교육 효율화를 위한 웹기반 교사교육 프로그램 및 콘텐츠 개발을 위한 기초연구. **특수교육저널: 이론과 실천**, 7(2), 127-153.

홍성두(2006). 학습장애 진단을 위한 불일치 모형의 효율성 비교. 서울대학교 박사학위논문.

Lerner, J. (2006). *Learning disabilities and related disorders: Characteristics and teaching strategies*(10th ed.). Boston: Houghton Miffilin Co.

Mercer, C., Jordan, L., Allsopp, D., & Mercer, A. (1996). Learning Disabilities definitions and criteria used by the state education deperatments. *Learning Disability Quarterly*, 19(2), 217-232.

09

Chapter

지체장애와 건강장애

1. 지체장애

1) 정의 및 분류

(1) 정의

지체장애는 지체부자유라고도 불리며, 신체의 골격, 근육, 신경계통의 무능력한 상태나 기능적 손상을 지닌 상태를 의미한다. 즉, 원인에는 상관 없이 지체의 기능에 부자유로 인하여 그대로 두면 장차 자활이 곤란한 경우를 말한다(안병즙, 1978). 지체는 체간과 사지를 합쳐서 지체라고 부른다. 체간은 척추를 중축으로 한 상반신이며 두부(頭部)와 몸통을 의미한다. 특히 척추는 경추, 흉추, 요추의 세 부분으로 이루어져 두부를 지지하면서 운동기능을 발휘하게 된다. 따라서 이러한 체간의 부자유로 인해서 정적인 지지능력, 동적인 운동기능, 형태이상에 의한 운동기능에 어려움을 가지게 된다(전헌선 외, 2006). 사지는 상지와 하지를 말하며, 상지는 일상생활과 관련된 작업활동에 관련되고, 하지는 서기, 걷기 등과 같은 대근육 및 이동기능과 관련되어 있다.

장애인 등에 대한 특수교육법(2007)에서는 '기능 · 형태상 장애를 가지고 있거나 몸통의 지지 또는 팔다리의 움직임 등에 어려움을 겪는 신체적 조건이나 상태로 인해 교육적 성취에 어려움이 있는 사람'으로 정의한다.

미국 재활법 504조에서 '지체부자유는 한 가지 혹은 그 이상의 일상생활을 실질적으로 제한하는 신체적인 장애를 가지고 있는 경우'로 정의한다.

미국 장애인교육법(IDEA)은 '정형외과적 손상은 아동의 교육적 수행을 불리하게 영향을 미치는 심각한 정형외과적 손상으로 신체적 변형(신체 일부 결손 등), 질환에 의한 손상(소아마비 등), 다른 원인에 의한 손상(뇌성마비, 절단, 화상에 의한 구축 등)을 포함함'으로 정의한다.

(2) 분류

지체장애는 다양한 관점에 따라 분류하는데, 본 장에서는 손상 부우에 따라 어떤 장애가 있는지 분류하기로 한다. 〈표 9-1〉에 지체장애 분류를 제시하고 있다.

〈표 9-1〉 지체장애 분류

손상 부위	장애 유형
신경계 이상	뇌성마비, 간질
근골격계 이상	진행성 근위축증(근이영양증), 왜소증
선천적 기형	이분척추, 골반탈구
사고 및 질병	외상성 뇌손상, 사고 후 골절

(3) 뇌성마비

① 뇌성마비 원인

뇌성마비는 중추신경계 손상이 주된 원인이다. 출생 전이나 출생 시 혹은 출생 후 2세 이전 뇌손상으로 인한 신체마비, 자세 및 운동기능 장애를 가지게 되는 것이 뇌성마비이다. 근육마비, 협응성장애, 근육약화, 기타운동장애, 비진행성장애로 특징지워질 수 있다. 그리고 수반장애로 지적장애, 시각장애, 청각장애, 언어장애, 경련장애 등이 있다.

뇌성마비를 일으키는 원인에는 태내 감염, 일산화탄소 중독, 난산, 미숙출산, 뇌염, 외상, 출산 전이나 출산 시 혹은 출산 직후 뇌의 산소 결핍, 교통사고나 낙상 및 아동학대에 의한 뇌손상, 임신 중 영양공급 문제로 인한 태아늬 뇌에 부정적 영향 등이 있다. 출생을 기점으로 한 뇌성마비의 원인을 〈표 9-2〉에 제시하였다.

〈표 9-2〉 뇌성마비 원인

<table>
<tr><th>시기</th><th>원인</th><th>위험요인</th></tr>
<tr><td>출생 전</td><td>• 감염, 뇌기형, 뇌손상으로 인한 유전적인 증상, 산소부족 등</td><td rowspan="3">여러 요인의 작용
• 독성 요소
• 저체중아
• 다산
• 모체출혈 및 감염
• 지적장애인 어머니</td></tr>
<tr><td>출생 시</td><td>• 비정상적인 태위, 중추신경감염, 산소부족 등</td></tr>
<tr><td>출생 후</td><td>• 외상에 의한 뇌손상, 약물, 중추신경계통의 감염(뇌염 등), 뇌의 산소 부족(익사 사고, 질식, 감전 등)</td></tr>
</table>

출처: 박은혜, 김정연, 표윤희(2023). 함께 생각하는 지체장애학생교육2판. p.73.

② 뇌성마비 분류

미국뇌성마비학회(AACP: The American Academy on Cerebral Palsy)에서는 뇌성마비를 생리적, 부위별로 분류하고 있다. 생리적 분류는 경직형, 불수의운동형, 운동실조형, 강직형, 진전형으로 나눌 수 있다. 〈표 9-3〉과 같다.

〈표 9-3〉 뇌성마비의 생리적 분류와 특성

분류	특성
경직형 (spastic type)	• 대뇌 추체로 손상이 원인 • 뻣뻣한 근육 • 근육 긴장의 증가 • 전체 뇌성마비의 75% 차지 • 과 긴장, 가위모양의 자세 • 머리조절능력이 많이 부족함 • 이동능력이나 움직임 범위가 제한됨

분류	특성
불수의운동형 (athetoid type)	• 대뇌 추체외로 손상이 원인 • 원하지 않는 불수의적인 움직임이 나타남 • 운동을 부드럽고 조화롭게 하지 못함 • 갑작스러운 근육 긴장의 변호 • 머리조절이 힘듬 • 인지적 손상이 적은 편 • 전체 뇌성마비의 15~20% 차지
운동실조형 (ataxic type)	• 소뇌 손상이 원인 • 무너진 균형 • 협응 운동의 조절에 있어서 부적절한 억제가 나타남 • 자세조절의 곤란 및 보행의 문제가 나타남 • 저긴장을 보일 수 있음 • 뇌성마비의 5~10% 차지
강직형 (rigidity type)	• 관절을 굽히거나 펼 때 저항감이 매우 큼 • 근육의 신축성 상실로 운동 저항이 강하게 생김 • 경직형과 비슷하나 과잉동작이나 불수의적인 동작은 없음 • 언어나 동작이 둔하고 성장이 좋지 않음 • 지능이 낮을 수 있음 • 불수의운동형보다 덜 보편적이고 운동영역전체가 뻣뻣함 • 뇌성마비의 5~10% 차지
진전형 (tremor type)	• 지속적인 흔들림이 나타남 • 보행실조가 나타남 • 뇌성마비의 2~5% 차지(뇌성마비 중 매우 드물게 나타남)
혼합형 (mixed type)	• 뇌성마비의 몇 가지 유형의 특징을 함께 가지고 있는 경우

또한 뇌성마비의 마비 부위별 분류로는 단마비, 편마비, 삼지마비, 양마비, 사지마비로 구분할 수 있다. 〈표 9-4〉와 같다.

〈표 9-4〉 뇌성마비의 마비 부위별 분류

분류	특성
단마비(monoplegia)	• 사지 중의 한쪽만 마비(매우 희박함)
편마비(hemiplegia)	• 같은 한쪽의 팔과 다리 마비
양마비(diplegia)	• 모든 사지마비: 팔보다는 다리가 더 포함됨 • 하지가 주 마비이며 상지는 경도 마비가 나타남
사지마비(quadriplegia)	• 모든 사지마비: 팔, 다리가 똑같이 포함됨 • 모든 팔과 다리의 마비 정도가 똑같이 나타남
삼지마비(triplegia)	• 팔과 다리(사지) 중에서 세 부분이 마비

(4) 진행성 근위축증(Muscular dystrophy)

근 이영양증으로도 명명되는 근위축증이란 진행성의 근 위축을 보이며 근육 조직 검사에서 근육의 괴사 및 재생과정을 보이고 근 섬유의 크기가 고르지 않으며 근섬유가 괴사된 자리에 지방 및 섬유화 조직으로 대치되는 모든 근 질환을 말한다. 즉 골격근이 점차 약해져서 근력이 약해지는 근육병이다. 주로 유전적 원인에 의해 발병하며, 불치성으로 근육의 약화가 진행되어 일어서기 어렵고 걷거나 뛰기 힘들어 한다.

근 위축 증후의 진행과정은 보행시기, 휠체어시기, 침상시기로 구분할 수 있다(전헌선 외, 2005). 보행시기에는 달리기가 힘들고 계단 오를 때 난간을 이용하거나 일어설 때 무릎에 손을 짚게 된다. 다리의 근력 저하가 생기면 상체를 좌우로 뒤뚱거리며 걷게 되고 뒤꿈치를 들고 발가락을 세워 걷게 된다. 허리의 근력 저하로 가슴과 배를 쑥 내민 특유의 자세를 보인다. 휠체어시기에는 척추측만, 관절구축이 진행되고 운동량 부족으로 비만이나 순환장애가 있을 수 있다. 침상시기에는 호흡, 신장기능이 저하되어 호흡곤란이 문제가 될 수 있다.

진행성 근위축증은, 유전적 성향과 임상 양상에 따라 다섯 가지 유형 즉, 듀센형, 베커형, 안면견갑상완형, 지대형, 위축성 근 경직형으로 구분한다(김정희, 2007; 전헌선 외, 2005). 대표적인 유형인 듀센형에 대해서 알아보기로 한다.

듀센형은 가장 대표적이고 흔하며 X 염색체와 연관 있다. 초기 운동 발달이 느려 18개월까지 독립 보행을 못하는 경우가 많다. 종아리 근육이 가성 비대(실제 근육이 비대해지는 것이 아니고 근섬유가 괴사된 자리에 지방 및 섬유화가 진행되어 단단해지고 커진 것처럼 보이는 것)를 보이며, 하지에서 근위축이 시작되어 10세경에는 휠체어에 의존해야 한다. 가우어스 사인(Gower's Sign)과 호흡부전 증후 등이 있는지 세심한 관찰도 필요하다. 가우어스 사인이란 요추전만, 척추 및 하지 전근의 쇠약으로 앉은 자리에서 일어날 때 손을 사용하여 힘들게 일어서는 특이한 기립 동작이다.

[그림 9-1] 가우어스 사인(Gower's Sign)
출처: 전헌선, 오세철, 박재국, 한경임, 노선옥, 박순길(2006). 중복지체부자유아치료교육. p.372.

(5) 이분척추(spinal bifida)

이분척추는 태아기 때 신경계가 형성되는 과정에서 척수(脊髓)를 싸고 있는 척추뼈의 뒷부분이 완전히 닫히지 않은 채 태어나는 선천적인 이상에 의한 신경손상과

마비를 일으켜서 생기는 기능장애이다(박은혜, 김정연, 표윤희, 2023). 따라서 척추의 융합이 안 된 신경관 형성으로 척추 뒤쪽은 텅 빈 공간으로 남게 되고, 그 안에 존재하는 척수는 보호가 안 된 상태로 외부에 노출이 된 현상이다. 종류로는 척추뼈의 결함만 있는 잠재이분척추(spina bifida occulta: 척추 뒤의 피부는 그대로 덮고 있어 척수가 외부로 노출되지는 않음)와 척추뼈의 결함뿐 아니라 척추뼈 내용물의 전위와 척추를 덮고 있는 피부 결함 등을 동반해서 드러난 낭포이분척추(spina bifida aperta)로 분류한다.

인지능력과 상지의 사용 능력은 별 이상이 없지만 약간이 지적장애를 수반하는 아동이 있으며, 하지 마비로 인해 휠체어나 클러치 같은 이동보조도구가 필요하다. 시각장애와 하지의 감각상실 같은 중복장애가 나타날 수 있다. 그리고 소근육동작의 조화 능력 부족, 짧은 집중 시간, 지각력 문제, 발작, 척추측만증 등이 나타날 수 있다.

(6) 경련장애(뇌전증)

경련장애는 과거에 간질이라고도 불리웠으며, 현재는 장애인복지법에서 공식적인 명칭을 뇌전증으로 명시하였다. 두뇌의 전기에너지가 비정상적으로 방출될 때 발생하게 된다. 뇌성마비, 자폐성장애 등 다른 장애아동들도 경련장애를 수반할 수 있다. 경련장애가 발생하게 되면 의식을 잃고 통제되지 않은 사지경련 및 정신기능이나 의식상태 및 감각·운동기능의 장애가 돌발적으로 반복해서 나타나게 된다(김문섭, 김진숙, 박선희, 2016).

경련장애는 주된 증상이 발작증상으로 대발작, 소발작, 심리운동적 발작 등으로 분류된다. 대발작은 갑자기 의식을 잃고 쓰러지며, 팔다리가 떨리는 것처럼 전신적인 경련이 일어난다. 소발작은 순간적으로 의식만 잃는 것이 특징이다. 병소발작은 몸의 일부분만 운동 및 감각기능의 이상이 나타난다.

경련장애 아동은 약물치료를 통해 증상이 개선될 수 있다. 항경련제를 복용하면 대부분 완화될 가능성이 높다. 하지막 약물치료는 부작용이 나타날 수 있으므로 교사는 아동을 주의깊게 관찰하여 부작용이 나타나면 반드시 의사와 상의해야 한다. 약물로 인한 부작용의 대표적인 증상으로는 과다행동, 수면장애, 우울증 등이 있다. 경련장애 아동에게 식이요법을 실시할 수 있다. 주로 탄수화물이나 단백질이 적고 지방이 많은 음식을 이용하게 한다. 이것이 몸의 대사를 전환시키는 키톤 식이요법이다. 또한 외과적 수술도 있다. 미주신경자극기를 삽입하는 수술을 통해 발작의 빈도를 조절할 수 있다(김문섭, 김진숙, 박선희, 2016).

(7) 골형성부전증(osteogensis imperfecta)

골형성 부전증은 골취약증, 불안전골형증이라고 불리며, 태내에서부터 나타나는 유전질환으로 특별한 원인이 없이도 뼈가 쉽게 부서지는 것이 주된 증상이다. 남성과 여성 모두 나타날 수 있으며, 중도(重度)한 경우에는 이미 태내에서 많은 골절이 일어나서 사망할 수도 있다. 출생 후에도 골절을 반복하는 관계로 양 다리의 길이 차가 나타나게 된다. 골절은 기저귀를 교체하는 중이거나 안아 올릴 때 또는 트림을 시키는 동안, 그리고 일어서거나 걷기 시작하는 정상행동 중에서도 다양하게 발생한다. 일상생활에서 작은 충격이 와도 골절이 나타나게 된다.

특징으로는 성장하면서 골절을 수없이 반복하기 때문에 장관골(長管骨) 변형이 생겨서 발육부진으로 신체가 작고 척추가 휘거나 튀어나와 있으며, 머리가 크게 보이고 턱이 앞으로 나와 있다. 또한 골형성 부전증은 청색 각막, 난청을 수반하기도 한다(도명애 외, 2016).

골형성부전증이 있는 아동은 뼈가 약하기 때문에 이동시에 특히 문이나 물건의 모서리에 부딪치지 않도록 주의해야 한다. 특히 휠체어에서 떨어지거나 넘어지지 않도록 미리 조치를 취하도록 한다. 아동을 팔로 안아서 이동할 경우에는 처진 다리가 흔들리지 않게 고정을 시켜서 다른 물체에 부딪치지 않도록 한다. 결국 신체의 어느 부위이건 물리적 충격이 오지 않도록 해야 하는 것이다.

골형성부전증 아동은 골절 문제로 인해 운동발달이 늦고 운동참여에 제한이 따른다. 하지만 대부분이 정상지능이며, 골절의 빈도가 나이가 들면서 다소 감소하게 된다.

(8) 외상성 뇌손상(Traumatic Brain Injury: TBI)

외상성 뇌손상은 교통사고, 낙상, 운동사고, 아동학대, 머리에 큰 충격 등의 물리적 충격으로 인해 후천적으로 뇌에 손상이 나타나는 증상이다. 외상성 뇌손상 아동은 문제해결과 정보처리 능력에 손상이 나타날 수 있으며, 언어사용의 문제와 기억력 및 주의집중과 판단기능 등에도 결함이 나타날 수 있다. 그리고 행동적인 문제에는 충동성, 안절부절못함, 자기인식부족, 사회적 관계 형성 어려움 등이 나타날 수 있다(이소현, 박은혜, 2011).

2. 건강장애

1) 건강장애의 정의 및 유형

(1) 건강장애의 정의

특수교육 대상자에 '만성질환으로 인한 건강장애'가 새로운 범주로 추가되면서 건강장애아동에 대한 관심 역시 증가하고 있으며, 특수교사의 건강장애 아동에 대한 전문성에 대한 요구도 증가하고 있다. 한국의 「장애인 등에 대한 특수교육법」에서는 건강장애 아동을 '만성적인 질환으로 인하여 3개월 이상의 장기입원 또는 통원치료 등 계속적인 의료적 지원이 필요하여 학교생활 및 학업수행에 어려움이 있는 사람'으로 정의한다.

미국 IDEA에서는 '심장의 상태, 결핵, 류머티즘, 신장염, 천식, 겸상적혈구 빈혈증, 혈우병, 간질, 납중독, 백혈병, 당뇨병 등과 같은 만성 또는 급성 건가문제로 인하여 약화된 근력, 체력, 민첩성을 가진 상태' 로 정의하고 있다(Bigge, Best, & Heller, 2001).

(2) 건강장애 유형

건강장애는 난치성 질환 혹은 만성질환을 가진 아동들이다. 건강장애 유형은 아패의 〈표 9-5〉에 주요 특성과 함께 제시되어 있다.

〈표 9-5〉 건강장애 유형별 특성

유형	특성
소아암	• 백혈병이 소아암 환자의 1/3을 차지함 • 급성백혈병, 뇌종양, 악성 림프종, 신경모세포종 등이 있음 • 치료 부작용이 다양하게 나타날 수 있음 • 기억 및 이해능력 등 인지적 어려움이 있음 • 치료가 끝나도 재발이 위험이 있어서 정기적 검사를 받아야 함
심장장애	• 심장의 기능이상으로 인한 일상생활에 호흡 곤란 등의 문제가 있어 일상활동에 현저한 제한을 받음 • 선천성 기형을 포함하여 다양한 요인에 의해 발생함 • 선천성 심징질환의 대부분이 수술을 통해 교정이 가능함 • 정상적인 신체발달의 어려움
신장장애	• 신장의 기능 이상으로 인해 혈액투석이나 복막투석을 필요로 함 • 장기간 신장 기능을 대신하는 치료가 필수적으로 요구됨 • 면역 기능 저하로 인해 감염의 위험 증가 • 식욕부진과 같은 소화기 증상 동반 • 만성 빈혈, 각종 내분비 장애 등으로 인한 신체적 성장 장애 • 일상적 활동 참여에 어려움이 있으며, 우울장애나 불안장애 같은 정서행동장애도 동반될 수 있음 • 신장장애 아동 중에서 지적기능의 발달이 지연될 수도 있음
소아당뇨	• 인슐린을 만들거나 사용하는 능력이 부족한 신진대사의 만성질환 • 시각장애, 신경장애, 절단, 심장병 등이 유발될 수 있음 • 비만 예방을 위해 규칙적인 운동과 식사조절이 요구됨 • 평상시에도 적당한 휴식의 제공이 필요함 • 신체적, 정신적으로 미성숙한 시기에 발병하고, 관리가 일생 동안 이루어져야 하기 때문에 아동이 겪는 심리적 부담감이 크게 나타날 수 있음
소아천식	• 여러 다양한 자극에 대해 기관지의 반응이 증가하는 기도 질환 • 기도의 만성적 염증으로 인해 대기 중 여러 자극 물질에 의해 쉽게 과민 반응을 일으켜 기도가 좁아지거나 경련을 일으킴 • 알레르기와 바이러스, 독감, 찬 공기, 대기오염, 담배연기 등에 의해 자주 발생 • 가족 중에 천식이나 알레르기 질환을 앓고 있는 사람이 있을 때 발생할 가능성이 높음 • 정서적인 문제를 가진 아동에게서 천식이 더 많이 나타남 • 심하면 호흡곤란이나 청색증이 나타날 수 있음

3. 지체장애와 건강장애의 특성

1) 지체장애의 특성

(1) 인지적 특성

지체장애 아동들 중에는 지적기능이 정상인 아동도 있지만, 다수의 아동이 지적기능에서 열등함을 보인다. 특히 뇌성마비 아동은 시각장애, 청각장애, 지적장애를 수반하는 경우에 정보수용과 처리에 문제를 보일 수 있다.

지체장애 아동들은 자신의 장애로 인해 직접 혹은 간접경험의 제한으로 인해 사물이나 사상에 대한 개념 형성이 곤란하고 왜곡되는 경우가 많다. 또한 지체장애 아동들 중에는 자신의 장애와 관련된 신체문제로 장기입원을 해야 하는 경우도 있어서 학교 성적이 나쁠 수도 있다.

지체장애 아동들은 인지적인 결함이 있어 낮은 학업성취를 보일 수 있지만, 그보다 질병으로 인한 잦은 결석과 병원치료, 신체운동적 제약으로 인한 환경탐색의 기회부족 등이 학업성취에 부정적인 영향을 미칠 수도 있다. 또한 장애의 정도가 가벼운 경우는 학업성취나 학습과정에서 어려움이 많이 나타나지 않는다. 하지만 장애가 심하거나 수반되는 다른 장애를 가지고 있다면 학업성취도가 많이 떨어지고, 학습과정에서도 어려움이 많이 나타나게 된다. 그러므로 이와 같은 경우를 고려한 교수방법의 변화가 요구된다.

(2) 정의적 특성(감정, 의지 영역)

지체장애 아동들도 일반 아동들과 동일한 욕구를 가지고 있다. 하지만 뇌성마비 아동을 포함한 다수의 지체장애 아동들이 자신의 장애로 인해 욕구가 좌절되고 그로 인해 욕구 불만과 부적응을 일으키게 되고, 성격발달의 결함이 발생할 수 있다.

다수의 지체장애 아동들이 병원에 자주 입원하게 되고, 수술이나 치료 과정을 거치게 된다. 지체장애 아동들은 자신이 가진 지체장애로 인한 문제 때문에 혼자서 하기 어려운 일은 남에게 의존하게 된다. 특히 지체장애 아동을 양육하는 부모는 아동에 대한 과잉보호가 강화될 수 있다. 또한 학습과제를 포함한 여러 활동에서 지체장애 아동에 대한 낮은 기대를 가지게 될 가능성이 높다. 이러한 지체장애 아동에 대한 과잉보호나 낮은 기대가 아동으로 하여금 정서적 어려움을 가질 수 있게 한다.

대표적인 정서적 어려움에는 다동성, 전도성, 고집성이 있다(도명애 외, 2016; 안병즙, 1978). 다동성은 안정을 이루지 못하고, 돌아다니며, 눈에 띄는 것에 주의집중하고 행동적으로 반응하며 일관성이 없는 성향이다. 전도성은 주의력이 결여되어 있고, 불필요한 자극이나 관계없는 자극에 불필요하게 반응하는 성향이다. 고집성은 어떤 장면에서 다른 장면으로, 어떤 관념에서 다른 관념으로 전환 또는 수행이 곤란한 성향이다

그 외에도 지체장애 아동들은 부정적이고 도피적인 행동경향이 많이 나타나며, 자기방어적이고 경계심이 많다. 지체장애 중에서도 뇌성마비 아동들이 부정적인 자아개념을 많이 나타낸다.

(3) 운동기능적 영역

지체장애 아동들은 가장 주된 장애가 운동기능 장애이다. 지체장애는 체간과 사지의 장애이므로 체간과 사지의 기능 특히 운동기능의 문제가 두드러지게 나타날 수 있다. 그리고 절단, 기형 등의 형태적 이상을 보이기도 한다.

또한 신장과 체중 및 앉은 키가 일반 아동에 비해 많이 지체되어 있다. 그리고 운동기능장애로 인해 다양한 영역에서 문제가 나타나는데 유연성, 근력, 순발력, 민첩성, 평형성, 지구력, 호흡기능에서 열등함을 나타낸다. 근육협응의 곤란과 비정상적 운동패턴을 보이기도 한다. 근육의 문제나 신체 일부를 상실하기도 하며 이러한 신체 손상 때문에 이동성에 어려움을 보이기도 한다.

(4) 뇌성마비 아동의 운동기능적 특성

뇌성마비 아동의 경우에는 원시반사가 장시간 남아서 영향을 끼치므로 새로운 반사가 나타나지 않는다. 이로 인하여 운동발달에 부정적인 영향을 끼치게 된다.

경직성 뇌성마비 아동은 근육이 단단하고 뻣뻣하며, 신전에 대한 저항 증가, 근육을 움직일 때에 과다한 사용과 어둔한 사용, 경직된 근육의 동시 수척, 심한 경직은 몸 전체에 영향을 주며, 경직 강도는 시시각각 변한다.

불수의운동형 뇌성마비 아동은 운동조절과 근육들 간의 협응운동 방해의 문제를 가지고 있다. 무엇을 하고자 할 때 불수의적 운동이 생기거나 안정기에도 계속적으로 운동을 하고자 하는 특징이 있다.

운동실조형 뇌성마비 아동은 균형감각 손상과 지각능력의 손상이 나타나고, 근육의 긴장도가 매우 낮아 비틀거리며 걷는 모습을 보인다. 또한 안정감 없이 손을 움직이는 모습이 나타난다.

(5) 뇌성마비 아동의 감각 및 지각 특성

뇌성마비 아동은 신경학적 손상으로 인해 다양한 감각의 문제를 함께 나타낼 수 있다. 구체적으로 제시하면 다음과 같다.

첫째, 시각 문제로 안진, 안구운동 부정, 사시 등을 나타낼 수 있다. 뇌성마비 아동의 20~40%가 시각에 문제를 가지고 있는 것으로 나타났다(김문섭, 김진숙, 박선희, 2016).

둘째, 청각 문제로 청각장애나 난청을 수반할 수 있다. 뇌성마비 아동의 13% 정도가 청각적인 문제를 가지고 있다.

셋째, 평형감각장애, 운동감각장애, 내부감각장애, 미각장애, 피부감각장애, 후각장애 등 감각 관련 다양한 문제가 나타난다.

넷째, 다수의 뇌성마비 아동은 지각발달 특성으로 신체상의 왜곡, 신체도식의 형성 부전이 있어서 자신의 몸에 대한 위치, 움직임, 공간 등의 개념이 충분히 발달하지 못할 수 있다.

다섯째, 자세 이상, 손 사용 제한, 이동 제한으로 외계에 대한 지각 및 인지발달이 부족하다.

여섯째, 눈과 손의 협응 부족으로 변별력 및 인지력 저하가 나타날 수 있다.

(6) 뇌성마비 아동의 언어 특성

전체 뇌성마비 아동 중에서 70~80%가 언어장애도 함께 나타낸다. 뇌성마비 아동들이 보이는 언어장애로는 언어발달지체, 소리 이상, 조음 이상, 유창성 이상, 언어장애, 난청 등이다.

뇌성마비 아동에게 수반된 언어장애의 문제점에는 소리가 제대로 나오지 않음, 발음이 확실치 않음, 빠른 말을 보이고, 말이 끊어짐, 말이 없음, 침흘림이 많음, 장면과 계절 및 신체적 조건 등에 말의 상태가 좌우됨, 듣고 있는지 어떤 지 알 수 없음, 내 말을 이해하는 지 알 수 없음, 주의 산만하고 가만히 있을 수 없는 경우가 많다.

2) 건강장애의 특성

(1) 인지적 특성

건강장애는 개별적인 질병의 특성이 다르기 때문에 각기 다른 특성을 나타낸다. 건강장애 아동 대부분은 정상 지능을 가지고 있다. 하지만 방사선 치료, 약물치료로 인해 인지적 손상을 보일 수도 있다. 건강장애 아동들은 주의집중 및 학업수행에 어려움을 보인다. 다수의 건강장애 아동들은 만성적 질병의 치료과정으로 인하여 불면증이나 주의력결핍 및 인지처리과정에서 손상이 유발되어 인지적 어려움을 경험할 수 있다. 치료과정에서 장기결석이 반복되면서 학업능력이 저하될 수 있다.

건강장애 아동들은 자신이 가진 질환 때문에 학업에 어려움을 보일 수 있다. 대표적인 예로 소아당뇨 아동이 심각한 과소혈당으로 인해 주의집중과 학업수행의 어려움이 나타나며, 치료 과정에서 장기결석으로 인한 학업성취도 저하와 기초학습기능에도 문제를 가질 수 있다.

(2) 사회정서적 특성

대부분의 건강장애 아동들이 자신이 가진 만성적 질환의 치료를 위해 가정을 떠나 병원에서 장기간에 걸쳐 수술, 치료 등을 받게 된다. 이렇게 입원으로 인한 일상으로부터 소외를 경험할 수 있다. 또한 질병과 치료 및 재발 염려 등에 의한 스트레스가 심하며, 장기결석이나 장기적인 입원, 가족구성원의 기능 변화 등의 경험으로 인한 어려움이 나타날 수 있다.

자신의 만성질환이 수술이나 약물치료 등으로 회복되어 일상으로 복귀하게 되면, 학교생활에서 또래나 교사와의 관계 형성에 어려움을 보이게 된다. 그리고 치료 과정에서 다양한 부정적 정서를 경험할 수 있다. 왜냐하면 죽음에 대한 두려움, 미래에 대한 불안 등으로 인해 낮은 자아존중감과 열등감 및 우울장애, 불안장애, 체중감소, 수면장애 등이 나타날 수 있다.

(3) 신체적 특성

건강장애 아동들은 만성질환 자체가 가진 신체적 통증을 포함한 다양한 어려움들을 경험하게 된다. 지속적인 약물 복용으로 인해 침체된 기분, 두려운 느낌, 단기기억장애 등을 경험할 수 있다.

건강장애 아동이 치료과정에서 스트레스와 갈등 및 부정적 정서를 경험하게 되는데 이러한 심리적 문제가 신경질적이고 불안정한 행동 표현으로 나타나기도 한다(박은혜, 김정연, 2010; 김미숙, 김향지, 2011).

4. 지체장애와 건강장애의 교육적 지원

1) 지체장애 아동의 교육적 지원

(1) 의사소통지도

지체장애 아동에 대한 의사소통 지도는 언어 수용과 표현, 구어, 쓰기로 나누어 살펴보기로 한다.

첫째, 언어수용과 표현 기능을 향상하기 위해 다양한 의사소통 방식을 적용할 수 있으며, 다른 사람들과 효과적인 상호작용이 이루어질 수 있도록 해야 한다. 그리고 의사소통 방법을 지도할 때, 다양한 방법과 상황을 고려해야 한다. 보조공학기기를 활용할 수 있도록 지도할 수 있다.

둘째, 구어지도 방법에는 신호체계를 사용하는 것으로 간단한 신호들을 만들어 사용할 수 있다. 아동이 말할 수 있는 충분한 시간을 주고 재촉하지 말아야 한다. 아동의 의사소통이 중단되는 때를 알고 그에 따른 대처가 요구된다. 의사소통이 중단될 때에 아동에게 다른 의사소통 수단을 사용하도록 허락한다. 그리고 다른 아동들에게도 의사소통하는 방법을 알려주어야 한다. 이는 일반 아동들로 하여금 지체장애 아동과 의사소통하는 방법을 익힐 수 있도록 하는 것이다.

셋째, 쓰기 지도는 지체장애 아동들이 글씨를 쓰는데 사용되는 소근육 운동 능력이 많이 부족하기에 도구를 사용하도록 한다. 예를 들어 손부목, 연필집게, 대처 입력기구 등이 있다.

(2) 일반학급에서의 지도

지체장애 아동들 중, 일반학급에서 또래 아동과 함께 교육을 받는 아동을 대상으로 학습을 위한 자세 지도가 이루어질 필요가 있다. 학습을 위한 자세 지도에는 적절한 자세를 유지하도록 지도하며, 교육적 및 사회적 활동에 적합한 자세를 취하도록 배려한다.. 이 때 골반이 안정되도록 지도하고, 팔과 다리가 공중에 뜨지 않도록 지지하며, 몸통에 힘이 없을 경우에 똑바로 세울 수 있도록 지지한다.

적절한 자세를 유지하기 위해서 머리지지대, 허리벨트, 가슴벨트 등의 지지도구를 활용할 수 있다. 보조도구를 사용하거나 자세를 결정 시에 고려점으로 아동의 생활연령, 기술 수준, 그 자세에서 수행할 활동의 종류 등을 고려하여 신체적으로 고립되거나 부정적 낙인이 찍히지 않도록 한다. 그리고 사회적 상호작용을 저해하지 않는 자세를 선택하도록 한다.

특히 뇌성마비 아동은 스스로 자세를 바꾸기 어렵다. 혈액순환 및 관점, 근육의 무리 등을 고려하여 적어도 2~3시간에 한번씩 자세를 바꾸어 줄 필요가 있다

2) 건강장애 아동의 교육적 지원

(1) 병원학교

장기 입원이나 장기 치료로 인해 학교에서 수업을 받을 수 없는 아동은 병원 내에 설치된 병원학교에서 교육을 받을 수 있다. 병원학교는 병원에서 의료적 처치를 받으면서 공부할 수 있도록 최소한의 교육환경을 구비하고 교사를 파견하여 교육함으로써 지속적인 학교생활이 가능하도록 도와주는 교육시설이다. 또한 병원학교는 건강장애 아동의 가장 보편적인 교육적 접근에 해당한다.

병원학교는 장기 치료를 받는 아동에게 학업의 연속성 및 또래 관계를 유지시켜 주고 심리 및 정서적 안정으로 인한 치료 효과 증진을 목적으로 한다. 또한 병원학교는 정규 교육과정(학년 학력 수준에 적합한 학습지원)과 비정규 교육과정(교육심리적 지원, 심리정서적 지원, 건강관리 지원)으로 이루어진다.

병원학교는 병원에서 자체적으로 운영하기도 하지만, 교육청에 소속된 특수교사가 파견학급 형태로 상주하기도 한다.

(2) 사이버 가정학습 서비스 및 화상강의 시스템

사이버 가정학습 서비스는 건강장애 아동 개개인의 학년별 · 과목별 진도에 맞게 담임교사, 학부모, 도우미 등 1:1 상담 및 학습지도와 관리를 제공한다. 화상강의 시스템은 인터넷을 통한 실시간 일대일 화상강의를 운영하며, 개별 아동의 학년 및 학력수준에 적합한 개별화된 학습지원을 모색한다.

(3) 순회교육

순회교육은 병원에서 집중적인 치료를 마치고, 가정에서 치료를 하거나 통원치료를 받고 있는 아동을 대상으로 실시한다. 순회교육은 건강장애 아동이 소속된 학교의 특수교사나 해당 교육청 특수교육지원센터의 순회교육 담당 특수교사가 아동의 가정을 주 2~3회 방문하여 교육을 실시한다.

순회교육을 실시하기 전에 먼저 아동의 신체적 상태를 고려하여 신중하게 결정하고 실시되어야 한다.

(4) 학교복귀를 위한 지원

건강장애 아동이 만성질환에 대한 치료가 끝나고 학교에 다시 복귀를 앞두고 있다면, 누구라도 두려움에 직면하거나 불안을 호소할 수 있다. 그동안 병원생활 및 수술이나 치료과정을 통해 고립과 심리적 갈등을 경험하였기에 다시 시작될 학업과 대인관계에 스트레스를 경험할 가능성이 높다.

그러므로 건강장애 아동을 담당하는 교사는 학교 복귀 과정에 대한 계획과 준비를 철저하게 해야 한다. 병원학교에서의 교육 기록과 병원에서의 치료 기록을 정리하고, 학교 담당 교사와의 회의를 통해 전달한다. 그리고 아동이 복귀하기 전 준비에 대한 논의가 이루어지도록 해야 한다.

건강장애 아동의 학교복귀 후에도 교사는 지속적으로 관찰하면서 식이요법이나 약물치료 등이 원활하게 이루어지도록 의료진과 상의하면서 부작용이 없는지 확인한다. 그리고 아동의 학업과 대인관계 등에 문제가 발생하지 않도록 정기적으로 상담을 실시하고 필요한 지원을 제공한다.

3) 지체장애와 건강장애 아동을 위한 교육-보조공학

보조공학은 장애인의 기능 향상을 위해 부가적으로 제공되는 장치 및 서비스로 장애인의 기능적 능력을 향상시키고 유지시키는데 사용될 수 있는 모든 물건, 장비, 생산체제라고 정의할 수 있다. 보조공학은 장애 아동의 학업 및 교과활동, 일상생활활동 지원, 신체기능 및 자세 개선을 지원, 이동성 지원, 여가 및 레크레이션 활동 지원, 물리적 환경에 대한 접근, 생활과 학습에 대한 지원이 가능하다.

지체장애 아동의 이동을 위한 보조공학 장치는 휠체어, 지팡이, 클러치, 워커 등이 있다. 특히 휠체어 선택 시 고려사상으로 아동의 운동기능 상태나 인지능력, 시각, 환경적 고러사항, 운반 문제 등을 고려하여 학생에게 적합한 형태를 선택하도록 해야 한다.

컴퓨터 접근성을 위한 보조공학에는 다음의 〈표 9-6〉에 제시되어 있다.

〈표 9-6〉 컴퓨터 접근성을 위한 보조공학

고정키 시스템	컴퓨터의 명령키와 같은 특수키를 이용할 수 있게 해 주는 방식
키가드	사용자가 다른 키를 건드리지 않고 원하는 키를 찾아 정확하게 입력할 수 있게 도와주는 장치
대체 키보드	장애아동들의 요구 사항을 시켜줄 수 있도록 특별히 고안된 키보드
조이스틱	컴퓨터의 마우스 포트나 범용 직별 버스에 연결하여 사용하는 입력 장치

보조공학장치는 이용되는 기술에 따라 노테크(no tech), 로우테크(low tech), 하이테크(high tech)로 구분한다. 그리고 구체적인 내용은 다음의 〈표 9-7〉과 같다.

〈표 9-7〉 보조공학장치의 분류

고급 테크	컴퓨터, 상호작용 멀티미디어시스템 등
중급 테크	비디오, 휠체어 등
저급 테크	덜 정교화된 기기 및 장치
무급 테크	장치나 기기가 포함되지 않음, 테크놀로지를 사용하지 않는 경우로 쉽게 이용가능한 자료들, 종이와 연필 등

학습문제

1. 장애인 등에 대한 특수교육법에 명시된 지체장애와 건강장애의 정의를 제시할 수 있다.
2. 지체장애와 건강장애의 유형을 제시하고 유형별로 특성을 설명할 수 있다.
3. 지체장애와 건강장애의 특성을 각각 설명할 수 있다.
4. 지체장애와 건강장애 아동에 대한 교육적 지원 전략을 제시할 수 있다.

참고문헌

김문섭, 김진숙, 박선희(2016). **특수교육학개론**. 경기: 양성원.

김미숙, 김향지(2011). **교사를 위한 특수아동의 이해와 교육**. 서울: 창지사.

김정희(2007). 중복 · 지체부자유 학생의 듀센형 근 위축 증후에 관한 고찰. **重複 · 肢體不自由兒敎育, 49**, 333-348.

도명애, 서석진, 최성욱, 김성화, 박순길, 윤치연, 양경애, 조규영(2016). **특수아동의 이해**. 서울: 창지사.

박은혜, 김정연(2010). **지체장애학생교육**. 서울: 학지사.

박은혜, 김정연, 표윤희(2023). **함께 생각하는 지체장애 학생 교육 2판**. 서울: 학지사.

안병즙(1978). **지체부자유아교육**. 경산: 대구대학교출판부.

이소현, 박은혜(2011). **특수아동교육 3판**. 서울: 학지사.

진헌선, 오세철, 박재국, 노선옥, 김영환, 한경임, 도성화(2005). **중복 · 지체부자유아 교수 · 학습론**. 경산: 대구대학교출판부.

전헌선, 오세철, 박재국, 한경임, 노선옥, 박순길(2006). **중복 · 지체부자유아 치료교육**. 대구대학교출판부.

Bigge, J., Best, S., & Heller, K. (2001). *Teaching individuals with physical, health, or multiple disabilities* (4th ed.). Upper Saddle River, NJ: Merrill/Prentice-Hall.

10

Chapter

영재

'나는 천재일까?'라는 생각과 함께 영재라는 단어는 어떠한 의미일까를 무수히 생각해보았을 것이다. 어쩌면 특별함이 있으면서도 발견하지 못하고 적절한 영재 교육이 이루어지지 않았을 수도 있을 것이다. 영재라는 단어는 천재, 수재, 신동, 우수아동, 재능아동 등의 익숙한 용어로 표현되고 있다. 이렇듯 영재라는 용어는 정의가 명확하게 설정되어야 하는데, 영재아동은 단순히 지능검사상의 지능의 우수성으로만 판별되어서는 안 되고 다양한 요소를 고려하는 종합적인 판별이 이루어져야 한다. 영재아동은 성별, 인종, 언어, 종교나 사회문화가 다른 집단에서도 발견되며, 장애아동 집단에서도 발견된다. 따라서 특정 그룹에 유리한 영재 판별이 되지 않고, 아동의 정확한 영재성을 확인하기 위하여 영재아동의 행동과 특성들을 파악해야 한다.

영재아동은 일반 아동과는 다른 여러 가지 특별한 능력을 보이고 있으며, 특별한 교육적 요구를 가지고 있다. 따라서 영재아동은 자신과 사회에 기여하기 위하여 일반교육 교육과정이 제공하는 것 이상의 차별적인 교육 프로그램이나 지원을 필요로 한다.

1. 영재의 정의 및 분류

일반적으로 영재(gifted and talented)는 지능이 높은 아동이라고 생각하는 경향이 있어서, 영재의 정의를 언급할 때 전통적으로는 표준화된 지능검사에서의 우수한 지능을 우선 포함하기도 한다. Terman에 의하면 지능지수(IQ) 140 이상을 영재라고 정의하기도 하였다.

최근에 지능검사의 한계에 대한 논의가 활발해지면서 지능과 영재성을 동일시할 수 없으며, 보다 넓고 다양한 개념으로 확대되고 있다. 즉 영재성은 지능검사만으로 판별되어서는 안 되고 다양한 요소를 고려하는 종합적인 판별이 되어야 한다는 것이다. 영재성은 지적인 능력뿐 아니라 지적인 기능, 창의성, 지도력, 예술성, 학업 성취력, 과제 집중력 등 다양한 능력 범주 중 하나 또는 그 이상의 범주에서 일정 수준 이상의 백분위 점수에 속하는 사람을 포함하였다(Marland, 1972). 심지어 개인의 비지적(非知的) 요인뿐 아니라 환경, 그리고 우연과 같은 개인 외적요인까지 영재의 특성 중 하나로 포함되기도 한다. 이렇듯 다양한 영재성의 정의 중 가장 자주 인용되는 우리나라 영재교육진흥법의 정의, 미국 교육부의 정의, Renzulli의 세 고리 정의, Sternberg의 삼원지능이론 정의, Feldhusen의 정의, 그리고 Gardner의 다중지능이론에 의한 정의를 살펴본다.

1) 우리나라 영재교육 진흥법의 정의

우리나라 영재교육진흥법(2017)에 따른 정의는 아래와 같이 규정하고 있다.

제2조 정의

1. 영재란 재능이 뛰어난 사람으로서 타고난 잠재력을 개발하기 위하여 특별한 교육을 필요로 하는 사람을 말한다.
2. 영재교육이란 영재를 대상으로 각 개인의 능력과 소질에 맞는 내용과 방법으로 실시하는 교육을 말한다.

제5조 영재교옥대상자의 선정

① 영재교육기관의 장은 다음 각 호의 어느 하나의 사항에 대하여 뛰어나거나 잠재력이 우수한 사람 중 해당 교육기관의 교육 영역 및 목적 등에 적합하다고 인정하는 사람을 영재교육대상자로 선발한다.

1. 일반 지능
2. 특수 학문 적성
3. 창의적 사고 능력
4. 예술적 재능
5. 신체적 재능
6. 그 밖의 특별한 재능

② 영재교육기관의 장은 제1항에 따른 영재교육대상자를 선발할 때 저소득층 자녀, 사회적 취약 지역 거주자 등 사회적 · 경제적 이유로 잠재력이 충분히 발현되지 못한 영재를 선발하기 위하여 별도의 선발절차를 마련하는 등의 조치를 할 수 있다.

③ 제1항 및 제2항에 따른 영재교육대상자의 선발기준 및 선발절차 등 필요한 사항은 대통령령으로 정한다.

영재교육진흥법의 영재 정의에서는 특별히 학령기 아동의 어느 정도 비율을 영재로 판별해야 한다는 언급이 없다. 이는 영재교육 대상자에 대하여 유연하게 접근하여 잠재적 영재성을 지니고 있는 아동도 자연스럽게 포함할 수 있게 된다(김동일 외, 2010).

2) 미국 교육부의 정의

미국 교육부(U.S. of Office of Education [USOE], 1978)가 1978년에 내린 영재의 정의는 다음과 같다.

영재아/재능아란 뛰어난 능력을 갖고 있어서 훌륭한 성취를 보일 가능성이 있다고 판별된 아동으로서 그 자신과 사회에 기여하기 위하여 정규 교육과정이 제공하는 것 이상의 변별적인 특별교육 프로그램이나 도움을 필요로 하는 아동이다.

뛰어난 성취를 보이는 아동은 다음의 한 분야 또는 여러 분야에서 이미 성취를 나타내거나 성취할 잠재능력이 있다. ① 일반 지적 능력, ② 특수학문 적성, ③ 창의적인 사고, ④ 지도 능력, ⑤ 운동신경 능력 ⑥ 예능계 능력

미국 교육부의 정의는 영재아를 일반지능으로만 판별하지 않고, 구체적 학문 영역 및 지도력, 예술능력과 같은 비지적(非知的) 능력을 함께 영재 정의의 구성 요소로 포함시키고 있다는 특성이 있다(Hallahan & Kauffman, 2003). 뿐만 아니라 성취할 잠재능력이 있는 아동을 영재에 포함시켜 미성취 영재나 환경이 불우하여 높은 성취를 보이지 못하는 영재도 영재교육의 대상이 될 수 있음을 명시하였다(박성익 외, 2003).

3) Renzulli의 정의

Renzulli(1977)는 '무엇이 영재를 만드는가?' 라는 질문을 제기하면서 보다 포괄적이고 실용적인 정의를 내리고 있다. 이는 영재 특성에 대한 연구 고찰뿐만 아니라, 학교 현장에서 유용하면서도 연구에 의하여 지지될 수 있는 영재의 정의를 제안하였다(Passow, 2004). Renzulli가 정의하는 영재성은 평균 이상의 일반적 지적 능력이나 창의성 그리고 과제집착력 요인이 중요하다고 설명하면서 세 가지 모든 영역에서 뛰어날 필요는 없고, 한 요소에서는 적어도 상위 2% 이내, 나머지 특성에서는 상위 15% 이내로 설명하였다(박성익 외, 2003).

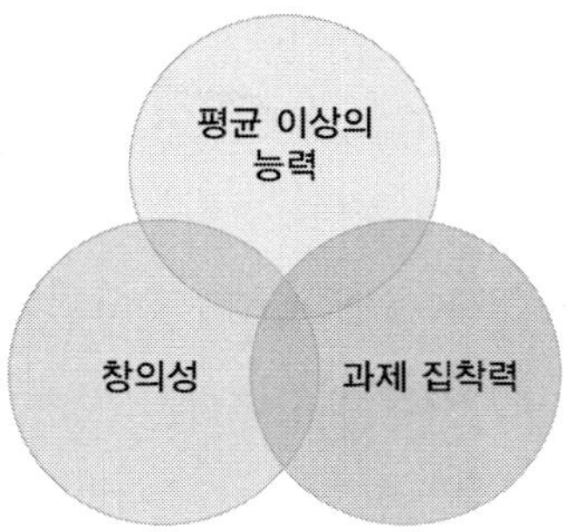

[그림 10-1] Renzulli의 세고리 정의

Renzulli가 영재성을 정의하는 세 가지 요소 중 첫 번째 요소는 평균 이상의 능력(above-average ability)이 포함된다. 평균 이상의 능력은 일반적 능력과 특정 능력으로 구성되는데, 일반적 능력은 지능과 유사한 개념으로, 정보를 처리하고 경험들을 통합하며 추상적인 사고를 하는 능력을 의미한다. 즉 표준화된 검사에서 평균 이상의 결과를 얻은 사람이 영재일 가능성이 높다고 할 수 있다. 반면 특정 능력은 특정 분야에서 지식 및 기술을 습득하고 수행할 수 있는 능력을 의미한다(Renzulli, 1977, 2003).

두 번째 요소는 창의성(creativity)이다. 창의성은 주어진 문제를 독창적이고 신선한 방법과 시각으로 분석하고 해결하며, 생산적인 발명을 하고, 기존의 전통적인 신념이나 과정들을 파기하여 보다 효과적이고 독창적으로 개인 및 사회의 필요를 충족시키는 재능이라고 볼 수 있다. 창의적 특성을 영재의 특성에 포함시키는 데는 이의가 없으나, 그것을 측정하는 검사도구나 방법에 문제가 있다고 보아야 할 것이다. 그리고 확산적 사고(divergent thinking)는 창의적 특성이기는 하나, 이것이 창의성 검사로 측정된 후의 해석 과정에 있어서는 주의해야 한다(김종현 외, 2009).

세 번째 요소는 과제집착력(task commitment)이다. 이것은 특정 문제나 성취 분야에 수반되는 에너지를 나타내는 것으로 특정 영역에서 집중된 동기로서 지구력, 끈기, 열심, 헌신적 연습, 자신감, 자기 효능감을 가지고 과제를 수행하는 것을 의미한다. 이는 어떤 한 가지 문제 또는 영역에 자신이 에너지를 집중시키는 힘을 가리킨다. Galton(1925)은 '타고난 능력은 명성에 이르게 하는 한 지적 능력이기는 하지만, 열정 없는 능력이나 능력 없는 열정은 생각할 수 없다.'라고 하면서 과제집착력의 중요성을 강조하고 있다. 또한 Terman(1925)의 연구에서도 과제에 대한 열정이 영재성을 형성하는 중요한 요인이라고 강조하고 있다. Renzulli는 적성이란 용어 대신에 평균 이상의 능력을, 인성과 동기 대신에 과제 집착력이라는 용어를 사용하였다. Renzulli의 정의는 학문 분야에 영재성을 보이는 아동의 교육에 중요한 교육적 시사를 주는 데, 그는 세 가지 요인 중 어느 한 요인만이 영재성을 구성하지 못하며 세 요인은 영재성을 구성하는데 동일한 비중을 두어야 한다는 것이다. 다시 말하면 영재성은 평균 이상의 일반적인 지적능력이나 창의성 외에도 과제집착력과 같은 성격적 요인이 중요하다는 것이다(김종현 외, 2009).

4) Sternberg의 정의

Sternberg(1996, 1997)는 인간 지능의 다양한 측면을 재인식하면서 지능을 사회문화적 맥락을 고려하여 정의하였다. 이에 따라 지능을 그 시대나 세대가 요구하는 기준에 비추어 성공할 수 있는 능력을 말한다. 성공을 이루는 능력은 개인이 자신의 강점을 활용하고 약점을 수정 및 보완하는 능력으로, 어떻게 환경에 적응하고, 환경을 형성하며, 선택하느냐에 따라 좌우된다고 보았다. 이러한 성공지능은 3가지 주요 지능, 즉 분석적(analytic), 창의적(creative), 실용적(practical) 지능으로 이루어져 있으며, 영재성은 바로 이 세 가지 지능이 가장 최적으로 조절되어 조화를 이룬 상태를 의미한다(Sternberg, 1997, 2003). Sternberg가 정의한 영재성의 세 가지 측면을 구분하여 살펴본다.

첫째, 분석적 영재성(analytic giftedness)이다. 이는 문제를 이해하고 정의하며, 그것들 간의 관계를 파악 및 해결하는 능력이 뛰어난 것을 의미한다. 대부분의 지능검사는 바로 이러한 능력을 측정하므로, 높은 분석적 영재성을 가진 사람일수록 학업성취도나 지능지수가 높다는 것을 의미한다.

둘째, 창의적 영재성(creative giftedness)이다. 창의성과 통찰력이 뛰어나 새롭고 독특한 아이디어를 많이 창출하고 새로운 것에 대처하는 능력이 뛰어나다. 전통적으로 예술이나 과학과 같은 영역에서의 높은 성취와 관련되는 기술이다.

셋째, 실용적 영재성(practical giftedness)이다. 실생활에서 분석적 능력과 창의적 능력을 잘 적용하여, 새로운 환경에 잘 적응하고 그 안에서 성공하기 위해서 무엇을 해야 하는지 잘 알고 행동한다. 성공한 경력을 가진 사람들의 특성으로 종합할 수 있다.

Sternberg는 지능에서 가장 중요한 점으로 세 가지 지능이 조화를 이루어 어떤 것을 언제 사용해야 하는지에 대하여 아는 것이라고 강조하였다. 즉 여러 지능이 어떻게 조합되는가에 따라 다양한 형태의 영재성이 나타날 수 있으며, 영재성이란 여러 지능이 잘 조화를 이룬 상태라고 정의하였다.

5) Feldhusen의 정의

Feldhusen(1992)에 의하면 영재성은 높은 수준의 능력, 자아개념, 동기유발, 창의성의 4가지 중요한 영역이 상호작용하여야 한다고 정의하였다.

첫째, 높은 수준의 능력이란 세계에 대한 정보를 받아들이고, 처리하고, 또한 그러한 세계에 대한 적응하는 행동을 창출하는 능력이나 잠재력을 일컫는다.

둘째, 자아개념이란 자신에 관한 인식과 해석, 이상적인 자아, 자신의 재능과 능력 등으로 구성되어 있다고 했다. 영재아동에게 자아개념이란 자신의 재능과 능력, 다른 영재들과의 사회적, 정서적인 관계를 감지하는 능력이다. 자아개념은 자신과 자신의 능력, 성취에 대한 만족감이다. 그러므로 영재아동은 긍정적인 자아개념을 갖고 있어야 한다.

셋째, 동기 유발이란 영재아동으로 하여금 행동을 유지하게 하거나 중단하게 만들기도 하는 목적, 목표, 방향 등을 일컫는다. Feldhusen은 동기 유발을 내재적인 동기 유발(Internal Motivation)과 외재적인 동기 유발(External Motivation)로 대별했다. 내재적 동기 유발이란 개인 자신의 관심과 추진력을 말하고, 이러한 내재적 동기 유발은 자연적인 호기심과 탐구하고 하는 욕구로부터 비롯된다고 설명했다.

넷째, 창의력이다. Feldhusen은 창의력과 영재성을 동의어로 간주했고, 창의성이란 영재성의 필수적인 요소로서 영재의 재능, 능력, 개인적, 사회적 특성, 가치관, 태도와 신념을 포함하였다. 다시 말해 창의성이란 유창성, 융통성, 독창성, 정교성이 조화롭게 어우러질 때 창출되는 것으로 가치가 있을 뿐만 아니라 독특하고 비상한 아이디어나 해결책을 만들어 내는 능력을 총칭한다.

6) Gardner의 다중지능이론 정의

Gardner(1983)는 인간의 지능은 지능지수로 대표되는 일반 지능만으로는 설명할 수 없고, 여러 개의 독립적인 지능 요소들로 이루어져 있다는 '다중지능이론(theory of Multiple Intelligences)'을 제시하였다. Gardner(1983, 1998)는 지능을 사회가 가치 있다고 생각하는 영역의 문제를 해결하고 그에 대한 산출물을 생산하는 능력으로 규정하여 7가지 지능, 즉 언어지능, 음악지능, 신체운동지능, 논리수학지능, 공간지능, 대인관계지능, 개인지각지능을 제시하였다. 최근에는 자연탐구지능을 추가하였고, 현재 실존지능의 추가를 고려하고 있다(Gardner, 1983, 1998; Von Karolyi, Ramos-Ford, & Gardner, 2003).

현재 많은 교육학자들은 Gardner의 9가지 지능을 9가지 유형의 지적 재능(intellectual gift)으로 이해하여 교육적 상황에 적극적으로 활용하고 있는데, 이러한 9가지 영역을 설명하면 〈표 10-1〉과 같다. 이 중 언어지능과 논리수학지능은 전통적 지능검사가 측정해 온 능력으로 학교에서 강조된 학업능력과 깊은 관련이 있다(Ramos-Ford & Gardner, 1997). 그 외의 지능은 표준화 검사가 아닌 관찰과 산출물로 평가할 수 있는 재능으로 언어지능과 논리수학지능과 더불어 영재교육에서 고려되어야 할 재능 영역들이라고 볼 수 있다.

〈표 10-1〉 가드너의 다중지능

범주	내용	지능이 발현되는 예
언어지능 (linguistic intelligence)	어휘적 이해가 뛰어나고 단어의 의미, 순서, 언어의 다양한 활용, 쓰기와 말하기 표현에 관련된 능력	문학가, 변호사, 언론인
음악지능 (musical intelligence)	음의 높낮이에 대하여 그 차이를 정확히 인식하고 리듬과 음색에 대한 민감성을 가져, 음과 소리를 듣고 이를 재생산 및 연구할 수 있는 능력	음악가, 작곡가
신체운동지능 (bodily-kinesthetic intelligence)	과제 수행을 위해 몸의 전체나 일부를 능숙하게 사용하고 창조할 수 있는 능력	운동선수, 무용가, 댄서
논리수학지능 (logical-mathematical intelligence)	범주화, 분류, 추론, 일반화, 가설검증, 계산 등의 정신적 과정에 사용되는 능력	과학자, 수학자
공간지능 (spatial intelligence)	시공간적 세계, 3차원적 공간을 정확히 지각하며, 지각한 것을 바탕으로 시공간적 세계를 재배치하고 표현할 수 있는 능력	건축가, 조각가, 항해사
대인관계지능 (interpersonal intelligence)	인간친화지능이라고도 하며, 타인의 행동이나 동기를 이해하고 이를 바탕으로 민감하고 생산적으로 행동하는 능력	교사, 상담가, 정치가
개인지각지능 (intrapersonal intelligence)	개인지각지능이라고도 하며, 자신에 대한 인식, 자신의 강점과 약점, 기분, 감정, 역량 등을 인식하는 능력	자기성찰을 잘하는 개인
자연탐구지능 (naturalistic intelligence)	자연친화지능이라고도 하며, 생태계, 자연의 패턴을 식별하고, 식물, 동물, 광물을 찾아내고 범주화하는 능력	생물학자, 인류학자, 자연주의자
실존(존재)지능 (existentialist intelligence)	인간의 존재 이유, 죽음의 문제, 희노애락, 인간의 본성, 가치 등 철학적이고 종교적인 사고를 할 수 있는 능력	철학자, 종교지도자

출처: Kirk, Gallagher, Anastasiow, & Coleman(2006), p. 332; Rogers(2002); 류지은 외(2006), p. 164; 손채수(2006), pp. 24-27.

2. 영재아동의 판별

영재의 판별에서 영재아동은 특정 검사에서 일정 수준 이상의 점수를 받은 아동을 의미한다. 이때 영재성이란 지능검사만이 아니라 창의성 검사를 비롯한 다양한 특성에 대한 검사가 반드시 필요하다. 영재의 판별은 일반적으로 교사의 지명, 지능검사, 성취도 검사, 수행 평가에서의 결과를 통해 이루어지게 된다. 표준화된 방법으로는 지능검사, 적성검사, 학업성취도검사, 그리고 창의성 검사들의 결과를 확인하게 된다. 또한 평정 방법으로는 교사에 의한 평정, 또래에 의한 평정, 부모에 의한 평정, 자기 자신에 의한 평정 등이 있다. 영재의 판별에서는 주로 측정할 수 있는 능력에 집중한다는 점이 특히 중요하다고 할 수 있다.

우리나라 영재교육진흥법 시행령에서는 영재교육대상자의 선정 기준에 대하여 다음과 같이 명시하고 있다.

제12조(영재교육대상자의 선정기준 등)

① 영재교육대상자는 영재교육기관의 교육영역 및 목적에 적합하고, 교육내용을 이수할 능력이 있다고 인정되는 다음 각 호의 어느 하나에 해당하는 자로 한다.

1. 표준화된 지능검사, 사고력검사, 창의적 문제해결검사 그 밖의 소정의 검사 · 면접 또는 관찰의 방법에 따라 특정교과 또는 특정분야에서 일정수준 이상의 뛰어난 재능 또는 잠재력이 있다고 인정되는 자
2. 실기검사 그 밖의 소정의 검사 · 면접 또는 관찰의 방법에 따라 예술적 · 신체적 분야에서 일정 수준 이상의 재능 또는 잠재력이 있다고 인정되는 자

다음은 영재의 판별에 대한 고려사항을 정리하였다.

- 영재의 정의와 판별은 일관성이 있어야 한다.
- 여러 가지 자료를 수집한다.
- 여러 단계에 걸쳐 판별한다.
- 지속적으로 수행되어야 한다.
- 판별 대상에 따라 적합한 방법을 사용한다.
- 가급적 조기부터 실시한다.
- 충분히 수준 높은 검사를 활용한다.
- 연령에 따라 판별의 초점이 달라져야 한다.
- 배타성보다는 포괄성의 철학에 입각하여 판별을 실시한다.
- 검사자료 및 정보는 지속적으로 활용한다.

3. 영재아동의 특성

영재아동이라면 일반적으로 일반 지적 능력, 특수학문 적성, 창의적 사고능력, 예술적 재능, 신체적 재능, 리더십, 기타 특별한 재능 중 한 영역의 특성이 있는 것으로 설명할 수 있다. 그러나 영재성이란 능력이나 특성이 복잡하므로 대다수의 영재들이 가진 전형적인 재능과 일치하는 경우는 거의 드물다.

영재의 판별을 위해서는 아동의 정확한 영재성을 확인하기 위하여 영재아동의 행동과 특성들을 파악해야 한다. 영재성의 영역을 6가지, 즉 일반 지적 능력, 특정 학문 적성, 창의적 사고 능력, 예술적 재능, 신체적 재능, 리더십으로 구분하고 각 영역에서 나타나는 실제 행동들과 특성(Rogers, 2002) 들을 보다 자세히 설명하면 다음과 같다(김문섭, 김진숙, 박선희, 2016).

1) 일반 지적 능력

- 신중히 생각하고 성찰

  무언가 문제가 생기면 바로 풀려고 하기보다는 그것에 대하여 생각하는 데 많은 시간을 보낸다. 이러한 유형은 '이 문제가 어떤 종류의 문제인가?', '이전에 비슷한 경험을 한 적이 없었는가?', '다른 종류의 해결 방법이 있지 않았는가?', '문제가 발생하기 전 미리 막을 수 있는 방법은 없는가?'등에 대해 신중히 생각한다.
- 유추적, 비유적 사고

  현재 배운 것을 과거에 다른 영역에서 배웠거나 비슷한 내용들과 연결시킨다. 때때로 아동을 지켜보는 부모와 교사들은 아동들이 비약적으로 연결시킨 내용에 대해 이해하기 힘들 때가 있으며, 이러한 경우 아동은 매우 비현실적으로 보이게 된다.
- 배우는 것에 대한 열망

  현상과 사상을 합리적으로 설명하는 것, 개념에 대하여 토론하는 것 등 배움에 대한 순수한 애정을 가지고 있으며, 일반적으로 학교를 좋아한다. 항상 특별하고 새로운 것을 배우려는 열망이 끊이지 않는다.
- 뛰어난 집중력과 기억력

  주위에서 무슨 일이 일어났는지를 인식하지 못할 정도로 과제에 집중한다. 또한 특별한 노력이 없이도 새로운 정보를 쉽고 빠르게 기억하며, 이를 오랫동안 기억한다.

- 문제의 핵심 찾기

어느 상황에서 무엇이 핵심이고 진짜 중요한 것인지를 빨리 이해한다. 따라서 여러 정보 중 문제를 푸는 데 관련 있는 정보와 관계없는 정보를 쉽고 빠르게 구분한다.

- 빠른 인지발달

인지발달이 빨리 Piaget의 인지발달 이론의 마지막 단계인 형식적 조작기에 일반아동보다 일찍 도달하며, 따라서 어린 나이에도 추상적이고 논리적인 사고를 할 수 있다.

2) 특수 학문 적성

- 특정 분야에 대한 강한 흥미와 동기, 뛰어난 기술과 지식

자신이 좋아하는 주제에 대하여 다 배울 때까지 항상 그것에 대하여 생각하는 경향이 있다. 이러한 흥미, 동기들은 넓은 분야가 아닌 좁은 특정 분야에서 나타난다.

- 자기비판

일반 또래보다 자신에 대해 높게 평가하지 않는다. 모든 분야를 고르게 잘하지 않기 때문에 자신이 높은 능력을 가지고 있다는 것을 의심한다.

- 성취에 대한 욕구

자신이 흥미 있어 하는 지적 영역을 모두 숙달하고 싶어 하고 그 분야에서 최고로 인정받고 싶어 한다.

• 뛰어난 집중과 기억력

주위에서 무슨 일이 일어났는지를 인식하지 못할 정도로 과제에 뛰어난 집중을 한다. 또한 특별한 노력 없이도 새로운 정보를 쉽고 빠르게 기억하며, 또한 이를 오랫동안 기억한다.

• 배우는 것에 대한 열망

현상과 사상을 합리적으로 설명하는 것, 개념에 대하여 토론하는 것 등 배움에 대한 순수한 열정을 가지고 있으며, 일반적으로 학교를 좋아한다. 항상 특별하고 새로운 것을 배우려는 열망이 끊이지 않는다.

3) 창의적 사고 능력

• 사고의 유연성

정보를 다양한 관점과 방향에서 바라보며, 다양한 각도에서 해결책을 찾는다.

• 자기 방식의 고수

자신을 둘러싼 환경을 자신에게 의미 있는 것으로 만들려는 욕구가 강하다. 학교에서 자신이 사용하는 책상과 의자의 위치, 숙제까지 모든 것을 자신이 구조화하려 한다.

• 모험 추구

새로운 일을 좋아하여 실패 시에 자신이 놀림을 당하거나 좌절을 겪거나 신체적으로 위험하더라도 지속적으로 모험을 추구한다.

• 애매한 것에 대한 관용

한 가지 해결책만 있지 않고 여러 가지 해결책이 있는 과제를 선호한다. 문제나 답이 모두 정의되어 있지 않는 혼란하고 애매한 과제 또는 비구조화 된 과제에 대하여 불편해 하지 않고 편안함을 느낀다.

- 자아 개념

  긍정적인 자아 개념과 자신감을 가지고 있다.

- 결과에 대한 내적 귀인

  성공과 실패에 대한 귀인을 자신의 노력과 능력에 둔다.

4) 예술적 재능

- 특정 분야에 대한 강한 흥미와 동기, 뛰어난 기술과 지식

  자신이 좋아하는 주제에 대하여 다 배울 때까지 항상 그것에 대하여 생각하는 경향이 있다. 이러한 흥미나 동기는 넓은 분야가 아닌 좁은 특정 분야에서 나타난다.

- 자기비판

  일반 또래보다 자신에 대해 높게 평가하지 않는다. 모든 분야를 고르게 잘하지 않기 때문에 자신이 높은 능력을 가지고 있다는 것에 대해 의심한다.

- 예술에 대한 뛰어난 집중

  예술에 관련된 과제나 그에 필요한 기술을 연습할 때 아무리 주변이 시끄럽고 어수선해도 과제에 집중한다.

- 예술에서의 상징적 언어 이해

  각 예술이 필요로 하는 상징 언어에 대한 이해가 빠르다. 즉, 시각 예술의 경우 형태와 색의 의미, 음악에서의 음표와 소리, 문학에서 언어와 의미를 빠르게 이해한다.

5) 신체적 재능

- 신체적 유연성

  신체를 움직이는 활동을 좋아하고 자신감을 가지며, 이러한 활동에서 몸을 조화롭게 움직이며, 균형을 잘 잡고, 요구되는 움직임을 정확히 따라할 수 있다.

- 활동성과 열정

  몸을 끊임없이 움직이며 자신의 에너지를 발산하는 것을 좋아한다. 또한 스포츠나 무용의 경우 신체적 움직임에 몰입하는 것을 볼 수 있으며, 보다 나은 동작을 만드는 데 열정을 보인다.

- 지구력과 체력

  신체적 한계를 느낄 때 이를 참고 견디며, 끈기 있게 신체적 움직임의 완성도를 높이고자 노력한다.

- 용기와 자신감

  어렵거나 위험해 보이는 신체적 활동에도 도전하는 용기를 보이며, 이러한 활동에 높은 자신감을 보인다.

6) 리더십

- 목표로부터의 계획

  궁극적 목표를 이루기 위해 현재 필요한 것이 무엇인지를 잘 안다. 또한 복잡한 과제를 일련의 작은 부분으로 나누어 계획하는 능력이 뛰어나다.

- 전체를 보는 눈

  복잡한 정보를 전체적이고 통합적으로 파악하는 능력이 있다. 따라서 적은 노력으로도 많은 정보의 유사점과 차이점을 쉽게 파악한다.

- 독립성

  상대적으로 타인의 압력에 영향을 덜 받으며 독립적이다.

- 성취에 대한 욕구

  자신이 재능 있는 분야에 대하여 통달하고 그 분야에서 전문가로 인정받고 싶어 한다.

- 타인에 대한 민감성

  타인에게 어떻게 행동하고 반응해야 하는지에 대한 직관적 지식을 가지고 있다.

- 감정적 안정성

  지나친 근심이나 불안 없이 감정적으로 안정되어 있으며, 상대방의 감정을 잘 수용한다.

- 타인의 관점 공유

  타인의 생각, 감정, 상황을 잘 이해하고, 자신이 그 상황에 있는 것처럼 공유한다.

4. 장애영재

영재 교육에서 살펴보면 특성에 적합한 교육적 배려가 반드시 필요하다. 전형적으로 경제적 어려움, 지역적 고립, 장애 등의 이유로 교육적 혜택을 받지 못하는 영재 아동들은 학습부진아 등으로 저평가되어져 적절한 교육 혜택을 제대로 받지 못하기도 한다. 일반적으로 지능, 창의성 등 아동의 잠재력에 비하여 실제 학업성취가 낮게 나타나는 현상을 보이는 영재를 학습부진 영재 혹은 소외된 영재로 불려지기도 한다. 이러한 소외된 영재의 경우는 정서적 문제, 가정에서의 적절한 교육적 혜택의 부재, 아동 특성에 적절한 자극을 제공하지 못함으로 인하여 낮은 성취를 보이는 영재성을 가지고 있음에도 불구하고 학습부진의 현상을 보이게 됨을 알 수 있다.

이러한 소외된 영재를 구체적으로 살펴보자면, 다문하영재, 여성영재, 장애영재 등으로 구분하여 설명할 수 있다. 다문화영재의 경우 다른 문화적 배경을 가진 가정에서 태어나 적절한 교육적 혜택을 받지 못하는 영재에 해당한다. 여성영재의 경우는 여성으로써 고정된 성역할, 문화적 관습, 부모의 낮은 기대 수준, 여성의 능력, 직업에 대한 고정관념, 전통적으로 남성의 영역으로 인식되는 학문분야에서의 불평등한 기대나 기회 보장에 의해 자신의 영재성을 충분히 발휘하지 못하고 소외된 여성에 해당한다.

장애영재(gifted handicapped)에 대하여 김동일(1999)은 장애와 영재 집단이 교차되는 영역에 포함되며 보다 특별한 교육 서비스가 필요한 특수교육대상자로 정의하였다. 이러한 장애영재는 헬렌 켈러 혹은 에디슨 등 높은 잠재력과 특정 영역에서의 장애를 동시에 가지고 있는 장애 영재들이 소개되면서(Goertzel & Goertzel, 1962), 여러 전문가들이 장애영재들에 대한 관심을 가지고 지속적인 연구들이 이루어지게 되었다.

장애영재는 한 가지 이상의 잠재적인 영재성을 위한 특수교육 프로그램과 한 가지 이상의 장애를 위한 특수교육 프로그램을 동시에 필요로 하는 사람이라고 정의할 수 있다. 또한 장애영재는 학습장애, 청각장애, 시각장애, 지적장애, 정서행동장애 등의 장애를 하나 혹은 중복으로 가지고 있음에도 불구하고 높은 수행을 보이는 특별한 잠재력을 가지고 있는 사람을 의미한다(이신동, 2002).

영재 교육에서의 장애영재라는 이유로 교육이 배제되어서는 안되고 적절한 교육이 반드시 필수적이어야 한다. 이를 위하여 영재교육진흥법(2017) 및 영재교육진흥법 시행령(2023)에서 법적 근거를 명시하고 있다.

제5조(영재교육대상자의 선정)

① 영재교육기관의 장은 다음 각 호의 어느 하나의 사항에 대하여 뛰어나거나 잠재력이 우수한 사람 중 해당 교육기관의 교육 영역 및 목적 등에 적합하다고 인정하는 사람을 영재교육대상자로 선발한다.

1. 일반 지능 2. 특수 학문 적성 3. 창의적 사고 능력 4. 예술적 재능 5. 신체적 재능
6. 그 밖의 특별한 재능

② 영재교육기관의 장은 제1항에 따른 영재교육대상자를 선발할 때 저소득층 자녀, 사회적 취약 지역 거주자 등 사회적 · 경제적 이유로 잠재력이 충분히 발현되지 못한 영재를 선발하기 위하여 별도의 선발절차를 마련하는 등의 조치를 할 수 있다.

제12조(영재교육대상자의 선정기준 등)

① 영재교육대상자는 영재교육기관의 교육영역 및 목적에 적합하고, 교육내용을 이수할 능력이 있다고 인정되는 다음 각 호의 어느 하나에 해당하는 자로 한다.

② 제1항에도 불구하고 사회 · 경제적 이유로 잠재력이 발현되지 못한 다음 각 호의 자로서 영재교육기관의 교육영역 및 목적에 적합하고, 교육내용을 이수할 능력이 있다고 인정되는 자는 영재교육대상자로 선발될 수 있다.

장애영재의 특성을 다음과 같이 정리하였다.

첫째, 장애를 가지지만 우수한 추리력, 추상적 사고 등의 장점을 보인다.

둘째, 장애영재는 특정 영역에서 높은 수행을 보이지만 신체적, 정신적, 감각적, 운동적 장애가 수반되어 잠재능력과 성취의 불일치, 낮은 학업성취도를 보인다.

셋째, 높은 능력, 재능, 장애를 동시에 보이면서, 일반적으로 학습장애, ADHD, 행동장애, 자폐성장애를 가지는 것으로 확인되어 단일 범주에 속하지 않는 아동에 해

당한다.

넷째, 뛰어난 수학적 능력과 같은 인지 능력에서의 강점과 동시에 감각적, 발달적, 감정적 등의 장애와 관련된 약점을 동시에 지니는 아동에 해당한다.

다섯째, 우수한 특성이 발견되거나 개발되지 않는 경우가 많다.

여섯째, 일반적으로 장애에만 주의를 기울이는 경우가 많다.

5. 영재아동의 교육

영재아동을 위한 교육은 다양한 아동의 재능에 맞추어 변화되어야 한다. 모든 아동들은 매우 다양한 잠재력을 가지고 태어나므로 영재아동을 위한 교육을 넘어서서 모든 아동들이 잠재력을 발현할 수 있도록 교육 기회를 주어야 한다.

영재아동을 위한 다양한 교육적 선택들은 크게 속진(acceleration)과 심화(enrichment)로 나누어 볼 수 있다. 속진은 아동이 교과과정을 나아가는 속도를 수정해 빨리 학습하는 것에 대한 일반적인 용어이다. 속진은 일반적인 정규 교과 내용을 정해진 나이보다 일찍 배움으로써 자신의 나이보다 상위 학년으로 배정받거나 혹은 학점을 먼저 이수하여, 초등 6년, 중고등 6년, 대학 4년의 과정을 보다 빠르게 마치는 것이다. 반면, 심화는 한 주제에 대해서 일반교육과정에서보다 더 깊이 학습하는 것이다. 심화는 상급 학년으로 진학하거나 학점 이수를 받지 않고 또래와 같은 학년에 머물면서, 일반적인 교육과정이 제공하는 것보다 더 깊고 광범위한 학습 내용을 제공 받아 보다 높은 수준의 복잡하고 풍부한 교육적 경험을 하는 것이다.

그러나 속진과 심화는 반대되는 개념이 아니며, 효과적인 영재 프로그램을 위해서는 속진과 심화를 적절히 모두 제공하는 것이 필요하다. 즉, 다양하고 깊이 있는 학습 내용과 상위의 사고기술, 창의성, 사회 정서적 역량들을 발달시킬 수 있는 심화학습과정을 제공하는 동시에 영재아동의 빠른 학습속도에 맞는 속진의 기회도 제공해야 한다. 이러한 속진과 심화과정 모두 영재아동을 위한 교과과정의 특성을 반영한다.

또한 아동의 교육적 요구를 만족시키기 위한 속진과 심화 학습을 제공하는 것 외에도 영재아동들이 가진 사회적 욕구, 즉 동일한 수준의 지적 능력과 재능을 가진 아동들과의 상호 작용에 대한 욕구를 만족시킬 수 있는 교육 환경이 주어져야 한다. 따라서 이러한 교육적 요구를 충족할 수 있는 집단 편성을 제공하는 것도 영재교육에서 중요한 쟁점이라고 볼 수 있다. 이 장에서는 속진과 심화의 교육 방법을 살펴본다(김문섭, 김진숙, 박선희, 2016).

1) 속진(速進, acceleration)

속진은 학습 속도가 매우 빠른 아동들이 일반적인 정규 교과 내용을 정상적인 나이보다 더 이른 시기에 또는 규정된 기간보다 더 짧은 기간에 이수하도록 하는 것으로, 아동들이 자신의 속도에 맞게 융통성 있는 학습을 할 수 있도록 돕는다(조석희 외, 1994; Davis & Rimm, 2004; Pressey, 1949; Southern et al., 1993). 속진의 유형은 매우 다양하나 크게 교과기반 속진(Subject-based acceleration)과 학년기반 속진(Grade-based acceleration)으로 분류할 수 있다(이현주, 신종호, 2009).

(1) 교과기반 속진

교과기반 속진(Subject-based acceleration)은 특정 과목에서 뛰어난 재능과 빠른 학습 속도를 보이는 경우 특정 과목에 한하여 그들의 학습 속도에 해당하는 상급의 교육과정을 배우도록 하는 것(Rogers, 2002)이다. 그 대표적인 유형을 다시 구분하면 다음과 같다.

① 교육과정 압축

교육과정 압축(compacting the curriculum)은 학기 시작 전 혹 학습 단원이 시작하기 전 학업성취를 평가하여 뛰어난 수행을 보이는 영재아동들이 이미 알고 있는 학습내용을 불필요하게 반복하지 않도록 이미 학습한 내용을 제거, 압축하여 교육과정을 수정하는 것을 의미한다(Reis, Burns, & Renzulli, 1992).

② 특정 과목 속진

특정 과목 속진(single subject acceleration)은 부분 속진이라고도 하며, 영재아동의 특정 분야에서 뛰어날 때 그 해당 과목의 상급 학년 내용을 학습하도록 하는 유형을 말한다.

③ 동시 재학

동시 재학(concurrent enrollment, dual enrollment)은 아동이 뛰어난 재능을 보이는 영역에 대하여 현재의 학교급보다 상위 학교급의 과목을 동시에 수강, 이수하도록 하는 것이다. 예를 들면, 수학에 영재성이 있는 중학생이 수학은 고등학교에서 수강하고, 나머지 과목은 본인이 속한 중학교에서 수강하는 방법이다.

④ 재능 발굴 프로그램

재능 발굴 프로그램(talent search program)은 세부적인 과목에서 뛰어난 아동들을 경연 대회 혹은 전국 단위 시험을 통하여 발굴하는데, 일반적으로 같은 또래와 비교하여 그 수행이 상위 1% 내에 포함되는 경우가 그 대상이 된다. 선발된 아동들은 정규 학교 시간 외에 저녁시간, 여름 방학, 주말 또는 온라인을 이용하여 고등학교와 대학 등의 상위 교육과정을 부분적으로 수강하며 자신의 재능에 상응하는 교육을 받는다.

⑤ 통신, 원격(온라인) 프로그램

통신, 원격(온라인) 프로그램(correspondence courses, distance learning)은 특정 과목에 재능이 있는 아동이 정규 학년의 교육 과정 대신에, 대학이나 다른 교육단체가 제공하는 프로그램을 수강하는 것이다. 이러한 교육은 통신이나 우편, 온라인 또는 대중 매체들을 이용하여 이루어지는 이수 시에 해당하는 학점을 인정받는다.

⑥ 대학 과정 학점 이수

대학 과정 학점 이수(advanced placement) 프로그램은 대학 수준의 과목을 고등학생에게 제공하여 학생이 이 과목을 수강한 후 시험결과에 따라 대학 학점으로 인정받는 제도다.

⑦ 멘터십 제도

멘터십(mentorship) 제도는 학생이 뛰어난 재능 분야에 대하여 해당 학교 내에서 제공할 적합한 교육과정이 없는 경우, 학생의 뛰어난 재능과 흥미를 지속적으로 추구할 수 있도록 그 분야의 전문가가 학생의 학습을 관찰하고 도와주는 도제식 제도다.

⑧ 대학 및 고교 학점 동시 이수

대학 및 고교 학점 동시 이수(post-secondary options)는 앞서 설명한 동시 재학(concurrent, dual enrollment)의 변형으로, 특정학업 영역에서 고등학교가 제공하는 모든 교과과정을 마쳐서 더 이상 이수할 내용이 없을 때, 지역에 있는 대학에서 해당 고급 과목을 수강하면서 고등학교와 대학 학점을 모두 이수하는 제도다.

(2) 학년기반 속진

교과기반 속진은 특정 과목에 한하여 자신의 원래 학년보다 빨리 정규과정을 마치는 교육적 선택인 반면, 학년기반 속진(grade-based acceleration)은 영재아동이 일반적으로 12년에 마치는 학년제를 이보다 짧은 시기 안에 마치는 것을 의미한다. 이 책에서는 12년 교과과정을 정해진 기간 안에 마치되, 초등학교 입학 자체를 어린 나이에 시작하는 조기입학도 학년기반 속진에 포함하였다. 특히, 정규 12년을 3년 이상 단축하여 9년 이내에 마치는 것을 급진적 속진(radical acceleration)이라 부른다. 학년기반 속진의 세부적인 유형을 살펴보면 다음과 같다.

① 초등학교로의 조기입학

조기입학은 영재아동의 정규 나이보다 어린 나이에 초등학교에 입학하는 것이다. 따라서 별도로 영재아동을 위한 교육 과정 수정이 필요 없다는 점에서 장점이 있고, 또한 아동이 처음부터 또래보다 나이 많은 아동과 생활을 시작하므로, 중간에 월반을 하는 것보다 사회적 적응이 용이할 수 있다. 조기입학을 결정할 때는 반드시 6개월가량의 시험 기간을 가지고 학생이 잘 적응하는지를 판단하여야 하며, 부적응 시에는 일반 정규 나이에 맞는 학년으로 재배치될 수 있도록 행정적 보완장치가 있어야 한다.

② 월반

월반(grade skipping)은 12년 교육과정 중 한 학년을 완전히 뛰어넘어 상급학년으로 진급하는 것을 말한다. 월반을 하는 경우, 학교 교육과정 및 모든 학교생활을 상급학년 반에 속하여 하게 된다. 따라서 해당 학년의 교육과정을 동일하게 적용함으로써 담당 교사가 그 학생을 위해 별도의 교육과정을 마련할 필요가 없다는 점이 심화학습과 다른 장점이다.

③ 무학년 학급

무학년 학급(non-grade classes)은 전체 학생을 학년별로 나누지 않고 여러 학년의 학생들이 함께 모여서 학습하는 방법으로, 학생은 자신의 능력과 학습동기 수준에 맞게 교육과정을 이수한다.

④ 다학년 혼합학급

다학년 혼합학급 프로그램(multi-graded/combination classes)은 무학년 프로그램의 변형으로 일반적으로 두 학년의 교육과정을 포괄하는 프로그램을 한 반에서 제공한다. 예를 들면, 1학년과 2학년, 3학년과 4학년 등으로 혼합반을 형성하는 방법이다. 이런 경우 영재아동은 혼합학급에서 어린 학년에 속하게 된다. 즉, 원 학년이 1학년이며 1-2학년 혼합반에, 3학년인 경우는 3-4학년 혼합반에 배치된다. 다학년 혼합학급 속진은 2년에 걸친 교육과정을 1년 안에 마칠 수 있는 가능성을 제공하므로, 일반적인 12년 교육과정을 보다 빨리 마칠 수 있게 된다.

⑤ 학년 단축

학년 단축(grade telescoping)은 몇 개의 학년을 이보다 빠른 연수 안에 마칠 수 있도록 단축하는 것으로, 예를 들면 중학교 교육과정 3년을 압축하여 2년 안에 마칠 수 있도록 하는 것이다. 학년 단축인 경우, 월반과 같이 특정 학년의 교육과정을 모두 생략하는 것이 아니라 압축된 모든 과정을 이수하는 장점이 있다.

⑥ 학점 인정 시험제도

학점 인정 시험제도(testing out, credit for examination)는 학년의 교과과정을 수강하지 않고도 시험을 치러서 그 결과가 기준보다 높으면 학년을 이수한 것으로 인정하고 다음 학년으로 진급하는 것을 인정해 주는 제도다.

⑦ 대학 조기입학

고등학교를 졸업하지 않고서도 대학교에 입학하는 것을 허용하는 속진 방법이다.

2) 심화(enrichment)

심화(enrichment)란 영재아동에게 일반 교육과정을 넘어 보다 폭넓은 지식과 경험을 제공해 주고, 다양한 사고 기술을 활용하는 능력을 갖게 하는 것이다. 심화학습은 다양한 캠프의 형태로 제공되며, 풀 아웃(pull out)방식의 교육으로 활용되고 있다(김원경 외, 2009). 풀 아웃 프로그램은 주당 몇 시간씩 정해진 시간만큼 일반 정규반에서 영재아동을 뽑아내어 별도의 교육을 받는 제도이다. 그리고 심화교육은 창의성이나 자기주도적인 학습 태도, 도덕성을 함양하는 데 보다 효과적이다(김홍원, 조석희, 정현철, 2003).

영재아동에게 특별한 교육적 서비스를 제공해 주는 다양한 교수-학습모형이 있지만, 영재교육과정 모형 중 우리나라를 비롯하여 가장 널리 활용되고 대표적인

Renzulli의 3단계 심화학습모형을 제시한다. 이것은 주로 초등학생에게 실시되어 왔으나 중등학생에게도 효과적으로 사용될 수 있다(Renzulli, 1997). 3단계 심화학습모형의 각 단계를 구체적으로 살펴보면 다음과 같다.

(1) 1단계 심화학습: 일반적 탐색 활동

일반적 탐색 활동 단계에서는 먼저, 일반교육 교육과정에서는 다루지 않는 다양한 주제와 흥미로운 분야를 아동들이 접하게 함으로써 폭넓은 지식과 흥미 분야를 경험하게 한다. 이 단계에서 아동들은 다양한 새로운 학문 영역과 예술 분야들을 경험함으로써 자신의 관심 분야를 깨닫게 된다.

영재들은 이러한 일반적인 탐색활동이 더 깊이 있게 공부할 아이디어를 확인할 수 있게 한다는 사실을 알아야 한다. 어떤 아동은 사진술, 희곡, 서예 등과 같은 3단계 프로젝트에 적합한 관심이나 취미를 오래 전부터 가지고 있을 수도 있다.

1단계 심화 활동을 위해서 교사들은 각종 전문 서적, 잡지, 대중 매체, 시각 자료 등의 여러 학습 자료를 제공함으로써 아동들이 광범위하고 다양한 주제를 접할 수 있게 된다. 또한, 다양한 장소와 박물관 등을 견학하고, 전문가의 강연, 의견 조사, 토론 등의 다양한 활동을 통하여 탐색할 수 있다. 이러한 활동을 넘어서 직접 전문 분야를 경험하고 적극적으로 체험하게 된다.

(2) 2단계 심화학습: 소집단 단위의 훈련 활동

2단계 심화학습의 목적은 사고와 감정의 폭넓은 발달을 촉진시키는 것이다. 영재교육 프로그램은 영재아동의 기술, 능력, 태도, 전략의 발달을 촉진시키는 데 초점을 두어야 한다. 2단계 심화학습은 연극 대본 쓰기 기법이나 실험도구 사용과 같은 영재의 독립적인 프로젝트 수행과 직접적으로 관련된 기술을 다루는 내용을 포함한다. Renzulli와 Reis는 이 단계에서는 다음과 같은 능력을 발달시켜야 한다고 제안하였다(송인섭, 2002). 첫째, 창의적 사고, 문제 해결력, 비판적 사고, 의사 결정, 정의적(지각, 판단, 가치화)활동, 둘째, 듣기, 관찰, 노트 정리, 요약, 조사와 면접, 분류, 자료 분석과 조직, 결론 추출 등과 같은 학습 방법의 학습, 셋째, 목록집, 요약, 정보 검색 시스템과 같은 참고문헌이나 자료 사용, 넷째, 자신의 연구 결과를 감상하게 될 잠재적인 청중을 감동시킬 수 있는 작문, 언어적 · 시각적 의사소통 기술 능력이다.

(3) 3단계 심화학습: 개인 또는 소집단 단위의 문제해결 및 연구 활동

심화학습 모형의 1, 2단계는 영재아동뿐만 아니라 관심 있는 일반 아동들 모두가 대상인 반면, 3단계는 상당한 수준의 창의력, 지적능력, 그리고 과제집착력이 요구되기 때문에 주로 소수의 영재 아동들을 대상으로 한다. 개인이나 소집단 중심으로 이루어지는 3단계 심화 활동은 심화학습 3단계 모형의 가장 핵심적인 활동이며, 영재 아동들의 잠재 능력을 계발시킬 수 있는 가장 적합한 학습 방법 중 하나로 평가된다.

영재아동은 3단계 심화학습활동 과정에서는 실제 문제를 조사하는 연구자나 독창적인 산출물을 창조하는 예술가가 되어야 한다. 또한 이 단계의 아동들은 정보의 단순한 소비자가 아니라 지식과 예술의 생산자로서 역할을 해야 한다. 이 때 교사는 아동 연구의 조력자 및 촉진자로서의 역할을 할 뿐이고, 아동들이 독자적으로 전문가들이 사용하는 연구 방법을 활용하여 문제를 탐구해 간다.

심화 프로그램이 올바르게 실시되기 위해서는 한계를 규정짓고 결과물을 설정하는 기본적인 틀에 근거하여 프로그램의 구조 및 지침이 구성되어야 하고, 실행 프로젝트에는 목적, 방향 및 성과 등을 상세히 다룬 내용이 포함되어야 하며, 효율적인 학습을 위해 필요한 경우 교사는 아동의 길잡이가 되어주어야 한다.

일반학급에서의 영재아동을 교육하는 경우 교사는 다음과 같은 사항을 반드시 고려하여 교육을 실시하여야 한다.

첫째, 영재아동의 능력을 최대한 발휘할 수 있는 학습 분위기를 조성하여야 한다.

둘째, 또래에게 수용적이고 창의적인 사고가 가능한 심리적 환경 조성하여야 한다.

셋째, 모든 교육계획에 영재아동에 대한 학습 계획이 포함되도록 구성하여야 한다.

넷째, 다양한 프로그램에 영재아동을 참여시킬 수 있도록 한다.

영재아동은 재능이 다양하므로 고정된 하나의 프로그램으로는 불가능하고 다양한 재능에 맞는 교육 프로그램이 필요하다. 따라서 영재교육을 위한 교육은 다양한 아동의 재능에 맞추어 변화되어야 한다. 그리고 모든 아동들은 매우 다양한 잠재력을 가지고 태어나므로 영재아동을 위한 교육을 넘어서서 모든 아동들이 잠재력을 발현하도록 교육 기회를 주어야 할 것이다.

학습문제

1. 영재아동에 대한 정의를 다양한 관점으로 설명해 보자.
2. 영재아동의 특성에 대하여 설명해 보자
3. 장애영재에 대한 정의와 특성에 대하여 설명해 보자.
4. 영재교육 중 심화와 속진에 대하여 설명해 보자.

참고문헌

김동일, 손승현, 전병운, 한경근(2010). **특수교육학개론**. 서울: 학지사.

김문섭, 김진숙, 박선희(2016). **특수교육학개론**. 경기: 양성원.

김종현, 윤치현, 이성현, 이은림(2009). **특수아동의 이해**. 서울: 형설출판사.

김홍원, 조석희, 정현철(2003). 교육청영재심화교수-학습자료개발연구(Ⅰ). 서울: 한국교육개발원.

류지은, 박홍희, 김미정, 정제동, 유인옥(2006). 학생들의 다중지능에 대한 교육적 시사점. **교육연구논총, 27**(1), 159-177

손채수(2006). 홀리스틱 교육원리와 다중지능 이론에기초한 영재 문화교육 프로그램 개발연구. 석사학위논문 명지대학교 사회교육대학원,

송인섭(2002). 영재교육의 새지평. **영재와 영재교육. 제1권** 1호. 국제영재교육학회.

신종호, 서정희, 최재혁, 김용남, 김윤근, 이현주(2007). 사고유형에 따른 영재아동과 일반아동의 학습 선호 활동의 차이 연구. **초등과학교육, 25**(5), 495-506.

영재교육법. [시행 2017. 12. 19.] [법률 제15231호, 2017. 12. 19., 일부개정]

영재교육진흥법 시행령. [시행 2023. 12. 12.] [대통령령 제33915호, 2023. 12. 12., 일부개정]

이신동(2002). 장애영재의 이해와 교육적 중재. **발달장애학회지, 6**(2), 189-203.

이현주, 신종호(2009). **영재아동 바로 알기**. 서울: 학지사.

Feldhusen, J. F. (1992), *Talent identification and development in education* Sarasota, FL: Center for Creative Learning.

Gardner, H. (1993). *Multiple intelligences.* New York: Basic Books.

Gardner, H. (1998). *Multiple intelligences: The theory in practice.* New York: Basic Books.

Goertzel, V., & Goertzel, M. G. (1962). *Cradles of eminence.* Boston, MA: Little, Brown.

Kirk, S. A., Gallagher, J. J., Anastasiow, N. J., & Coleman, M. R. (2006). *Educating Exceptional Children.* New York: Houghton Mifflin Company.

Marland, S. (1972). Education of the gifed and talente. Report to the Congress of the United States by the U.S. Commissioner of Education. Washington, DC: Government Printing Office.

Passow, A. H. (2004). *The nature of giftdness and talent. Gifted Child Quarterly,* 25(1), 5-10.

Renzulli, J. S. (1977). *The enrichment trad model: A guide for developing defensible programs for the gifted and talented.* Mansfield Center, CT: Creative Learning Press.

Rogers, K. B. (2002). *Reforming gifted education: How parents and teachers can match the pro-*

gram to the child. Scottsdale, AZ: Great Potential Press.

Reis, S. M., Burns, D. E., & Renzulli, J. S. (1992). *Curriculum Compacting: The Complete guide to modifying the regular curriculum for high ability students.* Mansfied Center, CT: Creative Learning Press.

Sternberg, R. J. (1997). A triarchic view of giftdness: Theory and practice. In N. Colangelo & G. A. Davis (Eds.), *Handbook of gifted education* (2nd ed., pp . 43-53). Boston: Allyn and Bacon.

Sternberg, R. J. (2003). Giftedness according to the theory of successful intelligence. In N. colangelo & G. A. Davis (Eds.), *Handbook of gifted education* (3rd ed., pp. 88-99). Boston: Allyn and Bacon.

Von Karolyi, C., Ramos-Ford, V., & Gardner, H. (2003). Multiple Intelligences: A perspective on giftedness. In N. Colangelo & G. A. Davis (Eds.), *Handbook of gifted education* (3rd ed., pp. 100-112). Boston: Allyn and Bacon.

11
Chapter

특수교육과 진단 · 평가

진단 · 평가는 장애아동의 조기 발견에 적극적으로 활용되고 이러한 조기 발견으로 인하여 특수교육대상자의 선정 및 배치와 더불어 특수교육의 첫 시작을 적극적으로 지원할 수 있다는 점에서 매우 중요하다고 할 수 있다.

1. 진단·평가의 개념

진단 · 평가는 특수교육대상자로 의심되는 아동을 우선 발견하고, 발견된 아동이 특수교육을 받아야 하는지 적격성 여부를 판정하기 위한 진단을 하며, 이 아동이 특수교육 서비스에 적격한 것으로 판정된 경우 그 아동에게 적절한 교육 서비스가 제공되는 교육환경에 배치하는 것에서 시작된다. 이와 같이 아동의 발견, 진단 및 배치를 포함한 일련의 과정, 즉, 교육자들이 아동에 관한 의사결정을 할 수 있도록 정보를 수집하는 과정을 진단 · 평가라고 한다(김재천, 2015).

보편적으로 사용하는 진단 · 평가라는 개념을 이해하기 위해서는 측정, 사정, 평가라는 용어에 대한 정의가 우선되어야 한다. 측정(measurement)이란 단순히 양적 혹은 수적 특성을 재는 것을 의미하고, 사정(assessment)이란 양적인 특성뿐만 아니라 질적인 특성을 파악하는 것을 의미하며, 평가(evaluation)란 양적 · 질적 특성을 파악한 후 가치판단을 통하여 미래 방향을 설정해 주는 것을 의미한다(이승희, 2019).

또한 선별, 진단, 판별 그리고 검사라는 용어의 정의가 명확하게 이루어져야 하므로 이러한 용어에 살펴보고자 한다.

선별(screening)은 조기에 장애아동을 발견할 수 있는 중요한 요소로 전체 아동 집단 가운데서 발달이 정상범위를 벗어나 좀 더 정확한 진단 · 평가가 필요한 아동을 찾아내고 특수교육이 필요한 아동을 찾는 것을 의미한다. 특수교육을 받을 필요가 있는 아동들을 선별하기 위해서 심층적 평가의 필요성 여부를 결정하는 가장 초기 단계의 사정 방법이며, 아동을 더 심층적인 평가에 의뢰할 것인가를 결정하는 단계에 해당한다.

진단(diagnosis)은 교수활동의 기초가 될 뿐만 아니라 아동의 독특한 교육적 요구를 충족시켜 주기 위한 구체적인 정보를 제공해주는 일련의 과정으로 설명한다. 적격조건을 결정하는 중요한 과정으로 질환의 원인을 찾아내고 증상에 따른 적절한 치료법을 결정하는 과정으로 주로 의학분야에서 많이 사용하고 있다. 진단이라는 용어는 교육분야나 심리학 분야에서는 사정이라는 용어를 일반적으로 사용하고 있다. 특히 진단은 아동의 장애의 원인을 파악하고, 그 특성과 정도를 밝혀내는 과정을 거치는 것으로 주관적이고 차별적 사정의 가능성을 감소시키기 위해 건강, 시각, 청각, 사회 및 정서적 상황, 일반지능, 학업적 수행, 의사소통적 상황 및 운동 능력을 포함한 의심이 되는 장애의 모든 영역을 사정하는 종합적 사정이 되어야 한다. 진단에서는 가족뿐만아니라 각 관련 학문분야의 전문가에 의한 사정결과와 의견을 종합하는 다학문적 접근을 하게 되고 교사는 진단이라는 과정을 통하여 정보를 수집하고 가르쳐야 할 목표와 내용, 방법 등을 결정하며, 학습한 내용을 평가하게 된다. 진단은 교수활동의 기초가 될 뿐만 아니라 아동의 특별한 교육적 지원요구를 충족시켜 주기 위한 구체적인 정보를 제공해주는 일련의 과정이므로 특수교육에서의 교육진단은 학습이나 문제행동에서 장애아동과 일반아동과의 차이 정도를 알아보는 것이 아니라 장애아동이 갖는 문제의 본질을 찾아 아동의 교육적 지원요구에 맞는 교수 · 학습 계획을 세우고 학습의 수행 정도와 진전을 점검하며 그에 적합한 교수 · 학습 계획을 수정하여 장애아동의 학습을 촉진시키고자 한다.

평가(evaluation)는 문제영역에 대한 정보를 수집해 가는 사정에 있어서 구체적인 과정을 의미한다. 문제영역에 대한 평가방법에는 여러 방법과 종류가 있을 수 있으며 개인의 특성 및 상황에 따라 적합한 것을 선택하여 실시하여야 한다. 평가는 여러 가지 정보를 수집하고 해석하는 것이다. 어떤 유형의 평가라도 그 목적은 아동의 성공적 교육계획을 구안하는데 최선의 방법은 무엇이고, 그 아동이 할 수 있는 일은 무엇이며, 할 수 없는 일은 무엇인지를 결정하는 것이다(김재천, 2015). 평가를 하는 목적은 학습자가 교사가 가르친, 혹은 가르치고자 의도한 교육목표를 성취하였는지, 교육목표를 성취하기 위해 특별한 도움이 필요한지를 결정하는데 필요한 정보를 수집하는 것이다(김동일 외, 2010).

판별(identification)은 아동이 지니고 있는 이상성 혹은 교육지도상의 현저한 문제성을 파악하기 위한 선별 및 평가활동을 통하여 개인의 능력 및 심리적 특성이 같은 사람들을 구분하는 진단 활동에 해당한다.

검사(test)는 좀 더 구체적인 용어로 구조화된 조건하에서 아동이 질문에 응답하는 것으로 사정을 위한 방법이고, 사정(assessment)은 객관적으로 정보를 수집하여 종합 분석 해석하는 일련의 과정으로, 사정하는 목적에 따라 필요한 모든 정보를 객관적으로 수집하고 그 개인에 대한 결정을 내리는 것을 의미한다. 또한 사정은 특수교육서비스의 제공과 관련하여 법적, 교수적인 결정을 내리기 위해 교육적으로 관련된 정보를 수집하는 과정으로 볼 수 있다.

이러한 용어의 개념을 기반으로 하여 진단 · 평가는 특수교육대상자로 의심되는 아동을 우선 발견하고, 발견된 아동이 특수교육을 받아야 하는지 적격성 여부를 판정하기 위한 진단을 하며, 이 아동이 특수교육 서비스에 적격한 것으로 판정된 경우 그 아동에게 적절한 교육 서비스가 제공되는 교육환경에 배치하는 것에서 시작한다. 또한 진단 · 평가는 아동의 발견, 진단 및 배치를 포함한 일련의 과정이며 교육자들이 아동에 관한 의사결정을 할 수 있도록 정보를 수집하는 과정임을 알 수 있다.

진단 · 평가를 위하여 미국의 장애아교육법에서는 장애 아동에게 적절한 그리고 개인에게 알맞게 설계된 공평한 평가를 할 것을 요구하고 있다고 하였으며 다음과 같은 지침을 제시하고 있다.

첫째, 검사와 기타 진단평가 자료는 아동의 모국어나 능통한 언어로 제작되고 실시될 수 있어야 하며, 검사의 사용 목적에 타당해야 한다. 검사를 실시하는 사람은 제작자가 의도한 사항을 충분히 숙지하고 있는 훈련된 사람이 시행하여야 한다.

둘째, 검사 및 진단평가 자료는 특정한 교육욕구를 평가하기 위해 만들어진 것이어야 하며 단순히 일반적인 지능지수를 알기 위한 것이어서는 안 된다.

셋째, 감각손상, 수지손상, 언어장애 등을 가지고 있는 아동을 진단평가 할 때 평가결과는 아동의 감각손상, 수지손상의 정도를 재기보다는 아동의 태도나 성취수준, 측정하고자 하는 검사의 요소 및 수준을 정확하게 반영해야 한다.

넷째, 단순한 절차가 아동의 적절한 개별화 프로그램을 결정하는 단일한 준거로 사용되어서는 안 된다.

다섯째, 진단평가는 적어도 한 명의 교사와 장애 영역에 지식을 가지고 있는 전문가집단이나 종합적 팀(multidisciplinary team)에 의해 이루어져야 한다. 여섯째, 아동은 건강, 시력, 청력, 사회 정서적 상태, 일반지능, 학습수행능력, 의사소통, 운동능력 등 의심되는 모든 장애영역에서 평가되어야 한다고 하였다(전영애, 2004).

2. 진단·평가의 이해

McLoughlin과 Lewis(1993)에 따른 진단·평가의 구체적인 목적을 5가지로 분류하였다(국립특수교육원, 2009). 첫째, 학습에 심각한 어려움을 겪고 있는 아동을 확인하기 위한 선별하기 위함이다. 둘째, 특수교육대상자로서의 적격성을 판별하기 위함이다. 셋째, 교육프로그램과 전략을 결정하기 위함이다. 넷째, 아동의 진보를 확인하기 위함이다. 다섯째, 프로그램의 유용성과 효과에 대한 판단을 통해 프로그램을 평가하기 위함이다. 이처럼 진단·평가라는 과정은 아동의 장애 영역 및 수행수준을 파악하는 동시에 적절한 교수·학습 계획을 세우는 활동이며 이러한 교육을 수행하기 위한 평가와 교수·학습 계획의 수정이 연결되는 유기적 과정이다. 또한 이러한 진단 검사를 실시하는 시행 방법을 일반적으로 6단계로 구분하여 설명할 수 있다(국립특수교육원, 2009). 첫째, 검사의 목적에 맞는 검사도구를 선정한다. 둘째, 검사도구의 개발, 실시, 채점과 관련된 사항을 충분히 숙지하여 검사요강을 이해한다. 셋째, 검사 대상 아동에게 적절한 환경을 제공하고 학부모에게 검사에 대한안내를 통해 검사에 대한 동기를 부여한다. 넷째, 검사 지시 요강에 제시된 지침을 따라 검사를 실시한다. 다섯째, 검사 실시 요강에 따라 객관적으로 검사 결과를 채점한다. 여섯째, 행동 특성에 따른 질적 차이를 반영하여 검사 결과를 해석한다(박은주, 2013).

장애아동생을 위한 진단·평가를 통하여 조기 발견 및 조기 중재에 대한 근거를 마련하게 된다는 점에서 중요성을 설명할 수 있다. 이러한 진단·평가에 대한 중요성을 구체적으로 살펴보자면, 첫째, 진단·평가를 통해 장애아동을 조기에 발견할 수 있고, 둘째, 특수교육을 필요로 하는 아동에게 중재 시작의 계기가 될 수 있다.

셋째, 이후 아동에게 발생할 수 있는 문제를 예방할 수 있고, 문제교정도 가능하며, 넷째, 아동에게 적절한 교육적 서비스를 제공하기 위함이다. 다섯째, 아동의 능력, 강점, 약점 등을 파악하여 개별화교육계획(IEP)을 수립하기 위한 핵심 자료를 제공하기 위함이다. 여섯째, 진단 · 평가의 결과를 바탕으로 아동의 요구에 부합하는 교수 전략과 지원 방법을 결정하기 위함이다. 일곱째, 진단 · 평가는 아동중심적이어야 한다.

진단 · 평가에서의 사정 자료는 장애아동의 특수교육대상자로서의 적격성 판정뿐만 아니라 중재 목적과 목표를 결정하는데 기초가 되기 때문에 진단 단계에서는 아동의 기능적, 발달적, 교육적, 신체적, 인지적, 행동적, 환경적 정보 등을 수집하는 것이 필요하며, 이를 위해 다양한 사정 도구와 전략을 사용하는 것이 중요하다.

진단 · 평가를 통하여 특수교육 서비스를 제대로 제공하기 위해서는 우선 특수교육 대상자인지 판단하게 된다. 「장애인 등에 대한 특수교육법」(2023 일부개정)에서는 이러한 진단 · 평가에 대한 법적 근거를 마련하고 시행하고 있다.

장애인 등에 대한 특수교육법 제14조(장애의 조기 발견 등)

① 교육장 또는 교육감은 영유아의 장애 및 장애 가능성을 조기에 발견하기 위하여 지역주민과 관련 기관을 대상으로 홍보를 실시하고, 해당 지역 내 보건소와 병원 또는 의원에서 선별검사를 무상으로 실시하여야 한다.

② 교육장 또는 교육감은 제1항에 따른 선별검사를 효율적으로 실시하기 위하여 지방자치단체 및 보건소와 병 · 의원 간에 긴밀한 협조체제를 구축하여야 한다.

③ 보호자 또는 각급학교의 장은 제15조 제1항 각 호에 따른 장애를 가지고 있거나 장애를 가지고 있다고 의심되는 영유아 및 학생을 발견한 때에는 교육장 또는 교육감에게 진단 · 평가를 의뢰하여야 한다. 다만, 각급학교의 장이 진단 · 평가를 의뢰하는 경우에는 보호자의 사전 동의를 받아야 한다.

④ 교육장 또는 교육감은 제3항에 따라 진단 · 평가를 의뢰받은 경우 즉시 특수교육지원센터에 회부하여 진단 · 평가를 실시하고, 그 진단 · 평가의 결과를 해당 영유아 및 학생의 보호자에게 통보하여야 한다.

「장애인 등에 대한 특수교육법」에서의 조기 발견에 대한 명시적 제시를 기반으로 하여 특수교육대상자의 진단 · 평가에 대한 구체적인 평가 영역 및 검사 도구에 대하여 살펴보고자 한다. 진단 · 평가에 대한 내용 역시 법적 근거를 명확히 함으로써 특수교육대상자의 조기 발견을 위하여 명시하고 있음을 알 수 있다.

「장애인 등에 대한 특수교육법」 시행규칙(2022 일부개정)에서 특수교육대상자 선별검사 및 진단 · 평가 영역에 대한 명시하였다.

〈표 11-1〉 특수교육대상자의 선별검사 및 진단평가 영역

<table>
<tr><th colspan="2">구분</th><th>영역</th></tr>
<tr><td colspan="2">장애 조기 발견을 위한 선별검사</td><td>1. 사회성숙도검사
2. 적응행동검사
3. 영유아발달검사</td></tr>
<tr><td rowspan="4">진단 · 평가 영역</td><td>시각장애 · 청각장애 및 지체장애</td><td>1. 기초학습기능검사
2. 시력검사
3. 시기능검사 및 촉기능검사(시각장애의 경우에 한함)
4. 청력검사(청각장애의 경우에 한함)</td></tr>
<tr><td>지적장애</td><td>1. 지능검사
2. 사회성숙도검사
3. 적응행동검사
4. 기초학습검사
5. 운동능력검사</td></tr>
<tr><td>정서 · 행동장애, 자폐성장애</td><td>1. 적응행동검사
2. 성격진단검사
3. 행동발달평가
4. 학습준비도검사</td></tr>
<tr><td>의사소통장애</td><td>1. 구문검사
2. 음운검사
3. 언어발달검사</td></tr>
</table>

구분		영역
	학습장애	1. 지능검사 2. 기초학습기능검사 3. 학습준비도검사 4. 시지각발달검사 5. 지각운동발달검사 6. 시각운동통합발달검사

3. 진단·평가를 위한 검사

특수교육대상자의 진단 · 평가를 위하여 조기발견을 위한 선별검사와 진단 · 평가 영역에서 살펴본 검사도구에 대하여 개략적으로 소개하고자 한다. 특수교육현장에서 진단 · 평가에 대한 중요성을 인식하고 검사도구들에 대한 개발 및 실시에 많은 시간을 투자하고 있는 실정이다. 그러므로 특수교육대상자의 선정 혹은 이들의 조기발견을 위한 선제적인 노력이 예비 전문가로서 반드시 필요한 영역임을 알 수 있다.

1) 장애 조기발견을 위한 선별검사

(1) 사회성숙도검사

사회성숙도검사는 자조, 이동, 작업, 의사소통, 자기관리, 사회화 등 6개 유목의 117개 문항으로 구성되는 사회적 능력(Social competence), 즉 적응행동(Adaptive behavior)을 평가 혹은 측정하는 검사도구이다. 이 검사도구는 면접의 형식으로 진행한다. 이때 피검자를 잘 아는 부모, 부모가 없을 경우에는 피검자의 형이나 누나 또는 그를 잘 아는 친척이나 후견인이 참여하게 된다. 사회성숙도검사의 실시 연령은 0~30세까지 적용이 가능하다.

[그림 11-1] 사회성숙도 검사

(2) 국립특수교육원 적응행동검사

국립특수교육원 적응행동검사(KISE-SAB; Korea Institute for Special Education-Scale of Adaptive Behavior)는 2~18세까지 적용 가능한 적응행동 평가 도구로, 친숙한 제3자와의 면접을 통하여 평가를 실시한다. 적응행동을 개념적 기술, 사회적 기술 및 실제적 기술로 구성되는 개념의 총 242문항으로 구성하는데 개념적 기술에는 언어이해, 언어표현, 읽기, 쓰기, 돈 개념, 자기지시 등 72문항으로 구성하였고, 사회적 기술은 사회성 일반, 놀이활동, 대인관계, 책임감, 자기보호, 규칙 등 68문항으로, 실제적 기술은 화장실 이용, 먹기, 옷 입기, 식사준비, 집안정리, 교통수단 이용, 진료받기, 금전관리, 통신수단 이용, 작업기술, 안전 및 건강관리 등 102문항으로 구성하여 적응행동을 평가한다.

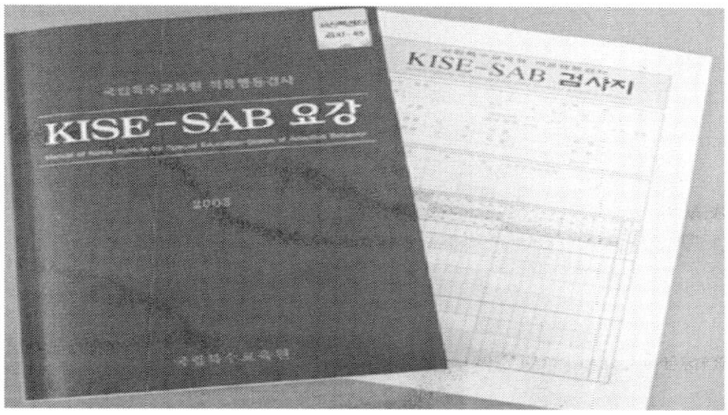

[그림 11-2] 국립특수교육원 적응행동검사

(3) 베일리 아동 발달 평가 도구

베일리 아동 발달 평가 도구(Bayley Scales of Infant and Toddler Development)는 생후 1~42개월까지 영유아의 발달 기능을 개별적으로 측정하는 검사로 정신 척도(Mental Scale), 운동 척도(Motor Scale), 행동 평정 척도(Behavior Rating Scale)로 구성되어 있다. 아동의 초기 발달 상태를 검사하여 수준을 측정하고 지적 능력과 운동 능력의 지연 정도를 수치로 알아보기 위한 도구이며, 지능(178항목), 운동(111항목), 유아행동기록(30항목)의 세 부분으로 구성되었다.

[그림 11-3] 베일리 아동 발달 평가 도구

2) 장애영역별 진단 · 평가 영역의 검사도구

(1) 한국 웩슬러 아동 지능검사(5판)

한국 웩슬러 아동 지능검사-5판(Korean Wechsler Intelligence Scale for Children-Fifth Edition: K-WISC-V)은 아동의 지능을 평가하기 위해 개별적으로 실시하는 종합적인 임상도구로, 6세 0개월~16세 11개월까지 적용 가능한 검사도구이다. 총 16개의 소검사로 구성되어, 전체 IQ(FSIQ)와 5가지 기본지표점수, 즉 언어이해, 시공간, 유동 추론, 작업기억, 처리속도와 5가지 추가지표점, 즉 양적추론, 청각작업기억, 비언어, 일반능력, 인지효율을 제공하고 있다.

[그림 11-4] 한국 웩슬러 아동 지능검사 5판

(2) 국립특수교육원 기초학습능력검사

국립특수교육원 기초학습능력검사(National Institute of Special Education-Basic · Academic Competence Tests: NISE-B · AC)는 기초학습기능검사에 해당하는 검사도구로, 5~14세까지 적용 가능하다. 개별적으로 기초학습능력 평가하는 도구로써, 특수교육대상학생, 장애 발생의 위험도가 높은 특수교육대상학생, 장애 발생의 위험도가 높은 아동의 선별 · 진단 및 교육정보 제공한다. 특히, 읽기, 쓰기, 수학 검사 영역의 기초학습능력 진단을 목적으로 둔 검사도구이다.

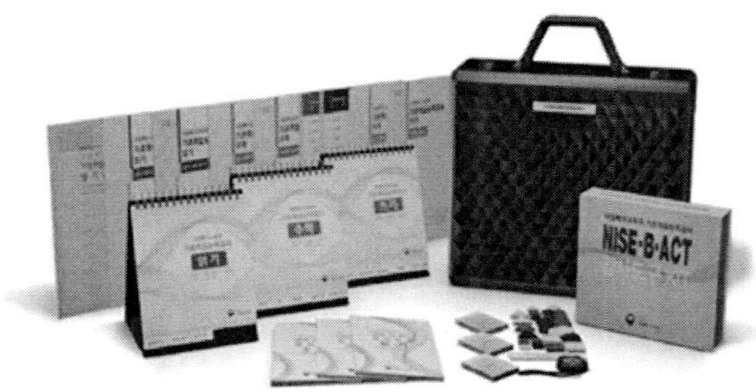

[그림 11-5] 국립특수교육원 기초학습능력검사

(3) 오세레츠키 운동능력검사

운동능력을 살펴보기 위한 검사도구로는 오세레츠키 운동능력검사(Oseresky Motor Skill Test)가 있다. 이 검사도구는 4~16세까지 적용 가능하며, 전반적인 운동 수행 능력을 평가함에 목적을 둔다. 운동능력검사이므로 단순한 운동의 양적 측정뿐만 아니라 협응력, 속도, 자발동작, 단일동작, 수행능력들을 측정하고, 일반적 정적 협응검사, 손동작 협응검사, 일반동작 협응검사, 운동 속도검사, 동시적 다발 동작 검사, 단일동작 수행능력 검사가 이루어진다.

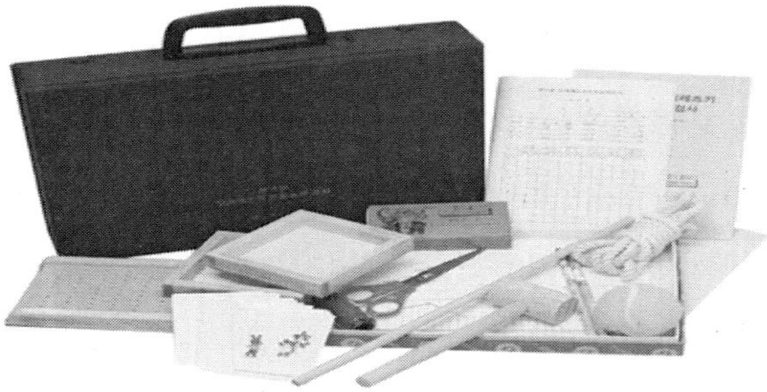

[그림 11-6] 오세레츠키 운동능력검사

(4) 구문의미 이해력검사

의사소통장애아동의 구문력을 알아보기 검사도구로 구문의미 이해력검사를 소개한다. 구문의미 이해력검사는 언어 이해력에 어려움을 보이는 아동 중 특히 구문의미를 이해하는 데 어려움이 있는 아동을 판별하는 검사도구로, 4세~초등학교 3학년까지 적용 가능한 검사도구이다. 또한 단순언어장애아동의 하위유형을 판별하거나 여러 언어 하위영역 중에서 구문의미에 대해 아동이 가지고 있는 강점과 약점을 짧은 시간에 평가할 수 있는 장점을 가지고 있다.

[그림 11-7] 구문의미이해력검사

(5) 우리말조음음운검사2

의사소통장애아동을 위한 음운검사로 소개되는 우리말조음음운검사2(Urimal Test of Articulation and Phonology-2: UTAP2)는 한국어 자음 또는 모음 말소리를 단어와 문장에서 적절히 산출하는 지를 체계적으로 평가하기 위한 검사도구이다. 우리말조음음운검사2는 자신의 연령에 비하여 조음음운발달이 늦거나 명료하지 않아 말소리장애가 의심되는 아동의 말소리 평가에 적합한 검사도구이다.

[그림 11-8] 우리말조음음운검사2

(6) 취학전 아동의 수용언어 및 표현언어 발달척도

취학전 아동의 수용언어 및 표현언어 발달척도(Preschool Receptive-Expressive Language Scale: PRES)는 언어발달을 알아보기 위한 검사도구로 2~6세까지 적용 가능하다.

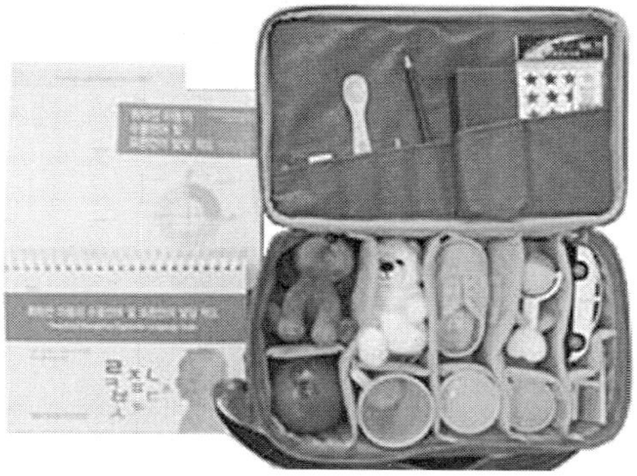

[그림 11-9] 취학전 아동의 수용언어 및 표현언어 발달척도

(7) 한국판 아동 시지각발달검사3

한국판 아동 시지각발달검사3(Korean Developmental Test of Visual Perception: Thrid Edition)는 시지각발달검사에 대하여 살펴보기 위한 검사도구로 4~12세까지 적용 가능하다. 시지각 능력과 시각-운동 능력을 측정하기 위해 개발된 5개의 하위 검사로 구성되어 있으며, 눈-손 협응, 따라그리기, 도형-배경, 시각통합, 형태항상성으로 구성되어 있다.

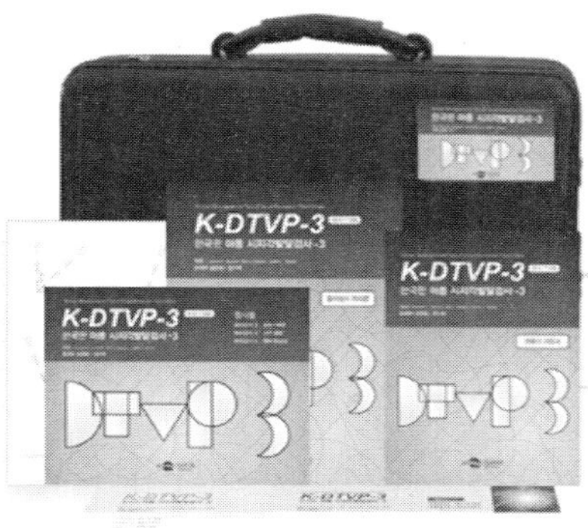

[그림 11-10] 한국판 아동 시지각발달검사3

4. 진단·평가의 모델

1) 이론적 모델

진단 · 평가에 대한 모델 중 이론적 모델에 대하여 살펴보고자 한다.

첫째, 발달모델이다. 발달모델은 학습에 관계된 주된 영역으로 신체영역, 인지영역, 지각운동영역, 언어영역, 사회-정서 영역을 포함한다.

둘째, 행동모델은 아동의 행동을 관찰함으로써 강화의 유형과 강화 시간에 따라 변하고 조절되고 조건화되는 상징적인 반응을 이해하는 모델이다.

셋째, 정보처리모델이다. 정보처리모델은 아동이 정보를 받고 전달하는 방법을 모델로 진단하고 평가하는 모델로 가르치고 배우는 것을 분석함으로써 아동이 선호하는 기능 유형과 문제 발생 원인을 파악하는 모델이다.

넷째, 생태학적 모델이다. 아동을 평가하기 위한 포괄적인 지침을 제공해 줄 뿐만 아니라 중재프로그램을 제공할 때, 필요한 상황, 요인, 기관, 사람 등을 포함한다.

다섯째, 상호작용모델이다. 상호작용 모델은 진단에서 전문가는 아동과 환경의 변화를 함께 보고 아동에 대한 진단은 학습에 영향을 주는 사람과 환경에 대한 상호 정보를 제공하는 모델에 해당한다.

2) 진단 · 평가의 절차

장애아동에 대한 진단 · 평가는 엄격하고 정확해야 한다. 그러므로 진단 · 평가는 명확한 언어로 실시해야 하고, 실시하는 목적과 타당해야 하며, 충분히 훈련된 사람이 검사를 진행해야 한다. 또한 장애영역별 전문가, 관련 학자의 다학문적 협력을 필요로 하며, 다각적인 영역으로 포함하고 있다. 여러 검사 결과로 평가를 실시하고, 검사 외 충분한 관찰과 면접이 이루어져야 한다. 이러한 진단 · 평가를 실시하는데 있어서는 구체적인 절차가 요구된다. 첫째, 검사의 목적에 맞는 검사도구를 선정해야 한다. 둘째, 검사도구의 개발, 실시, 채점과 관련된 사항을 충분히 숙지하여 검사 지침에 대한 이해가 이루어져야 한다. 셋째, 검사 대상 아동에게 적절한 환경을 제공하고 학부모에게 검사에 대한 안내를 통해 검사에 대한 동기를 부여가 필요하다. 넷째, 검사 지시 지침에 제시된 지침을 따라 검사를 실시한다. 다섯째, 검사 실시 지침에 따라 객관적으로 검사 결과를 채점한다. 여섯째, 행동 특성에 따른 질적 차이를 반영하여 검사 결과를 해석해야 한다.

진단 · 평가에 대한 절차는 이후 결과에 대한 해석에 있어서의 명확성에도 영향을 줄 수 있으므로 절차에 대한 숙지가 반드시 필요한 부분이다.

3) 특수교육 사정 모형

장애아동의 사정을 위해서 Peterson(1987)은 특수교육 사정 모형을 제안하면서 아동발견, 선별검사, 진단, 교육적 사정, 수행능력 점검, 프로그램 평가로 구분하여 과정화하였다.

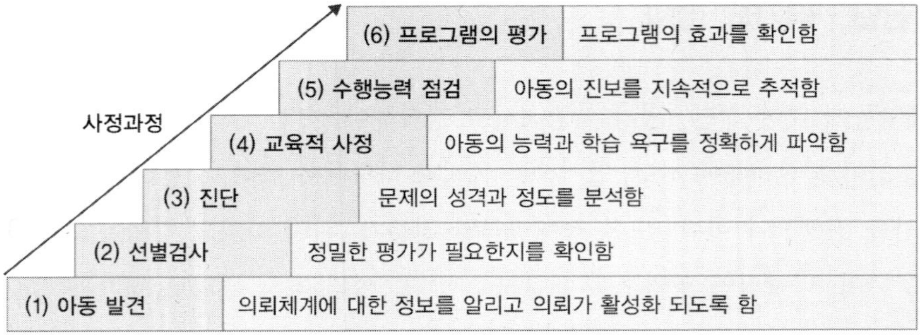

[그림 11-11] Peterson의 특수교육 사정 모형

Peterson(1987)은 진단 · 평가의 6단계에 대한 목적과 각 단계에서 이루어져야하는 평가 등에 대하여 다음과 같이 구체화하였다.

〈표 11-2〉 Peterson의 특수교육 사정 모형에 따른 각 단계별 과정

진단 · 평가	목 적	기본적인 평가
아동 발견	• 특수한 욕구를 지닌 아동과 선별검사의 대상 아동이 주위에 있는지 부모, 전문가, 일반인이 관심을 갖고 살펴보도록 하기 위함	• 부모나 주위 사람들이 볼 때 문제점이나 비정상적인 행동을 보이는가? • 아동의 발달이나 행동이 비정상적이어서 선별검사에 의뢰를 해야 하는가?
선별검사	• 정상 발달범주를 벗어났거나 좀 더 세밀한 평가가 필요한 아동을 찾아내기 위함	• 잠재적인 문제나 비정상적인 행동을 보이는가? • 진단 · 평가가 필요한가? • 특수교육이 필요할 것 같은가?
진단	• 평가를 수행하고, 문제의 성격과 정도를 결정하고, 필요한 서비스를 결정하기 위함	• 문제가 정확하게 무엇인가? • 문제가 어느 정도 심각한가? • 어떤 서비스가 필요한가?
교육적 평가	• 아동의 구체적인 수준 을 파악하고 개별화교육계획(IEP) 개발에 필요한 정보를 수집하기 위함	• 아동의 강점과 약점이 무엇인가? • 습득한 기술과 습득이 필요한 기술이 무엇인가? • 어떤 교육/치료목표가 필요한가? • 어떤 서비스가 필요한가?

진단 · 평가	목 적	기본적인 평가
수행능력 점검	• 교육/치료활동의 결과로서 아동의 수행 정도와 새로운 기술 습득 여부를 점검하기 위함	• 아동이 지속적으로 진보하고 있는가? • 개별화교육계획(IEP) 목표에 도달하였는가? • 사용하는 교수방법이 긍정적인 결과 를 가져오고 있는가?
프로그램평가	• 전반적인 교육/치료 프로그램의 질을 평가하고 참여 아동이나 부모에게 미친 영향을 증명하기 위함	• 아동의 삶에 있어서 프로그램이 얼마나 효과적인가? • 아동수행능력과 발달에 있어서 프로 그램의 적용결과가 어떠한가? • 프로그램에 관여한 부모, 전문가 등의 만족도가 어떠한가?

출처: 조인수 외(2012). 지적장애아교육. p.85.

4) 진단 · 평가의 방법

진단 · 평가는 형식, 준거, 관찰 등의 다양한 방식으로 실시되어지그로 이에 대한 구체적인 방법을 정리하여 제시하였다. 진단 · 평가의 방법을 형식적 검사와 비형식적 검사, 공식적 진단와 비공식적 진단, 규준참조검사와 준거참조검사, 표준화된 검사와 수정된 검사, 직접진단과 간접진단, 자연적 관찰과 임상적 관찰, 결과중심 진단과 과정중심 진단으로 구분하여 정리하였다(Hooper & Umansky, 2004; 이소현 외, 2009; 박은주, 2013; 김재천, 2014).

첫째, 형식적 검사와 비형식적 검사이다. 형식적 검사는 정해진 형식과 절차에 따라 진행되는 검사로 실시, 채점, 해석 절차가 명확한 검사이다. 여기에는 표준화된 기능검사, 적응행동검사, 언어검사 등이 있으며 신뢰도 및 타당도가 확보되어 규준집단을 상대로 장애아동의 상대적 위치를 파악함으로써 개인 간 차를 확인할 수 있을 뿐 아니라 규준집단을 상대로 장애아동의 상대적 위치를 파악함으로써 개인간 차를 확인할 수 있다. 비형식적 검사는 보다 덜 구조화된 방식으로 진행되는 검사로 실시, 채점, 해석에 대한 지침 없이 관찰, 면접, 포트폴리오, 교사가 제작한 검사 등이 포함된다. 교사가 장애아동의 학습수행 과정을 관찰하거나 교사가 직접 제작한 검사지로 아동의 수행 정도를 파악함으로써 장애아동의 개별화교육계획 및 교수·학습 계획 수립에 의미 있는 정보를 제공한다.

둘째, 공식적 진단과 비공식적 진단이다. 공식적 진단은 수집되는 정보에 따라 특정 목적을 가지고 표준화된 검사를 이용하는 진단 방법에 해당하고 비공식적 진단은 비표준화된 절차에 따라 진행하는 방법에 해당한다.

셋째, 규준참조검사와 준거참조검사이다. 규준참조검사는 동일 연령의 다른 아동들과 발달 및 성취를 비교하기 위함을 목적으로 실시하는 방법에 해당하고, 준거참조검사는 아동의 현재 수행능력에 초점을 두고 가능한 기술이 무엇인지를 확인하기 위하여 실시한다.

넷째, 표준화된 검사와 수정된 검사이다. 표준화된 검사란 표준화된 정보수집과정을 따르는 검사이고, 수정된 검사는 좀 더 융통성 있는 절차와 방법을 사용하여 장애아동의 능력을 측정하는 장애에 따라 수정하여 적용하는 검사이다.

다섯째, 직접진단과 간접진단이다. 직접진단은 진단자가 정보를 수집하는 과정에 따라 직접 대면하여 정보를 수집하는 것이고, 간접진단은 부모나 교사의 면담이나 이들의 평가척도 등을 통해 간접적으로 정보를 수집하는 방법이다.

여섯째, 자연적 관찰과 임상적 관찰이다. 자연적 관찰은 아동이 자신의 환경에서 자연스럽게 자신의 일과를 진행하는 중에 이루어지는 관찰 방법이고, 임상적 관찰은 병원이나 임상발달센터 등의 환경에서 이루어지는 관찰에 해당한다.

일곱째, 결과중심 진단과 과정중심 진단이다. 결과중심 진단은 수집되는 정보에 따라 검사도구를 사용하여 또래와의 비교나 교수·학습의 기준점을 잡는데 활용되는 방법이다. 과정중심 진단은 아동이 진단자나 환경과 어떻게 상호작용하며 과제를 수행하는지 수행과정을 관찰하는 방법에 해당한다.

학습문제

1. 진단 · 평가의 이해를 위한 측정, 사정, 평가에 대하여 설명할 수 있다.
2. 진단 · 평가의 절차에 대하여 설명할 수 있다.
3. 진단 · 평가의 방법 중 형식적 검사와 비형식적 검사에 대하여 비교 설명할 수 있다.

참고문헌

국립특수교육원(2009). **특수교육대상아동 선별 · 진단검사 지침**. 국립특수교육원

김재천(2014). 지적장애아동 진단 · 평가에 대한교사의 실행과제. 박사학위논문 대구대학교 대학원.

박은주(2013). 특수교사의 장애아동 진단 · 평가에 대한인식 연구. 석사학위논문 대구대학교 교육대학원.

이소현, 김수진, 박현옥, 부인앵, 원종례, 윤선아, 이수정, 이은정, 조윤경, 최윤희(2009). **교육진단 및 교수계획을 위한 장애유아 진단 및 평가**. 서울: 학지사.

이승희(2019). **특수교육평가**. 서울: 학지사.

장애인 등에 대한 특수교육법 시행규칙.(시행 2022. 7. 21, 교육부령 제269호, 2022. 6. 29, 일부개정).

장애인 등에 대한 특수교육법 시행령.(시행 2023. 4. 19, 대통령령 제33406호, 2023. 4. 18, 일부개정).

장애인 등에 대한 특수교육법.(시행 2023.4.19. 법률 제 18992호, 2022.1018 일부개정)

전영애(2004). 초등학교 특수학급 교육진단평가의 실태 및 개선방안. 석사학위논문 중부대학교 교육대학원.

조인수, 전보성, 박정식(2012). 지적장애아교육. 경북: 대구대학교 출판부.

McLoughlin, J. A., & Lewis, R. B. (1993). *Assessing special students*. NewYork: M. M. International.

Peterson, N. L. (1987). Early intervention for handicapped and at-risk children. Denver. Love Publishing Co.

https://www.npnews.co.kr/news/articleView.html?idxno=6425

https://www.isorimall.com/catalog/ProdDetail.asp?cate1=1000&cate2=&pid=bcb0001&page=&pagenum

https://www.isorimall.com/catalog/ProdDetail.asp?cate1=1000&cate2=1011&pid=bda0037

https://www.isorimall.com/catalog/ProdDetail.asp?cate1=1000&cate2=1011&pid=bba0056&page=1&pagenum=40

https://sharkro.com/goods/goods_view.php?goodsNo=1000000010

https://www.isorimall.com/catalog/ProdDetail.asp?cate1=1070&cate2=&pid=bdb0003&page=&pagenum=

https://www.isorimall.com/catalog/ProdDetail.asp?cate1=1000&cate2=&pid=baa0001&page=&pagenum

https://www.isorimall.com/catalog/ProdDetail.asp?cate1=1000&cate2=&pid=baa0052&page=&pagenum=

https://www.isorimall.com/catalog/ProdDetail.asp?cate1=1000&cate2=1012&pid=baa0006&page=2&pagenum=40

https://www.isorimall.com/catalog/ProdDetail.asp?cate1=1000&cate2=&pid=baa0035&page=&pagenum=

12

Chapter

특수교육과 교육적 지원

교육과정이란 학생들이 익혀야하는 학문과 지식, 기술 등을 교육학적으로 개발하여 조직해 높은 것이다. 이러한 교육과정은 전면 개정 혹은 수시 개정 등 여러 차례 개정을 거치면서 현재 2022 개정 교육과정을 고시하였고, 특수교육 교육과정 역시 2022 개정 특수교육 교육과정을 통하여 특수교육대상자에게 적용 중이다.

교육과정(curriculum)은 교육에 내용(contents)과 과정(process)을 규정한 것으로 교육과정 속에는 교육의 목표로부터 시작하여 교수 · 학습과정의 세부 단계 및 사항, 교육평가의 대상과 절차 등에 관한 구체적인 규정과 지침을 명시하고 있다(김봉석, 2007).

1. 특수교육 교육과정 운영의 교수 · 학습

교수(teaching)은 학습 목표 달성을 위해 학습 환경을 설계하고, 학습 경험을 제공하며, 학습자의 성장을 지원하는 일련의 활동이고, 학습(learning)은 학습자가 능동적으로 지식과 정보를 습득하고, 이해하며, 새로운 기술과 태도를 형성하는 과정에 해당한다. 이러한 의미에서 교수 · 학습이란 교수자와 학습자 사이의 상호작용을 통해 학습자의 지식, 기술, 태도의 변화를 유도하는 체계적인 과정을 의미한다.

특수교육 교육과정은 지난 2022 개정 교육과정을 마련하고 단계적으로 교육과정을 적용하고 있다. 특히 2022 개정 특수교육 교육과정의 추진 배경으로는, 학생의 장애 특성과 교육적 요구 등을 반영한 실생활 중심의 맞춤형 교육과정 기반을 마련하고, 통합교육 확대에 따른 초 · 중등학교 교육과정과 특수교육 교육과정의 연계

강화와 개별 학생의 장애특성과 교육적 요구 등을 고려하여 특수교육 교육과정을 강화하기 위함이다. 또한 기본 교육과정의 성격 확립, 장애 정도가 심한 학생의 맞춤형 교육을 위한 일상생활 활동 신설, 통합교육 내실화를 위한 지원을 강화하고자 하였다.

여기에서는 2022 개정 특수교육 교육과정의 교수학습에 대한 내용을 정리함으로써 학교 교육에서의 가르치고 배우고자 함에 있어서 체계적 과정에 대한 의미를 알아보고자 한다.

2022 개정 특수교육 교육과정 유치원 교육과정 교수·학습에서는 다음과 같이 명시하고 있다.

가) 유아가 흥미와 관심에 따라 놀이에 자유롭게 참여하고 즐기도록 한다.
나) 유아가 놀이를 통해 배우도록 한다.
다) 유아가 다양한 놀이와 활동을 경험할 수 있도록 실내외 환경을 구성한다.
라) 유아와 유아, 유아와 교사, 유아와 환경 간에 능동적인 상호작용이 이루어지도록 한다.
마) 5개 영역의 내용이 통합적으로 유아의 경험과 연계되도록 한다.
바) 개별 유아의 요구에 따라 휴식과 일상생활이 원활히 이루어지도록 한다.
사) 유아의 연령, 발달, 장애, 배경 등을 고려하여 개별 특성에 적합한 방식으로 배우도록 한다.
아) 일상생활과 놀이, 활동 등의 일과 내에서 개별화교육계획을 실행하고, 유아의 놀이 참여를 위한 지원을 제공한다.
자) 유아의 개별적 요구에 필요한 특수교육 관련서비스는 개별화교육계획에 따라 지원할 수 있다.
차) 가정과 지역사회의 연계를 통해 유치원에서의 경험이 확장되도록 한다.

2022 개정 특수교육 교육과정의 초·중등학교 교육과정은 교육과정의 운영의 교수·학습에 대하여 살펴보고자 한다.

가) 학교는 학생들이 깊이 있는 학습을 통해 핵심역량을 함양할 수 있도록 교수・학습을 설계하여 운영한다.
① 단편적 지식의 암기를 지양하고 각 교과목의 핵심 아이디어를 중심으로 지식・이해, 과정・기능, 가치・태도의 내용 요소를 유기적으로 연계하며 학생의 발달 단계에 따라 학습 경험의 폭과 깊이를 확장할 수 있도록 수업을 설계한다.
② 교과 내 영역 간, 교과 간 내용 연계성을 고려하여 수업을 설계하고 지도함으로써 학생들이 융합적으로 사고하고 창의적으로 문제를 해결하는 능력을 함양할 수 있도록 한다.
③ 학습 내용을 실생활 맥락 속에서 이해하고 적용하는 기회를 제공함으로써 학교에서의 학습이 학생의 삶에 의미 있는 학습 경험이 되도록 한다.
④ 학생이 여러 교과의 고유한 탐구 방법을 익히고 자신의 학습 과정과 학습 전략을 점검하며 개선하는 기회를 제공하여 스스로 탐구하고 학습할 수 있는 자기주도 학습 능력을 함양할 수 있도록 한다.
⑤ 교과의 깊이 있는 학습에 기반이 되는 언어・수리・디지털 기초소양을 모든 교과를 통해 함양할 수 있도록 수업을 설계한다.

나) 학교는 학생들이 수업에 능동적으로 참여하고 학습의 즐거움을 경험할 수 있도록 교수・ 학습을 설계하여 운영한다.
① 학습 주제에서 다루는 탐구 질문에 관심과 호기심을 가지고 스스로 문제를 해결하는 학생 참여형 수업을 활성화하며, 토의・토론 학습을 통해 자신의 생각을 표현하는 기회를 가질 수 있도록 한다.
② 실험, 실습, 관찰, 조사, 견학 등의 체험 및 탐구 활동 경험이 충분히 이루어질 수 있도록 한다.
③ 개별 학습 활동과 함께 소집단 협동 학습 활동을 통하여 협력적으로 문제를 해결하는 경험을 충분히 갖도록 한다.

다) 교과의 특성과 학생의 능력, 적성, 진로를 고려하여 학습 활동과 방법을 다양화하고, 학교의 여건과 학생의 특성에 따라 다양한 학습 집단을 구성하여 학생 맞춤형 수업을 활성화한다.
① 학생의 선행 경험, 선행 지식, 오개념 등 학습의 출발점을 파악하고 학생의 특성을 고려하여 학습 소재, 자료, 활동을 다양화한다.
② 정보통신기술 매체를 활용하여 교수・ 학습 방법을 다양화하고, 학생 맞춤형 학습을 위해 지능정보기술을 활용할 수 있다.
③ 다문화 가정 배경, 가족 구성, 장애 유무 등 학습자의 개인적・사회문화적 배경의 다양성을 이해하고 존중하며, 이를 수업에 반영할 때 편견과 고정 관념, 차별을 야기하지 않도록 유의한다.
④ 학교는 학생 개개인의 학습 상황을 확인하여 학생의 학습 결손을 예방하도록 노력하며, 학습결손이 발생한 경우 보충 학습 기회를 제공한다.

라) 교사와 학생 간, 학생과 학생 간 상호 신뢰와 협력이 가능한 유연하고 안전한 교수・학습환경을

지원하고, 디지털 기반 학습이 가능하도록 교육공간과 환경을 조성한다.
① 각 교과의 특성에 맞는 다양한 학습이 이루어질 수 있도록 교과 교실 운영을 활성화하며, 고등학교는 학점 기반 교육과정 운영을 위해 유연한 학습공간을 활용한다.
② 학교는 교과용 도서 이외에 시・도 교육청이나 학교 등에서 개발한 다양한 교수・학습 자료를 활용할 수 있다.
③ 다양한 지능정보기술 및 도구를 활용하여 효율적인 학습을 지원할 수 있도록 디지털 학습 환경을 구축한다.
④ 학교는 실험 실습 및 실기 지도 과정에서 학생의 안전사고를 예방하기 위해 시설・기구, 기계, 약품, 용구 사용의 안전에 유의한다.
⑤ 특수교육 대상 학생 등 교육적 요구가 다양한 학생들을 위해 필요할 경우 의사소통 지원, 행동지원, 보조공학 지원 등을 제공한다.

교육과정에 대한 교수・학습에 대한 내용을 개정 특수교육 교육과정을 중심으로 살펴봄으로써 특수교육대상자를 위한 교수자의 교육적 지원에 대한 구체화되고 명시화된 내용을 확인할 수 있었다. 이를 통하여 특수교육대상자의 교육적 지원에 기본방향 마련, 구체적인 물리적 구조의 설계와 상호작용 전략 구성 등에 적극 활용할 수 있어야 한다.

2. 교육적 지원 전략

특수교육대상자의 교육적 지원에는 장애 영역별 다양한 전략과 증거 기반을 실제로 한 지도 방법들을 소개되고 있다. 장애 영역별 교육적 지원 전략 혹은 중재에 대해서는 각 장애영역별 학습을 통하여 소개되었던 바 있다. 여기에서는 교육적 지원에 대한 내용을 교사 주도 교수와 아동 중심 교수로 구분하였고, 교수 주도 교수에서는 직접교수법을 설명하고, 아동 중심 교수에서는 협동학습과 또래학습에 대하여 설명하고자 한다.

1) 교사 주도 교수

교사 주도 교수는 교사의 의사소통 방식이 학습자들에게 문명하고 정확하게 전달되어야 하고 학습자들을 이를 통하여 직접적으로 실행하게 된다. 교수 주도 교수는 교사에 의한 내용의 제시, 점검, 검사, 검사 결과 통보 등으로 이루어지는 일련의 교사 중심 수업과정을 의미한다. 교사는 먼저 그날 학습할 내용을 예를 들거나 시범을 보이면서 제시하고, 이어서 학습자들은 교사의 도움과 점검 속에 제시받은 학습내용을 반복연습하고 그 결과를 시험을 통해 교사에게 보이고, 교사는 그 결과를 다시 학습자들에게 피드백하는 방식이다(이대식, 2004).

(1) 직접교수법

교사 주도 교수 중 직접교수법은 학급조직과 관리에서부터 교사-학생의 상호작용의 질과 교재의 구성에 이르는 교육의 모든 측면을 다루는 교육의 포괄적인 시스템으로서, 학생에게 학습 전략을 체계적이고 명시적으로 가르치는 교육프로그램이라고 할 수 있다(김동일 외, 2005). 직접교수법(Direct Instruction: DI)은 명시적이고 절차적인 교수방법으로 학생들에게 수업의 목표를 명확하게 제시하고 그 목표에 도달할 때까지 목표를 세부적으로 나누어 단계적으로 학습하는 방법에 해당한다. 명시적 단계전략이나 각 단계의 숙련, 오류수정, 반복된 연습과 재검토와 같은 전략들을 사용하고, 교사에 의한 내용의 제시, 점검, 검사 등 교사 중심의 수업 과정을 의미한다.

직접교수의 방법을 적용하기에 적당한 내용으로는 사실, 규칙, 개념 등을 가르칠 수 있고, 교사가 학생들에게 새로운 개념이나 기술을 예로 들거나, 시범을 보이면서 내용을 설명하게 된다. 또한 교사의 지시에 따라 연습하여 학생의 이해 정도를 조사하고, 교사의 지도하에 계속 연습하여 학생의 이해 정도를 조사하며 교사의 지도하에 계속 연습하도록 하는 교수 형태를 해당한다. 또한 직접교수법은 교수 전략으로서 철저하게 학습향상을 위한 피드백을 주고, 잘못된 반응을 보일 때는 정확하고 신속하게 이를 교정해 주고, 학습자들이 지루하지 않게 학습 진도를 빠르게 이끌어 나가면서 숙달정도를 높인다. 그러면서도 학습자들의 적극적인 참여를 유도할 수 있으며, 교사가 이러한 교수활동을 능숙하게 해 나갈 수 있도록 바람직한 교수 활동의 시범과 숙달될 때까지 체계적인 보조를 제공하게 된다. 일단 교수 활동이 종료되면 지속적으로 학습자들의 학업 성취 정도를 평가하되 평가내용은 교수 활동에서 다루어졌던 것과 밀접하게 관련이 있어야 한다는 점도 특징으로 설명할 수 있다(김동일 외, 2005; 김경숙, 2010).

직접교수법의 특성을 살펴보자면 다음과 같다(이대식, 2004).

첫째, 구조화된 자료를 사용하여 교사 주도 학급 내에서 학생의 학업에의 몰입 정도가 높다는 점이다.

둘째, 학생들에게 목표를 명확하고 구체적으로 제시한다.

셋째, 충분한 시간 동안 단위내용을 충분히 다룰 수 있다.

넷째, 학생들의 수행 정도를 자주 점검할 수 있다.

다섯째, 어렵지 않은 질문을 자주 제시하여 반응을 유도한다.

여섯째, 즉각적이고 학업지향적 피드백을 제공하게 된다.

직접교수법은 교사가 가르쳐야 할 교수의 내용에 초점을 맞추는 교수적 접근법이므로 특정 학업 영역의 기술을 성취하게 하는데 목적이 있다. 따라서 직접교수는 교사가 미리 준비한 지도안에 따라 진행되는 교사 주도의 연습과 훈련을 중요시한다(김윤옥, 2005).

직접교수법을 위해서는 수업을 위한 환경을 준비하고, 가르칠 내용에 대한 분석이 우선적으로 철저하게 이루어져야 한다. 이러한 직접교수법을 적용하기 하여 도입, 시범, 안내학습, 독립된 연습, 점검, 재교수의 절차를 가진다(Bender, 2009).

첫째, 도입에서는 주의 집중하기이다. 학습의 중요한 요소인 주의 집중하기와 함께 오늘의 수업과 이전 수업 연결하고 사고의 활성화를 위한 질문을 구성하여 도입에서 실시한다. 둘째, 시범에서는 예시문제 풀기 및 교사의 모델링을 통해 문제 설명하고 문제 풀기를 실시한다. 셋째, 안내학습에서는 교사의 감독 하에 문제를 풀어본 후 교사가 학생들 개별적으로 도와주는 방법으로 진행한다. 이후 학생들과 함께 풀어본 문제를 논의한다. 넷째, 독립된 연습에서는 학생들이 독립적으로 문제 풀기를 진행한다. 다섯째, 점검에서는 학생들의 과제 점검하고 여섯째, 학생들의 오류를 확인하고 재교수로 진행하는 절차를 거친다.

직접교수법의 효과성 때문에 특수교육대상학생을 대상으로 하여 읽기, 쓰기, 산수 등의 다양한 영역에서 다수 사용되고 있다. 직접교수법의 효과성으로는 우선, 도달하고자 하는 목표를 명시하고, 그 도달과정에서 구체적인 방법적 전략과 결과를 설명하고, 예시하고, 시범보이는 활동을 통해 학생들에게 충분하게 인지시킨다는 점에서 효과성이 입증되었다. 학생은 스스로 목표하는 기능을 학습할 수있는 기회를 갖게 되며, 그 원리를 지식으로 학습하고, 실제 방법을 연습하여 숙달하게 되는 전체 과정을 수행할 수 있게 된다. 학생은 목표에 대한 인식, 목표를 구성하는 하위목표들에 대한 이해, 목표 달성을 위한 구체적인 방법 학습, 연습을 통한 기능 정착이라는 전체 과정을 학습한다는 점에서 다른 어떤 교수법보다도 교육적인 효과가 높다고 할 수 있다(윤미령, 2003)

직접교수법에서 교사는 능동적이고 적극적인 역할을 한다. 교사는 학생들에게 지속적으로 활동을 안내하고 점검하여 효과적인 수업이 되도록 초점을 두어야 하고, 학생들이 교사의 지시와 시범에 따른 모방에서 서서히 자기 스스로 목표 기능을 연습하는 활동으로 나아가도록 해야 한다(양문창, 2009).

2) 아동 중심 교수

아동 중심 교수는 학습자의 흥미, 자유, 경험, 활동, 학습자의 자발적 참여, 능동성, 주체성 등의 개념으로 이해된다(김경화, 2002). 이러한 아동 중심의 교수는 아동의 관심사를 자연스럽게 따라가면서 아동의 주도에 따르며 중재에 접근하는 방법에 해당한다.

(1) 협동학습

협동학습(cooperative learning)은 학습 능력이 다른 학생들이 동일한 학습 목표를 향하여 소집단 내에서 함께 활동하는 수업 방법으로 협력학습으로도 불린다. 이러한 협동학습은 많은 연구자들에 의하여 정의되고 있는데, Slavin(1995)은 협동학습이란 학습 능력이 다른 이질적인 학생들이 집단의 목표를 달성하기 위해 소집단 활동을 통해 학습을 하며, 집단은 그 집단 성적에 기초하여 보상과 인정을 받는 수업 방식이라고 정의하였고, Morrison(2001)은 협동학습은 학습자가 이질적인 소그룹을 구성하여 서로 학습을 도와주며 모두가 학습에 책무성을 가지고 학습 과제를 함께 하는데 초점을 맞추는 것이라고 하였다(강병호, 2014). 반성익(1997)은 협동학습을 학습에 있어서 학생 개인의 목표와 동료들의 목표가 동시에 최대로 성취되도록 학생들 사이의 상호작용과 역할의 보완성을 활성화시키는 학습전략으로 정의하였다(전은이, 2014).

정리하자면 협동학습은 소집단의 구성원들이 공동의 학습목표를 설정하고 학습목표를 달성하기 위해서 공동으로 노력하여 다른 구성원들에게 도움을 주고 도움을 받아 유익한 결과를 전체 구성원이 얻고자 하는 학습 방법에 해당하는 학습밥법으로 설명할 수 있다. 소규모의 집단에 공동의 학습목표가 주어지고 그 목표를 달성하기 위해 구성원이 서로 도우면서 학습을 하게 되고, 타인이 성공해야 자신도 성공할 수 있음을 인식하면서 긍정적인 상호작용이 일어나게 되며, 구성원들의 긍정적인 상호작용을 이끌어 내어 인지적 발달을 도모하는 방법이므로 교사의 충분한 사전 계획과 학습자의 능동적인 참여가 필요하다고 할 수 있다.

협동학습은 상호작용을 통해서 집단에 부여된 학습목표를 공동으로 달성하여 그 집단구성원 전체에게 유용한 학습효과를 획득하는 학습방법이며 협동학습의 기본 철학은 모든 학습자에게 기회를 균등하게 제공하려는 의도를 가지고 있다.

협동학습의 내용 중 특성으로 소개되는 내용만 정리하여 다음과 같이 정리하였다.

첫째, 수업의 목표가 구체적이고 각 학생은 자신의 활동에서의 수업 목표를 분명히 제시받고 그 목표를 달성하기 위해 구체적 활동을 수행한다.

둘째, 구성원들이 집단의 목표 달성을 위해 동료들을 도와주고 도움을 받으려 하는 등 활발한 긍정적 상호작용을 하게 된다.

셋째, 대면적 상호작용이 있어서, 소집단 구성원 사이에 물리적 그리고 심리적으로도 공동 과제의 성취를 위해 밀접한 상호작용을 유도할 수 있다.

넷째, 이질적으로 팀을 구성하여 또래 간의 상호작용이 활발하게 이루어진다.

다섯째, 충분한 학습 시간을 부여한다.

여섯째, 집단구성원 개개인의 기본적 능력에 관계없이 구성원 누구나 집단의 성공에 기여할 수 있는 기회가 주어져 있다.

일곱째, 소집단 간 경쟁으로 구성원들의 학습동기를 촉진시킨다.

여덟째, 소집단 내의 각 구성원들이 과제를 분담하게 함으로써 모든 학습자들이 협동학습에 참여하게 하는 효과를 가져온다.

아홉째, 여러 모둠들이 동시에 자신들 모둠 안에서 다양한 상호작용을 함으로써 상호작용의 양이 확대된다.

협동학습을 통하여 아동들은 학교나 가정 및 사회에서 긍정적인 자아 존중감 형성에 도움을 주고, 성공적인 경험, 학습 동기유발, 학습 태도, 학습 효과에 기여함으로 학업 성취 증대에 효과적인 결과가 보여짐을 알 수 있고, 뿐만 아니라 긍정적인 태도 형성에도 영향을 준다는 효과성이 있다. 이러한 측면에서 협동학습은 교과 학습과 사회적 기술 습득에도 매우 유용한 학습 방법으로 일반학생은 물론 일반학교에 통합되어 있는 장애학생이 통합학급에서 일반학생들과 함께 수업하며, 생활하는 통합교육 매우 효과적인 방법이다(Hughes& Fedrick,2006; 강병호, 2014)

(2) 또래교수

또래교수(peer tutoring)는 학습 내에서 또래교사(peer tutor)의 역할을 하는 학생이 다른 또래학습자(peer tutee)에게 교수를 제공하는 방법이다. 또래교수에서 또래교사는 교사의 역할을 수행하고, 또래학생은 학습자의 역할을 수행하게 되고, 학생들끼리 일대일로 짝을 이루어 연습, 반복, 개념의 설명을 통해 학생 상호간에 서로 가르치고 배움으로써 학업적 성취와 사회적 능력을 촉진하는 교수체계를 의미한다.

또래교수은 같은 학년이나 또래의 학생들이 일대일로 짝을 지어 각각의 또래교사와 또래학습자의 역할로 서로 상호작용을 통해 도움을 주고받으며 학습하도록 하는 교수법의 방법으로, 또래교사와 학습의 발달이 늦거나 지도하기 곤란한 학습자가 일대일로 짝을 이루어 교육적 도움을 주고 함께 학습하게 된다. 이러한 또래교수가 학급에서 이루어질 때, 학급의 모든 학생이 짝끼리 또래교수 활동을 함으로 장애학생이 수업에 참여하는 자연스러운 과정에서 또래와의 상호작용과 학습적 도움의 기회를 제공받을 수 있다는 장점과 더불어 장애학생의 학업적 진전에도 초점을 둘 수 있다.

또래교수의 적용을 통해 또래교사와 또래학습자 측면의 효과를 설명할 수 있다. 또래교사에게 주는 효과를 살펴보면 첫째, 또래교사는 또래교수를 통해 학업성취도를 높일 수 있다. 또한 또래교사는 가르치기 위해 학습을 준비할 때 자신의 지식이 강화되고, 또래교사가 또래학습자와 함께 학습과제를 연습 및 복습하면서 가르치고 도와줌으로써 학업적인 성취를 얻을 수 있다. 둘째, 또래교사는 자아감을 충분히 계발시킬 수 있다. 장애학생에 대한 가르칠 책임이 주어졌을 때 또래교사는 책임을 다하기 위하여 노력하므로 자아존중감, 이타심 등의 자아개념이 향상된다. 그러므로 또래교사는 또래교수를 통해 정서적으로 긍정적인 영향을 받을 수있다. 셋째, 또래교사는 사회성이 발달한다. 구체적으로는 칭찬하기와 격려하기를 통한 대인관계 기술을 배우게 되고, 또래교사는 교사 역할에서 교사와 같이 행동을 지시하거나 질문을 통한 의사소통 등으로 또래학습자의 참여를 유도하며, 다양한 방법을 통해 또래학습자의 학습을 돕고 상호작용을 촉진하려는 보이게 된다.

또래교수를 통한 또래학습자에게 주는 효과로는 첫째, 또래학습자는 또래교수를 통해 개별화된 교수가 이루어짐으로써 학업성취가 향상된다. 또래학습자는 학습시간과 학습량이 많아지고 개별교수를 받으면서 즉각적인 피드백과 수정이 이루짐으로써 학습의 향상됨을 알 수 있다. 둘째, 또래학습자는 학습동기가 향상된다. 또래교수는 또래교사와 또래학습자간에 친밀한 학습이 이루어지기 때문에 이러한 학습동기에서의 향상을 살펴볼 수 있었다. 셋째, 또래학습자는 또래와의 사회적 상호작용이 증가된다는 점이다. 또래학습자는 구조화된 학습 과제를 해결하는 과정을 통해 인지적, 사회적 지식을 얻을 때 또래와 사회적 상호작용을 할 수 있는 기회를 더 많이 갖게 된다. 이로 인하여 또래학습자는 또래교수를 통해 다른 사람과 의사소통할 수 있는 기회를 갖게 되며, 교사가 수업할 때보다 좀 더 적극적으로 다른 사람과 상호작용하고 학습에 참여하면서, 다른 사람과 의사소통하는 능력이 향상되고 사회성에 긍정적인 영향을 받게 된다(강창호, 2014)

3. 교수적합화

교수적합화(curricularadaptation)는 개인의 수행을 향상시키고 적어도 활동에 부분적으로 참여할 수 있게 환경이나 교수 혹은 학습자료를 조정하거나 수정하는 것을 의미한다. 이러한 교수적합화는 수업 참여의 양과 질을 최적합화 하는 수준으로 성취시키기 위해 교수환경, 교수적 집단화, 교수방법, 교수내용, 평가방법에서 수정하고 보완하는 것이다. 그러므로 교수적합화(Curricular adaptation)는 다양한 교육적 요구를 지닌 학생들의 수행의 향상과 수업 참여의 범위와 양을 확장시키기 위하여 교수 환경, 교수 집단, 교수 내용, 교수 방법, 평가 방법을 포함하는 교육의 전반적인 환경을 조절(accommodation)하고 수정(modification)하는 과정으로 설명한다. 교수적합화란 일반교육 환경에서 교수 혹은 교육과정 내용에 관련된 수정으로서, 개인의 수행을 향상 시키고 적어도 활동에 부분적으로 참여할 수 있게 환경이나 교수, 혹은 학습 자료를 조정하거나 수정하는 것으로 교수적 수정(instructional adaptation)이라고 명명하기도 한다.

일반학급에서 장애 학생의 성공 기회를 높이기 위해 적용할 수 있는 교수적합화 유형으로는 교사가 자료, 과제, 시험 절차, 점수 부여 준거를 수정하거나 교수 제공하는 방식, 교수 집단의 규모를 수정하는 경우 혹은 학생들에게 제시되는 피드백 방법을 변화시키는 것 등을 소개할 수 있다. 이렇듯 교수적합화를 통하여 장애학생이 교실 차원에서의 수업활동에 보다 적극적으로 참여할 수 있도록 하기 위하여 수업의 주요 요소를 장애학생들의 요구에 적합하게 바꾸어 지원을 제공하는 방식이라고 할 수 있다.

1) 교수적합화의 유형

교수적합화 유형은 교사의 교수적합화 정도와 범위, 교사의 교수적합화에 대한 이해의 관점에 근거(신현기, 2005)한 일상적 적합화와 특수화관 적합화로 구분하는 것이 일반적이다.

일상적 적합화는 전형적 적합화라고 하는데, 이는 대부분의 일반교사들은 학년 초에 장애학생의 특성에 따른 교수적합화의 필요성에 따라 교수자료, 교수 집단, 교수 목표의 설정 등에서 일정 정도의 변화를 주는 것을 의미한다.

이와 비교하여 실제적 적합화 혹은 특수화 된 적합화는 장애학생 개인의 요구에 부합하여 개인 및 과제 특정적으로 제공되는 교수적합화를 말한다(이성진, 2013).

특징	일상적(전형적)	특수화된(실제적)
교수의 수정	• 구체적 시범 • 이해 정도에 대한 모니터링	• 학생 개인별 진도 조정 • 다양한 교수 양식 사용
과제의 수정	• 모델의 제공	• 작은 단계로 과제 나누기 • 과제 줄여주기 • 난이도의 조정
학습 기술 교수	• 공부 기술 가르치지 • 노트하기 가르치기	• 학습 전략 가르치기 • 시험 치기 전략 가르치기

특징	일상적(전형적)	특수화된(실제적)
교수 자료의 변형	–	• 대안적 교수 자료 사용 • 녹음도서 사용 • 학습 보조 도구 사용
교수 과정의 변형	–	• 교육과정의 난이도 조정
교수 집단의 재구조화	–	• 또래교수 사용 • 협력 학습 집단의 사용
행동관리	• 칭찬하기 • 격려하기	• 행동 계약 활용하기 • 토큰 기법 사용하기 • 부모와의 접촉 증대
진행 과정 촉진	• 구두시험 실시 • 시험 시간 늘려주기 • 시험의 횟수 늘리기 • 짧은 퀴즈 실시 • 공부 안내 지침 제공	• 재시험 실시 • 학업과정에 대한 직접적이고 일상적인 평가 • 점수 부여 기준의 수정

출처: 정주영 · 신현기(2001). 경도 장애 초등학생의 통합교육 방법으로서 교수적합화에 대한 이론적 접근. 정서 · 학습장애연구, 17(2), p.260

2) 교수적합화의 방법

(1) 교수환경의 수정

교수환경의 수정은 장애학생이 일반학습에서의 목표를 촉진하기 위해 통합학급의 물리적 환경 및 사회적 환경을 수정하고 보완하는 것이다(박승희, 1999; 손지영, 2012). 다시 말하자면, 교수환경의 수정은 학급의 물리적, 사회적 환경을 장애학생의 교육목표를 달성하기 위해 수정하고 보완하는 것이라고 할 수 있다.

물리적 환경의 수정으로는 학생이 주의집중을 잘 할 수 있도록 학생의 자리를 교사 앞쪽이나 중앙에 배치하기, 소음이나 주의를 산만하게 할 만한 것들로 부터 멀리 떨어져 있도록 하기, 휠체어나 보조장치의 사용이 가능한 책상이나 특별히 제작된 책상을 제공한다거나 교재나 교수의 접근이 쉽도록 교실 비품의 배치를 다르게 하는 것도 교수환경의 적합화의 한 방법이다. 책상이나 책 등에 시간표를 붙여두거나, 과제나 해야 할 일의 목록을 기록해서 붙여두는 등 일상적인 생활을 위한 구조화된 환경 제공도 해당된다(한숙희, 2012).

사회적 환경의 수정으로는 학급의 문화나 분위기와 관련되는 것, 장애학생이 학급에 소속감을 느끼고, 만족감과 편안함을 느끼며 학교생활에 참여할 수 있도록 학급 분위기를 조성하는 것이라고 할 수 있다.

(2) 교수집단의 수정

교수집단의 수정은 교육내용을 가장 적합하게 교수하기 위해 교사가 사용하는 학생들의 교수집단의 수정 및 보완을 의미한다. 교수집단의 수정은 활용되는 집단형태는 장점과 단점이 있으므로 교사는 교수 내용이나 학생의 특성에 따라 여러 형태의 교수 집단을 다양하게 적용할 수 있어야 한다(손지영, 2012). 적용할 수 있는 교수집단의 수정에 대하여 구체적으로 유형별로 대집단/전체학습 교수, 교사 주도적 소집단 교수, 협동학습 교수, 학생주도적 소집단 교수, 또래교수, 1:1 교수, 자습으로 구분하여 정리하였다(김수연, 2004; 백진희, 2007; 이성진, 2013).

첫째, 대집단/전체학급 교수이다. 대집단 혹은 전체학급 교수는 교사 중심의 구조화된 교수로 전체 학급 학생이 교사로부터 같은 내용을 같은 방법을 통해 배우는 것이다. 대집단 혹은 전체학급 교수는 전체 학생이 같은 내용을 배우고 비슷한 양식과 속도로 정보를 학습하게 된다.

둘째, 교사 주도적 소집단 교수은 교사는 주로 5~6명의 소집단 학생들을 교수하며 특정내용에서 교수가 이루어진다.

셋째, 협동학습 교수는 공동의 학습 목표를 성취하기 위해 2-6명이 협동적으로 함께 공부하는 형태로, 집단 구성은 역할과 책임을 주어지기 때문에 사회적 기술이 향상되고, 과제의 완성은 각 구성원의 참여에 의존한다.

넷째, 학생주도적 소집단 교수는 프로젝트의 완수를 위하여 함께 학습하는 것이 허용되거나 개인적인 과제를 완수하는 동안 생각들을 나누고 사회화 하는 것이 허용된다. 역할이 배분되거나 하나의 공통과제 완수를 위해 함께 학습하는 것이 아니므로 협동학습 과는 구별된다.

다섯째, 또래교수는 한 학생이 다른 학생의 교수를 위해 중개의 역할을 수행하는 교수형태인데 이는 대집단/전체학급에 비해 학생 중심적이다(정주영, 신현기, 2001).

여섯째, 1:1 교수는 아동은 한 성인 교사로부터 직접교수, 관리 혹은 지도를 제공받는 교수이다.

일곱째, 자습은 수업시간에 제시되었던 과제를 혼자서 학습하도록 기대하는 방법이다.

(3) 교수내용의 수정

교수 내용의 수정은 일반교육과정의 내용을 장애학생의 교육적 욕구와 기술의 수행 수준에 적합하게 수정하는 것이다(박승희, 1999). 교수의 내용을 수정하기 위해서는 장애학생의 특성이나 요구를 파악하고 구체적인 수정이 이루어질 수 있도록 해야 한다.

(4) 교육과정의 수정

교육과정의 수정이란 일반교육과정의 내용을 장애학생들의 독특한 교육적 요구와 수행수준에 맞게 수정하는 것이다. 이러한 교육과정은 수정은 동일 적용 교육과정, 중다수준 교육과정, 중복 교육과정, 대체 교육과정으로 단계화되어진다.

동일 적용 교육과정은 동일한 활동, 동일한 교육목표로 학습하는 것으로 같은 교수를 가지고 같은 활동을 하면서 같은 교수자료를 사용하며 교육과정을 적용하는 것이다. 중다수준 교육과정(multi-level curriculum)은 동일한 교육과정, 다른 수준으로 학습하는 것으로 예를 들면, 같은 국어과 수업이지만, 장애학생은 수준에 맞춰서 낮게 제공하는 것이다. 중복 교육과정(curriculum overlapping)은 동일한 학습활동, 서로 다른 교육과정의 교수목표로 학습하는 것이다. 예를 들면 일반학생이 국어과 수업으로 진행하지만 장애학생은 의사소통기술 익히기를 목표로 하는 것을 의미한다. 대체 교육과정(alternative 혹은 substitute curriculum)은 대다수의 학생의 교육과정과 완전히 독립된 교육과정을 적용하는 것이다. 구체적으로는 학급 내 학생들의 일반 교과로 수업하기 어렵기 때문에 일반교과와 별도로 운영하는 것이다.

(5) 교수방법의 수정

교수방법의 수정은 교수의 제시 전달 방식에서의 수정을 의미로 교수활동, 교수전략 및 교수자료에서의 수정 및 보완하는 것이다.

교수활동의 수정은 교수가 제시되고 전달되는 방식에서의 수정으로 각 학생의 특징을 고려하고, 교수할 수업의 주제를 구체적인 활동들로 구조화하여 수업을 편성하는 것이다. 교수 전략의 수정은 교수할 내용을 교수활동의 맥락에서 효과적으로 교수하기 위해 사용되는 여러 종류의 전략들이 포함되는데, 그 전략들은 가르칠 교과의 성격에 따라 또는 학생의 학습양식에 따라 다양하다. 교수 자료의 수정은 교사가 필수적인 개념과 구조를 전달하기 위해 사용하는 중재물이다. 교사들이 사용하는 교수자료는 일반 교육과정의 교과서, 학습지, 잡지, 신문, 상업적인 교재, 슬라

이드, 영화, 조작하는 것, 게임, 미술 자료용품, 컴퓨터, 일상 생활용품 등을 포함한다.(박승희 1999)

교수방법의 수정에서 적용할 수 있는 구체적인 예시를 소개하면 다음과 같다(박승희, 1999; 손지영, 2012).

- 학생의 특징을 고려하고, 수업 주제를 구체적인 활동들로 구조화하여 수업을 편성하기
- 교수할 주요 과제를 작은 단계로 구분하기
- 과제를 쉽게 또는 구체적으로 수정하기
- 지시를 반복하기
- 수업시간을 일정한 순서 혹은 활동에 따라 진행하기
- 수업자료를 미리 제공하기
- 언어적 정보와 시각적 정보를 함께 사용하기
- 핵심자료를 칠판 위에 따로 제시하기
- 매일 복습하기
- 교수자료 수정하기
- 명료하게 작성하거나 단순화하여 제시하기
- 학습할 분량을 줄이기
- 직접 관련이 없는 정보는 제외하기
- 중요한 정보를 강조하기
- 내용교과에는 용어해설을 미리 제공하기

(6) 평가방법의 수정

평가방법의 수정은 학업수행의 진보에 대한 평가의 구성과 운영방식, 점수 부여 기준, 평가 체제 등의 과정에서 측정과 성적기준을 수정하고 보완하는 것이다. 장애학생의 성취도를 평가하기 위해서는 평가방법의 수정에서는 학생의 독특한 요구를 고려하고 성취 기대 수준에 근거하여 평가해야 한다. 이를 위한 유형으로는 교육과정중심평가, 다면적 점수의 활용, 루브릭, 준거수준 점수, 포토폴리오 등 활용할 수 있다.

교육과정중심평가(curriculum-basedassessment)는 교육과정 내에서 학생의 학업 기술을 직접 평가하는 방법이고, 다면적 점수의 활용 방법은 학생이 능력, 노력, 성취의 여러 영역들에서 평가하는 방법이다. 루브릭은 학생들의 과제 수행 과정 및 결과를 분석할 수 있도록 안내해 주고, 작품의 질을 판단하기 위해 학생들이 이해하기 쉬운 언어로 준거와 수행 수준을 제시한 준거 척도에 해당한다(민천식 외, 2013; 정미옥, 2014). 포트폴리오 평가는 중요 기술 영역들에서 각 학생이 학습한 다양한 결과들이 학습기간 동안 축적된 포트폴리오가 보관되어서, 각 영역들에서의 성취에 대해 점수로 평가하는 방법이다(박승희, 1999. 이성진, 2013).

학습문제

1. 특수교육대상자의 교육적 지원 중 직접교수법의 특성에 대하여 설명할 수 있다.
2. 또래교수를 적용하였을 때 또래교사에게 주는 효과에 대하여 설명할 수 있다.
3. 교수적합화의 개념과 교육과정의 수정에 대하여 설명할 수 있다.

참고문헌

강병호(2014). 협동학습이 학습장애학생의 학업 성취도, 자아 존중감, 또래 수용도에 미치는 효과 분석에 관한 연구. 박사학위논문 세종대학교 대학원.

강창호(2014). 또래교수 수업이 수학학업성취도와 정의적 영역에미치는 효과에 대한 메타분석. 석사학위논문 고려대학교 교육대학원

김경숙(2010). 직접교수법(DI)과 교육과정중심측정(CBM)을 결합한 수학학습부진아 지도 프로그램 효과 연구. 석사학위논문 경인교육대학교 교육대학원.

김경화(2002) 아동중심 교육론과 전통적 교육론의 통합적 이해. 석사학위논문 이화여자대학교 대학원.

김동일, 이태수, 정광조, 박춘성, 홍성두(2005). 다시 생각해 본 직접교수. **아시아교육연구, 6**(1), 253-271

김봉석(2007). 교육과정과 교수-학습 과정의 해석학적 재개념화. **교육과정연구, 25**(4), 61-80.

김수연(2004), 초등학교 통합교사의 교수적 수정에 관한 실태 및 의견 조사.

박승희(1999). 일반학급에 통합된 장애학생의 수업의 질 향상을 위한 교수적 수정의 개념과 실행 방안. **특수교육학연구, 34**(2), 29-71.

백진희(2007). 초등학교 통합학급에서의 교수적 수정에 대한 일반교사와 특수교사의 인식. 석사학위 논문 이화여자대학교 교육대학원.

손지영(2012). 장애유아 통합학급에서의 교수적합화실태 및 교사의 인식. 석사학위논문 부산대학교 교육대학원

신현기(2005). **통합교육 교수적합화**. 서울: 학지사.

양문창(2009) 표상전략교수와 직접교수가 수학학습부진아의 문장제해결력과 자기효능감에 미치는 효과 비교. 석사학위논문 한국교육대학교 교육대학원.

이대식(2004). 학습장애 및 학습부진 문제 해결을 위한 직접교수법의 이론과 활용방안: 직접교수법의 의미와 주요 특성. **학습장애연구, 1**(1), 133-161

이성진(2013). 장애학생의 교수적합화에 대한특수학급 교사의 인식과 지원방안 석사학위논문 대구대학교 특수교육대학원

전은이(2014). 유형별 협동학습이 학습부진학생의 학습행동에미치는 영향. 석사학위논문 한국교원대학교 교육대학원.

정주영, 신현기(2001). 경도 장애 초등학생의 통합교육 방법으로서 교수적합화에 대한 이론적 접근. **정서학습장애연구, 17**(2),251-283.

한숙희(2012). 통합학급에서 장애학생을 위한 교수적합화 실태 및 인식. 석사학위논문 부산대학교 교육대학원.

Goodlad, S., & Hirst, B. (1989). *Peer Tutoring: A guide to learning byteaching.* London: Kogan Page; New York: Nichols Pub.

Hughes, T. A., & Fredrick, L. D. (2006). Teaching vocabulary with students with learning disabiliti esusing classwide peer tutoring and constant time delay. *Journal of Behavioral Education, 15*(1), 1-23.

Morrison, G. S. (2001). *Early childhood education today.* OH: Merrill Prentice Hall.

Slavin, R. E. (1995). *Cooperative learning: Theory, research, and practice.* Allyn & Bacon.

13

Chapter

통합교육

1. 통합교육의 정의

일반적으로 통합교육이라 함은 일반학교에서 장애학생과 비장애 혹은 일반학생들이 함께 생활하고 배움으로써 서로를 이해하고 편견 없이 상호 협조하여 공동체 의식을 함양하고자 하는 교육환경을 의미한다. 그 외에 통합교육의 정의를 다음과 같이 제시할 수 있다.

첫째, 통합교육은 일반학교에서 모든 학생들의 교육을 개별 학생이 요구하는 적합한 지원과 함께 제공하는 교육의 한 원칙에 해당한다.

둘째, 통합교육은 모든 학생에게 다양한 학습환경이 구축된 학교에 각각의 독특한 개별적 요구에 적합한 교육을 제공하는 것을 의미한다.

셋째, 통합교육은 학생들, 가족, 교육자, 지역사회의 구성원들이 함께 수용하고, 소속감, 공동체 의식에 기반한 학교나 다른 사회적 기관을 만들어가는 것이다.

결국 통합교육이란 장애학생들이 일반학교에서 장애여부와 상관없이 또래와 함께 개개인의 교육적 요구에 적합한 교육을 받는 것임을 알 수 있다. 이는 단순히 장면적인 통합만을 지칭하는 것이 아니라 교육과정, 교육환경 등 특수교육대상자 개인에게 적합한 교육이 이루어질 수 있도록 전반적인 수정을 수반하는 체계적인 교육인 것이다. 통합교육에 대한 법적인 정의를 살펴보면 다음의 〈표 13-1〉과 같다.

〈표 13-1〉 통합교육의 법적인 정의

장애인 등에 대한 특수교육법	**제2조(정의)** '통합교육'이란 특수교육대상자가 일반학교에서 장애유형 · 장애정도에 따라 차별을 받지 아니하고 또래와 함께 개개인의 교육적 요구에 적합한 교육을 받는 것을 말한다.

2. 통합교육의 역사적 배경 및 용어

오늘날 통합교육이 완전히 뿌리내리기까지 다양한 역사적 흐름 속에 나타난 용어들을 통해 그 역사를 고찰하고자 한다. 관련된 용어 및 그 의미는 〈표 13-2〉와 같다.

〈표 13-2〉 통합교육의 역사적 배경과 관련된 용어와 의미

구분	내용
분리교육	분리교육은 장애학생과 비장애학생을 분리하여 교육하는 것을 의미한다. • 19세기 중반 이후 의무교육의 실시로 일반학교의 교육과정에 적용되지 않는 학생의 교육을 해야 하는 시대적 요구가 제시됨에 따라 장애학생과 비장애학생의 분리교육이 실시되었다. 이 당시 특수교육은 치료적 교육으로 간주되었고, 특수교육대상자에게는 장애 명칭 붙임이 당연시되었다.
정상화 원리	장애나 기타 불이익을 경험하는 모든 사람에게 가능한 한 사회의 일반적인 환경 및 생활방식과 유사하거나 실제로 동일한 삶의 형태와 일상생활의 조건을 제공해 주는 것을 의미한다. • 교육에서의 정상화는 장애학생도 일반학생의 교육환경과 동일하거나 최대한 유사한 환경에서 교육받아야 하고, 일반학생에게 사용되는 교육방법과 동일하거나 가장 유사한 방법을 적용하는 것이다.
탈수용시설화	장애인을 시설에서 나와서 지역사회로 이동시키는 것을 의미한다 • 정상화 원리의 도입에 따라 장애인을 수용하는 시설을 폐쇄하고 가정이나 지역사회 내 그룹 홈 같은 작은 규모의 공동체에서 생활하도록 하여 장애인의 사회통합이 강조되었다.
주류화	장애학생을 가능한 한 일반학생의 생활 흐름에 포함시키는 것을 의미한다. • 분리교육으로 인한 사회적 편견과 윤리적 문제를 해결하기 위해 전개된 운동이며, 하루종일 또는 일정 시간 동안 학습 활동 전체나 부분적으로 장애학생을 일반학급에 배치하도록 하였다.

구분	내용
최소제한환경	IDEA에 명시된 법적 용어로, 장애학생을 장애가 없는 또래, 가정, 지역사회로부터 가능한 한 최소한으로 분리시켜야 한다는 개념이다. • 최소제한환경은 장애학생의 교육 시, 다양한 교육서비스 전달체제를 마련하며 장애학생을 또래 비장애학생들과 최대한 상호작용을 할 수 있는 환경을 조성해야 한다는 의미이다.
일반교육주도	일반교육 주도하에 일반교육과 특수교육을 하나의 교육체계로 통일하는 것을 의미한다. • 일반교육 주도의 특수교육 실현을 강조하며, 일반교육과 특수교육 간의 동등한 협력을 강조하는 통합교육의 움직임 활성화를 강조한다.
완전통합교육	모든 장애학생이 장애 유형 및 정도와 상관 없이 하루 종일 일반학급에 완전히 포함되어 교육받는 것을 의미한다. • 특수교육이 아닌 일반교육이 장애학생에 대한 주된 책임을 지며, 장애학생이 최대한 일반학급에 배치될 수 있도록 지지한다. 그리고 각 학생의 개별적인 교육요구를 충족시키기 위해 필요한 수업이나 관련 서비스를 제공한다. 일반교육에서 장애학생과 일반학생을 함께 교육시키기 위해서 학교교육의 재구조화가 요구된다.

3. 통합교육의 현황 및 필요성

1) 특수교육대상자 배치 현황

장애인 등에 대한 특수교육법 제17조(특수교육대상자의 배치 및 교육)에 의하면 “특수교육대상자로 선정된 자는 일반학교의 일반학급, 일반학교의 특수학급, 특수학교 등에 배치하여 교육하여야 한다”고 규정하고 있다. 이에 특수교육대상자로 선정된 자는 위 각호의 하나에 배치되나 〈표 13-3〉을 통해 점차 특수학교에 비해 일반학교에 배치되는 학생 수가 증가하고 있음을 확인할 수 있다. 이는 결국 통합교육대상자가 증가하고 있는 것이다.

〈표 13-3〉 특수교육대상자 배치 현황

연도	특수학교 (특수교육지원센터 포함)		일반학교 (특수학급 및 일반학급)		계
	학생 수(명)	비율(%)	학생 수(명)	비율(%)	
2020	26,615	27.9	68,805	72.1	95,420
2021	27,288	27.8	70,866	72.2	98,154
2022	28,233	27.2	75,462	72.8	103,695
2023	29,236	26.7	80,467	73.3	109,703
2024	30,390	26.3	85,250	73.7	115,610

2020년부터 2024년까지 5년간의 특수교육통계에 비추어 볼 때, 전체 특수교육대상자의 70% 이상이 일반학교에 배치되어 있음을 볼 수 있다. 이는 통합교육이 점차 확대되고 있는 교육적 흐름을 반영하는 결과로 보여진다. 특히 매년 증가추세를 보이는 것을 볼 때, 앞으로도 통합교육을 받는 장애학생의 숫자가 계속 증가할 것으로 예상된다. 그렇지만 통합교육의 흐름과는 상반되게 물적, 인적 자원 등 통합교육 환경에 필요한 자원들이 충분히 갖추어져 있지 못한 것으로 여러 연구를 통해 제시되고 있다(김기룡, 김삼섭, 2016).

장애학생이 통합교육 환경에서 비장애학생과 함께 과제를 수행하고, 특수교사 및 통합학급 교사가 협력하여 학생들을 지원하는 등 학교 구성원의 노력이 선행될 때 성공적인 통합교육이 이루어질 수 있다(김기룡, 김삼섭, 2016). 그러므로 통합교육을 받는 장애학생이 증가하는 흐름 속에서 장애학생들이 소외되지 않고 효율적인 학교 환경과 수업 장면에 통합될 수 있도록 통합교육에 대한 물적, 인적 자원 확충 방안 모색이 이루어져야 한다.

2) 통합교육의 단계 및 효과

통합교육은 일련의 단계와 과정을 통해 다양한 수단을 실천함으로써 교육 목적에 도달하는 수단인 동시에 과정이다. 그러므로 통합교육의 실천을 위해서는 장애학생의 발견 및 진단평가, 교육환경의 배치 결정, 교육적 요구 분석, 교육과정 조정, 전환교육, 지원서비스, 개별화교육의 계획과 프로그램 실행, 일반교육과 특수교육의 협력 등의 여러 요소들이 포함된다.

통합교육의 단계는 물리적 통합에서부터 사회적 통합까지 네 단계로 제시할 수 있다. 자세한 내용은 아래의 〈표 13-4〉에 제시하였다.

〈표 13-4〉 **통합교육의 단계**

구분	내용
물리적 통합	• 물리적 통합은 장소 혹은 환경의 통합만이 해당된다. 즉 장애학생을 일반학생과 동일한 교실에 배치해 놓는 것으로 최소한의 상호작용만이 이루어지게 된다.
교육적 및 학업적 통합	• 장애학생과 일반학생이 같은 내용을 교육받는 것으로, 일반 학생이 받는 교육적 내용과 일관된 수행을 강조한다. 이를 위해 교육과정과 교수적 측면의 수정이 요구된다. 교육과정의 통합도 필요한데, 교육과정 통합은 장애학생이 일반학급에서 배우는 교육과정의 내용이 일반교육과정과 이분화하지 않고 공동의 교육과정 틀 안에서 상호연관성을 지니고 계획하고 실행되는 것을 의미한다.
정서적 및 행동적 통합	• 정서 및 행동상의 통합은 장애학생과 일반 학생이 함께 활동에 참여하면서 활동의 목적과 가치를 공유하는 것이다. 장애학생은 일반학생과 동일한 규칙을 준수하고 적절한 행동을 할 수 있도록 한다.

구분	내용
사회적 통합	• 사회적 통합은 장애학생과 일반학생이 긍정적 상호작용을 할 뿐 아니라, 일반학급에서 교사와 일반학생들로부터 학급의 동일한 구성원으로 수용되어 구성원 자격을 가지며, 긍정적인 사회적 관계를 형성 및 유지한다.

통합교육은 다양한 장점 및 효과가 있다. 장애학생 외에도 일반학생, 장애학생과 일반학생의 부모 모두에게도 통합교육이 주는 효과가 있다. 장애학생과 비장애학생을 포함하여 장애학생 부모와 일반학생 부모 모두 통합교육이 주는 효과에 대해서 아래의 〈표 13-5〉에 제시하였다.

〈표 13-5〉 **통합교육의 효과**

구분	내용
장애학생	• 장애표찰로 인한 낙인의 부정적 영향의 감소 • 또래들이 보이는 적절하고 나이에 맞는 행동을 관찰하고 학습함으로써 사회성 및 의사소통 능력 향상 • 학업성취의 긍정적 성과 • 통합교육 시 장애학생의 수업참여도 상승 • 행동 및 자아개념의 긍정적 향상 • 또래 관계에서의 긍정적 상호작용이 이루어짐
일반학생	• 사회성 발달에 긍정적 영향 • 교육적 성취의 긍정적 영향 • 장애인을 사회구성원으로 인식 및 수용 • 장애학생에 대한 긍정적 자세 확립 • 다양성에 대한 이해도 증가 • 높은 사회적 책임감 형성 • 높은 자아존중감 및 바람직한 행동의 증가
장애학생의 부모	• 일반학생의 환경에서 성공적으로 기능하는 자신의 자녀를 통해 장애학생에 대한 긍정적인 태도를 형성 • 장애학생의 성취를 특수한 사회가 아닌 현실 속에서 파악하고 인정할 수 있음 • 일반학생의 발달에 대한 지식을 얻게 됨 • 장애학생이 생활연령에 적절한 활동에 더 많이 참여하도록 격려할 수 있음

구분	내용
	• 부모 자신의 자아인식이 증진되는 효과를 얻음 • 장애학생과 일반학생 부모와의 상호작용 기회가 증가되어 사회적 고립감을 해소할 수 있음
일반학생의 부모	• 장애학생을 더 잘 이해할 수 있게 됨 • 장애학생 가족의 요구에 대한 관심이 증가함 • 장애학생 부모와의 접촉을 통해 자녀 양육과 관련된 문제에 대처할 수 있는 자극을 얻을 수 있음

3) 성공적인 통합교육을 위한 협력교수유형

협력교수는 특수교사와 일반교사가 협력하여 학생을 교수하는 개념으로 정의될 수 있다. 간혹 특수교사가 보조역할 만을 수행하는 교수개념으로 오인하기도 하나 이는 모든 참여자가 동등한 관계에서 효율적인 교수방법을 모색한다는 데 의의가 있다. 효율적인 협력교수가 이루어지기 위해서는 다음의 〈표 13-6〉에 제시하는 몇 가지 특성이 선행될 필요가 있다(김자경, 최승숙, 2011).

〈표 13-6〉 협력교수를 위한 6가지 선행 요인

① 협력은 자발적인 것이다. ② 협력은 모든 참여자의 동등함을 요구한다. ③ 협력은 공동 목표에 기초한다. ④ 협력은 참여와 의사결정을 위한 책임감을 공유하는 것에 달려 있다. ⑤ 협력자는 자원을 공유한다. ⑥ 협력자는 결과에 대한 책무성을 공유한다.

출처: 김자경, 최승숙(2011). 경도 · 중등도 장애학생을 위한 교수전략. p. 78.

(1) 협력교수의 유형

협력교수의 유형 및 각 유형에 따른 구체적인 설명은 아래의 〈표 13-7〉에 제시되었다.

〈표 13-7〉 협력교수의 유형

구분	내용
일인 교수, 일인 관찰 (one teaching, one observing)	보통 목표가 우려되는 행동을 보이는 학생, 소집단 학생, 전체 학급을 관찰하는 방법으로 대개는 특수교사가 지원의 역할을 수행한다.
일인 교수, 일인 지원 (one teaching, one drifting)	일인 교수, 일인 관찰과 유사하나 한 교사가 교실을 돌며 도움이 필요한 학생을 지원하는 것이 차이점이다.
스테이션 교수 (station teaching)	교수 내용을 나눠 학급 내 소집단을 교수한다. 장애학생을 따로 분리하지 않는다는 장점이 있는 반면에 다른 집단으로 이동하는 데 시간이 많이 소요된다는 단점이 있다.
평행교수 (parallel teaching)	함께 계획하지만 학급을 두 개의 이질적인 집단으로 나눠 각 집단을 독립적으로 교수한다. 평행교수는 종종 반복과 연습, 평가 복습, 교사의 많은 감독이 필요한 프로젝트에 사용된다.
대안교수 (alternative teaching)	대집단 학생과는 다른 방법으로 지도해야 할 소집단 학생들이 있는 경우 사용된다. 일부 학생이 심각한 행동문제를 보일 경우 이를 통해 이익을 얻을 수 있으나 소집단 학생에 계속 선택된 학생의 경우 낙인을 받을 가능성이 있다는 단점이 있다.
팀티칭 (team teaching))	두 교사가 모든 학생의 교수와 계획을 공유한다. 각자 필요한 경우 역할 교대를 통해 다른 접근을 적용할 수 있다. 교수형태뿐만 아니라 상호 간 신뢰와 책임을 요구한다.

출처: 김자경, 최승숙(2011). 경도 · 중등도 장애학생을 위한 교수전략. p. 71~72.

(2) 통합교육 시 고려 사항

통합교육이 원활하게 이루어지기 위해서 학생, 교사, 부모가 각각 고려해야 할 사항은 아래의 〈표 13-8〉과 같다.

〈표 13-8〉 통합교육 시, 고려 사항

① 장애학생

장애학생들이 일반학급에 배치되어 비장애학생으로부터 때로는 거부되거나 따돌림을 당하고 놀림의 대상이 되는 현상은 장애학생에 대한 교사나 비장애학생의 잘못된 태도나 정보부족으로 인해 발생하기도 하지만 장애학생 자신의 사회적 기술의 결함으로 생길 수도 있다.
교사는 장애학생에게 필요한 사회적인 기술들을 습득할 수 있게 인사하기, 다른 사람의 활동을 방해하지 않기, 큰소리로 떠들지 않기, 공통적인 주제에 관심 가지기 등을 적극적으로 지도하여 사회적 기술의 결함으로 인해 학생이 소외되거나 불이익을 받지 않도록 지도해야 한다.

② 비장애학생

장애학생이 일반학급에 배치되기 전에 비장애학생들에게 적절한 오리엔테이션을 실시함으로써 비장애학생들이 장애학생들을 수용할 수 있는 태도와 인식을 가져야 한다. 장애학생이 가지고 있는 문제점뿐만 아니라 장점 및 비장애학생과의 공통점 등을 인식시켜 장애학생이 나와 동일한 인간이며 장애를 단지 개인적인 능력 차이의 연장선으로 볼 수 있는 관점을 가르치는 것이 가장 중요한 기초인 것이다. 적극적인 삶을 살아온 장애인들의 모습을 알아보게 하거나 장애학생을 소개하는 책이나 TV, 비디오 등의 시청각 자료를 통해 장애에 대한 사전 지식과 정보를 제공하고 이해하게 한다. 또는 모의 장애 체험이나 장애인 초청 강연, 혹은 특수학교, 특수학급 등의 견학을 통해 장애를 접하게 할 수도 있다. 장애학생이 일반학급에 들어온 후에는 비장애학생과 함께 협력 학습을 하고 비장애학생이 동료교사 혹은 자원봉사자 등의 역할을 함으로써 장애인에 대한 긍정적인 태도와 인격적인 수용태도를 함양할 수 있을 것이다.

③ 교사

통합교육에 있어서 장애학생을 대하는 교사의 태도와 역할은 비장애학생의 장애학생에 대한 태도 형성에 직접적인 영향을 미치며 궁극적으로 통합교육의 성패를 좌우할 만큼 매우 중요한 의미를 가진다.

장애학생의 교육을 담당하는 교사의 역할 및 태도를 살펴보면, 우선 적절한 개별화교육 프로그램을 개발 · 적용하고, 학교 행사 등 학교의 전체 프로그램에 장애학생의 참여를 촉진하며, 통합학급에서 장애학생이 학급 구성원으로 받아들여져 생활할 수 있도록 지원하고, 또한 그들이 통합학급의 수업에 의미 있게 참여할 수 있도록 지원한다. 그리고 장애학생과 비장애학생의 상호작용이 잘 이루어질 수 있도록 지원하여 비장애학생과 장애학생이 상호 간에 올바른 인식과 태도로 대할 수 있도록 지도한다. 일반교사에게 통합교육의 의의와 장애학생의 특성, 지도방법을 자문하며, 통합학급 교사와 지속적으로 협력하는 것이 무엇보다도 중요하다.
통합학급 교사는 통합학급에서 장애학생을 동등한 학급 구성원으로 인정하고 긍정적으로 수용되도록 지도하며, 통합학급에서 장애학생이 수업에 의미 있게 적극적으로 참여할 수 있도록 지도한다. 또한 장애학생과 비장애학생의 사회적 상호작용도 잘 이루어질 수 있도록 지도하며, 특수교사와 지속적으로 협력한다. 이처럼 교사의 측면에서는 일반교사와 특수교사 간의 협력이 중요한데, 특히 상호존중 및 공동 책임의식이 전제되어야 할 것이다.

④ 부모

비장애학생이 장애학생들을 받아들이는 데 결정적인 역할을 하는 것은 교사의 역할이기도 하지만 부모의 태도 역시 매우 중요한 요인이 된다. 따라서 장애학생 부모뿐만 아니라 비장애학생 부모의 인식과 태도가 결정적인 영향을 미치기도 한다. 따라서 장애학생의 부모뿐만 아니라 비장애학생의 부모를 대상으로 하는 다양한 연수나 초청강연을 통해 통합교육의 필요성을 인식하게 하며, 장애학생에 대한 지식과 정보를 제공함으로써 이해를 돕는 것도 중요하다. 또는 장애학생과 비장애학생의 부모 간의 모임을 통하여 서로 이해를 갖게 하는 것도 통합교육에 중요한 변수로 작용할 수 있는 것이다.

출처: 도명애 외(2021). 특수교육학. p.43.

학습문제

1. 통합교육의 정의를 제시할 수 있다.
2. 통합교육의 효과를 설명할 수 있다.
3. 통합교육 관련 용어를 설명할 수 있다.

참고문헌

김기룡, 김삼섭(2016). 통합교육 지원 변인과 성과 변인 간의 인권침해 경험의 조절효과. 특수교육연구, 23(2), 71-98.

김자경, 최승숙(2011). **경도 · 중등도 장애 학생을 위한 교수전략**. 서울: 학지사.

도명애, 김성화, 박순길, 박채진, 서석진, 서영란, 이수진, 임은주, 정훈영, 조재규(2021). **특수교육학**. 경기: 양서원.

저/자/소/개

■ **박선희**

대구대학교 문학박사
대구한의대학교 중등특수교육과 교수

■ **서석진**

대구대학교 문학박사
대구한의대학교 중등특수교육과 교수

특수교육학개론

1판 1쇄 발행 — 2024년 12월 26일
1판 1쇄 발행 — 2024년 12월 31일

저　　자 - 박선희 서석진
발 행 인 - 강철원
발 행 처 - 양성원
주　　소 - 경기도 파주시 검산로 173번길 29-12
전　　화 - 031-946-3861(代)
팩　　스 - 031-946-3864
이 메 일 - tnwpub@naver.com
홈페이지 - tnwpub.co.kr
출판등록 - 2015년 8월 31일 제 2015-000211 호

ISBN 979-11-6126-627-5

정가 23,000원